OS ARQUIVOS SNOWDEN

OS ARQUIVOS SNOWDEN

A HISTÓRIA SECRETA DO HOMEM MAIS PROCURADO DO MUNDO

LUKE HARDING

Tradução
Bruno Correia e Alice Klesck

LeYa

Título original: The Snowden Files

Publicado originalmente em 2014 por Guardian Books, Kings Place, 90 York Way, Londres N1 9GU e Faber and Faber Ltd, Bloomsbury House, 74–77 Great Russell Street, Londres WC1B 3DA

Diretor editorial: Pascoal Soto
Editora executiva: Maria João Costa
Assessor editorial: Bruno Fiuza
Preparação de texto: Thaís Lopes
Revisão: Luíza Côrtes e Luísa Ulhoa
Diagramação: Abreu's System
Design de capa: Faber
Foto de capa: Guardian News & Media
Adaptação de capa: Trio Studio
Produção Gráfica
Direção: Eduardo dos Santos
Gerência: Fábio Menezes

CIP-BRASIL. CATALOGAÇÃO-NA-FONTE
SINDICATO NACIONAL DOS EDITORES DE LIVROS, RJ

Harding, Luke
Os arquivos Snowden: a história secreta do homem mais procurado do mundo / Luke Harding; tradução de Alice Klesck, Bruno Correia. – Rio de Janeiro: LeYa, 2014.
280 p.

ISBN 978-85-8044-916-7
Título original: *The Snowden Files*

1. Snowden, Edward, 1983- 2. Internet 3. Espionagem 4. Serviços de inteligência 5. Estados Unidos. Central Intelligence Agency 6. Estados Unidos. National Security Agency 7. The Guardian 8. Greenwald, Glen, 1967-

14-0050 CDD 920.932712

2014

TEXTO EDITORES LTDA.
[Uma editora do Grupo LeYa]
Rua Desembargador Paulo Passaláqua, 86
01248-010 – Pacaembu – São Paulo – SP – Brasil
www.leya.com.br

Sumário

Sumário

Prefácio

Edward Snowden é um dos delatores mais extraordinários da História. Nunca antes alguém havia revelado uma quantidade tão maciça de arquivos secretos da instituição de inteligência mais poderosa do mundo, de modo a torná-los públicos. Mas foi isso o que ele fez.

Suas habilidades não têm precedentes. Até a atual geração de nerds de computadores, ninguém havia se dado conta de que era possível sair por aí com o equivalente a bibliotecas inteiras, repletas de armários e cofres fechados a cadeados – milhares de documentos e milhões de palavras.

Seus motivos são notáveis. Snowden se propôs a expor o verdadeiro comportamento da Agência de Segurança Nacional dos Estados Unidos (National Security Agency, ou NSA) e seus aliados. Parece-me ter ficado claro que ele não tem qualquer interesse financeiro neste tema – embora pudesse ter vendido os documentos a serviços internacionais de inteligência por muitos, muitos milhões. Tampouco possui o sentimento esquerdista ou marxista que poderia levá-lo a ser descrito como antiamericano. Ao contrário, é um entusiasta da Constituição americana e, como outros colegas "hacktivistas", um devoto do político libertário Ron Paul, cujas ideias se encontram bem à direita de muitos republicanos.

O que Snowden revelou é importante. Seus arquivos mostram que os métodos das agências de espionagem baseados no acesso clandestino a informação eletrônica saíram do controle, em grande parte, devido ao pânico político que se instalou nos EUA após os ataques de 11 de Setembro.

Liberada dos impedimentos legais e impelida a fazer dos EUA um lugar seguro, a NSA e seu parceiro júnior britânico, o GCHQ (Government Communications Headquarters), secretamente aliado aos gigantes da internet e das telecomunicações que controlam o hardware, utilizaram todas as suas habilidades técnicas para "dominar a internet". Essa frase é deles, não nossa. O controle democrático tem sido vago, secretamente abafado e simplesmente inadequado.

O resultado é um mundo que está sendo espionado. A tecnologia que o Ocidente proclamou como suporte da liberdade e democracia individual – Google, Skype, telefones celulares, GPS, YouTube, Tor, e-commerce, operações bancárias na internet e todo o restante – estão se transformando em máquinas de vigilância que teriam estarrecido George Orwell, autor de *1984*.

Alegro-me em dizer que o *Guardian* foi o primeiro veículo de imprensa a publicar as revelações de Snowden. Acreditamos que era nosso dever quebrar tabus sobre assuntos confidenciais o que fizemos com o devido cuidado, o mesmo que Snowden desejava, para preservar a segurança dos indivíduos e proteger o material de espionagem verdadeiramente delicado.

Orgulho-me de o termos feito: debates inflamados e exigência por mudanças estão surgindo agora mundo afora – nos EUA em si, na Alemanha, na França, no Brasil, na Indonésia, no Canadá, na Austrália e até no deferente Reino Unido. O *Guardian* acabou sendo forçado a publicar a partir de sua divisão de Nova York, mais segura, por conta do assédio legal britânico. Acho que os leitores deste livro talvez possam entender o valor de introduzir no Reino Unido um equivalente à primeira emenda da Constituição norte-americana, que protege a liberdade de imprensa. Essa é uma liberdade que pode proteger a todos nós.

Alan Rusbridger
Editor-chefe, *The Guardian*
Londres, janeiro de 2014

Prólogo: O encontro

Mira Hotel, Nathan Road, Hong Kong
Segunda-feira, 3 de junho de 2013

"Não quero viver em um mundo onde tudo
que digo, tudo que faço, todos com quem converso,
toda expressão de criatividade, amor ou amizade
estejam sendo gravados."

EDWARD SNOWDEN

Tudo começou com um e-mail.

"Eu sou um membro sênior da comunidade de inteligência..."

Sem nome, sem cargo, sem detalhes. Glenn Greenwald, colunista do jornal inglês *The Guardian*, que estava trabalhando no Brasil, começou a se corresponder com a fonte misteriosa. Quem era? A fonte não dizia nada a seu respeito. Era uma presença intangível, um fantasma on-line. Talvez até mesmo uma invenção.

Afinal, como poderia ser real? Nunca antes ocorrera algum vazamento significativo de informação da NSA. Todos sabiam que a principal organização de coleta de inteligência dos Estados Unidos, baseada em Fort Meade, perto de Washington, era inexpugnável. O que a NSA fazia era segredo. Nada saía de lá. "NSA, No Such Agency" (algo como "não existe tal agência") era um chiste recorrente nos altos círculos da capital americana.

Ainda assim, essa pessoa estranha parecia ter acesso a alguns documentos ultrassecretos notáveis. A fonte estava enviando a Greenwald uma amostra de arquivos da NSA altamente confidenciais, como se fosse uma isca. A tamanha e aparente facilidade com que o fantasma os roubava era um enigma. Assumindo que poderiam ser verdadeiros, estariamos a falar de uma história de importância global. Sugeriam que a Casa Branca não espionava apenas seus inimigos (criminosos, Al-Qaeda, terroristas, russos) ou mesmo seus supostos aliados (Alemanha, França), mas as comunicações de milhões de cidadãos norte-americanos.

Trabalhando em conjunto com os EUA, nesse esforço de espionagem em massa, estava o Reino Unido. O equivalente britânico da NSA, o GCHQ estava localizado no coração do interior da Inglaterra. O Reino Unido e os EUA tinham uma relação próxima de compartilhamento de inteligência que remontava à Segunda Guerra Mundial. Segundo as más-línguas, os britânicos eram o poodle de confiança dos EUA. De forma alarmante, os documentos revelavam que a NSA estava torrando milhões de dólares em atividades de vigilância britânicas.

E agora Greenwald estava prestes a conhecer seu Garganta Profunda. Prometendo novas revelações, a fonte o convocava a pegar um voo de seu lar no Rio de Janeiro para Hong Kong, ilha controlada pela China comunista, a milhares de quilômetros de distância. Greenwald achou o local "bizarro" e confuso: ele tinha uma posição sênior justo lá?

O encontro ocorreria no Mira Hotel de Kowloon, um edifício elegante e moderno no coração da zona turística, a uma curta corrida de táxi do Star Ferry até a ilha de Hong Kong. Greenwald foi em companhia de Laura Poitras, também cidadã americana, documentarista e notável pedra no sapato dos militares norte-americanos. Ela tinha feito a ponte entre os dois, a primeira a apontar para Greenwald a direção do fantasma.

Os dois jornalistas receberam instruções minuciosas. Deveriam se encontrar em uma área menos movimentada do hotel, mas não completamente erma, ao lado de um jacaré de plástico. Iriam trocar frases pré-combinadas. A fonte levaria um cubo mágico. Ah, e seu nome era Edward Snowden.

O misterioso interlocutor parecia ser um espião experiente. Talvez alguém com uma queda pelo dramático. Tudo o que Greenwald sabia sobre ele apontava em uma direção: se tratava de um veterano grisalho da comunidade de inteligência. "Eu pensei que ele devia ser um burocrata consideravelmente mais velho", disse Greenwald. Provavelmente com seus 60 e tantos, vestindo um blazer azul com botões dourados brilhantes, o cabelo cinzento com entradas, sapatos pretos bem-cuidados, óculos, gravata com brasão de algum clube... Greenwald já conseguia visualizá-lo. Talvez fosse chefe do entreposto da CIA em Hong Kong; a missão demoraria a render frutos.

Sua teoria – errada, como se provou mais tarde – era baseada em duas evidências: o nível de acesso privilegiado ao material ultrassecreto do qual a fonte parecia desfrutar e a sofisticação de sua análise política. Com o primeiro lote de segredos, tinha enviado um manifesto pessoal que explicava sua motivação – revelar a extensão do que ele considerava ser um estado de vigilância "suspeita-zero". O manifesto alegava que a tecnologia para espionar as pessoas tinha ido muito além dos limites legais. Uma vigilância significativa havia se tornado impossível.

A escala de ambição da NSA era extraordinária, dizia. Na última década, o volume de informação digital compartilhado entre continentes tinha aumentado. Na verdade, tinha explodido exponencialmente. Contra esse pano de fundo, a agência tinha se afastado de sua missão original de recolhimento da inteligência sobre o exterior. Agora coletava dados sobre todos. E guardava-os. Isto incluía tanto dados dos EUA quanto de outros países. A NSA estava secretamente envolvida em nada menos do que a observação eletrônica em massa. Ou ao menos era isso o que apontava a fonte.

A dupla chegou ao jacaré antes do previsto. Eles sentaram. Esperaram. Greenwald ponderou brevemente se o jacaré tinha algum significado na cultura chinesa. Não tinha certeza. Não aconteceu nada. A fonte não apareceu. Estranho.

Se o encontro inicial desse errado, o plano era retornar mais tarde, na mesma manhã, para o mesmo corredor anônimo, no meio da área comercial do Mira Hotel, perto de um dos seus restaurantes. Greenwald e Poitras voltaram. Esperaram pela segunda vez.

E foi então que o viram – um rapaz absurdamente jovem, de pernas compridas, pálido e nervoso. Na visão chocada de Greenwald, não era velho o suficiente para fazer a barba. Vestia uma camiseta branca e calça jeans. Em sua mão direita carregava um cubo mágico remexido. Houve algum engano? "Ele parecia ter 23 anos. Eu estava completamente desconcertado. Nada fazia sentido", disse Greenwald.

O jovem – se ele fosse mesmo a fonte – tinha enviado instruções criptografadas sobre como a verificação inicial deveria proceder:

GREENWALD: A que horas o restaurante abre?

A FONTE: Ao meio-dia. Mas não vá lá, a comida é uma porcaria...

O diálogo era levemente cômico. Greenwald, nervoso, disse suas falas batalhando para manter uma cara séria.

Então Snowden simplesmente disse: "Sigam-me." Os três caminharam em silêncio em direção ao elevador. Não havia ninguém por perto – ou pelo menos ninguém que pudessem ver. Subiram ao primeiro andar e seguiram o homem com o cubo mágico até o quarto 1014. Ele abriu a porta com seu cartão magnético e entraram. "Apenas o segui", disse Greenwald.

A missão já estava estranha o suficiente. Mas agora parecia uma espécie de gincana maluca. O rapaz com aparência de estudante e porte franzino era certamente muito inexperiente para ter acesso a material tão delicado. Otimista, Greenwald especulou que possivelmente era o filho da fonte ou o seu assistente pessoal. Se não fosse o caso, então o encontro seria uma perda de tempo, um trote com a proporção de uma história de Júlio Verne.

Poitras vinha se comunicando secretamente com a fonte por quatro meses. Sentia que o conhecia – ou pelo menos sua versão on-line. Ela também estava lutando para juntar as peças. "Quase desmaiei quando vi quantos anos tinha. Demorei 24 horas para religar meu cérebro."

Entretanto, ao longo do dia, Snowden contou a sua história. Segundo o seu relato, tinha 29 anos e era um contratado terceirizado da Agência de Segurança Nacional. Esteve alocado no centro regional de operações da NSA em Kunia, no Havaí. Duas semanas antes, tinha largado o trabalho, abandonado de fato sua posição, despedido-se da namorada e embarcado secretamente em um voo para Hong Kong. Levou consigo quatro laptops.

Os laptops estavam fortemente criptografados. Mas por meio deles Snowden tinha acesso a documentos retirados dos servidores internos da NSA e do GCHQ. Dezenas de milhares de documentos, na verdade. A maioria estava marcada como "Top Secret" (altamente sigiloso). Alguns, como "Top Secret Strap 1" – o maior nível britânico de confidencialidade para material interceptado – ou mesmo "Strap 2", que era o mais secreto possível. Ninguém – fora um restrito círculo de agentes de segurança – jamais tinha visto documentos deste tipo antes. O que carregava, segundo Snowden, era o maior vazamento de inteligência da História.

Greenwald notou a sujeira acumulada de muitos dias de serviço de quarto – bandejas, tigelas de macarrão oriental abandonadas, talheres sujos. Snowden disse que havia se aventurado para fora do quarto apenas três vezes desde que fizera check-in no Mira em seu próprio nome, duas semanas antes. Sentou-se na cama enquanto Greenwald o bombardeava com perguntas: onde você trabalhou, quem era seu chefe na CIA e por quê? A credibilidade do jornalista estava em jogo. Assim como a de seus editores no *Guardian*. Por outro lado, se Snowden estivesse falando a verdade, a qualquer momento um esquadrão SWAT da CIA poderia irromper na sala, confiscar os laptops, e arrastá-lo para longe dali.

Snowden, começaram a assegurar, não era falso. Suas informações podiam muito bem ser reais. E suas razões para se tornar um informante eram convincentes, também. Seu trabalho como administrador de sistemas significava – explicou com lucidez, de modo frio e convincente – que tinha uma rara visão sobre as extraordinárias capacidades de vigilância da NSA, e que podia enxergar o território nebuloso para onde a agência estava se encaminhando.

A NSA podia colocar uma escuta em "qualquer um", do presidente para baixo, disse Snowden. Na teoria, a agência de espionagem deveria coletar informação de inteligência apenas de alvos estrangeiros, conhecidos como SIGINT. Na prática, aquilo era uma piada, disse Snowden a Greenwald: a NSA já estava capturando metadados de milhões de norte-americanos. Registros telefônicos, cabeçalhos de e-mail, as linhas de assunto, tudo levantado sem autorização ou consentimento. A partir dessas informações era possível construir uma narrativa eletrônica completa da vida de um indivíduo – seus amigos, seus romances, suas alegrias, suas tristezas.

Em conjunto com o GCHQ, a NSA tinha ligado secretamente interceptadores de dados aos cabos de fibra ótica submarinos que circundam o globo. Isso permitiu que os EUA e o Reino Unido tivessem acesso à maior parte das comunicações mundiais. Tribunais secretos convenciam empresas de telecomunicações a entregar seus dados. Mais que isso: praticamente todo o Vale do Silício estava envolvido com a NSA, disse Snowden. Google, Microsoft, Facebook, até mesmo a Apple, de Steve Jobs. A NSA alegava ter "acesso direto" aos servidores das gigantes da tecnologia.

Enquanto dava a si mesma poderes de vigilância sem precedentes, a comunidade de inteligência dos EUA escondia a verdade sobre suas atividades, disse Snowden. Se James Clapper, diretor da inteligência nacional, havia deliberadamente mentido ao Congresso sobre os programas da NSA estava cometendo um crime. A NSA estava em flagrante violação da Constituição dos EUA e do direito à privacidade. Haviam colocado até mesmo *backdoors* secretas em softwares de criptografia on-line – usados para garantir a segurança de transações bancárias –, enfraquecendo o sistema para todos.

Da forma como Snowden contou a história, o comportamento da NSA parecia saído da ficção distópica do século XX, identificável nos escritos de Aldous Huxley ou George Orwell. Mas o objetivo final da NSA aparentava ir ainda mais longe: coletar tudo, de todos, em todos os lugares, e armazenar por prazo indefinido. Era sinal de um ponto de virada: parecia ser a extirpação da privacidade. As agências de espionagem haviam sequestrado a internet – que em tempos havia sido uma plataforma para a individualidade e autoexpressão. Snowden usou a palavra "panóptico", termo significativo cunhado por Jeremy Bentham, filósofo e codificador britânico do século XVIII. Descrevia uma engenhosa prisão circular onde os guardas podiam ver os prisioneiros o tempo todo, sem que estes soubessem que estavam sendo observados.

E era por isso que tinha decidido vir a público, afirmou Snowden. Jogando fora sua vida e sua carreira. Contou a Greenwald que não queria viver em um mundo "onde tudo que digo, tudo que faço, todos com quem converso, toda expressão de criatividade, amor ou amizade estejam sendo gravados".

Nas semanas seguintes, as afirmações de Snowden acenderiam um debate histórico. Iriam enfurecer a Casa Branca e Downing Street. E iriam causar estragos internacionais, enquanto Snowden escapava de Hong Kong, tentando ganhar asilo na América Latina, até parar na Moscou de Vladimir Putin.

Nos EUA e na Europa (embora não inicialmente no Reino Unido de James Bond) houve uma discussão animada sobre o equilíbrio entre segurança e liberdades civis, entre liberdade de expressão e privacidade. Apesar da febril polarização política dos EUA, tanto libertários de direita quanto democratas de esquerda se uniram para apoiar Snowden. Até mesmo o presidente Obama reconheceu que o debate estava terminado e uma reforma seria necessária. No entanto, isso não impediu que as autoridades dos EUA cassassem o passaporte de Snowden, acusando-o de espionagem e exigindo seu regresso imediato da Rússia.

A luta para publicar a história de Snowden deixou também os jornalistas diante de problemas dramáticos – legais, logísticos, editoriais. Ela opunha um jornal famoso, seu website global e alguns aliados da mídia contra algumas das pessoas mais poderosas do planeta. E acabou levando à destruição de discos rígidos do *Guardian* em algum porão subterrâneo, sob supervisão de dois especialistas do GCHQ. O esmagamento das máquinas viria a ser um episódio particularmente surreal na história do jornalismo ocidental e suas batalhas contra o Estado.

Snowden permaneceu calmo ao sentar em seu quarto de hotel de Hong Kong, disparando tudo isso com o apertar de um botão. Segundo Greenwald, ele estava convencido da retidão de suas ações, intelectual, emocional e psicologicamente falando. No desenrolar de suas fugas, Snowden reconhecia que eventualmente seria encarcerado. Mas durante esse importante verão irradiava uma sensação de tranquilidade e serenidade. Tinha alcançado um lugar sólido de certeza interior. Ali, nada poderia tocá-lo.

1
TheTrueHOOHA

Ellicott City, próximo a Baltimore
Dezembro de 2001

"No fim das contas, nada é sagrado, exceto a integridade da própria consciência."

RALPH WALDO EMERSON,
"Self-Reliance", *Essays: First Series*

No fim de dezembro de 2001, alguém que se autodenominava "TheTrueHOOHA" tinha uma pergunta. TheTrueHOOHA era um homem americano de 18 anos, ávido por games, com incríveis habilidades de T.I. e uma inteligência aguçada. Sua verdadeira identidade era desconhecida. Mas, à época, todos que postavam comentários no Ars Technica, um famoso website tecnológico, o faziam anonimamente. A maioria dos participantes era jovem. Todos fervorosamente ligados à internet.

TheTrueHOOHA queria dicas quanto à forma de montar seu próprio servidor. Era uma manhã de sábado, pouco depois das onze, horário local. Ele postou: "É minha primeira vez. Sejam delicados. Eis o meu dilema: quero hospedar meu próprio servidor. De que preciso?"

Em breve, os participantes habituais do Ars estavam abarrotando sugestões úteis. Hospedar seu próprio servidor não era tão difícil, mas exigia pelo menos um computador com Pentium 200, memória suficiente e uma banda larga decente. TheTrueHOOHA gostou dessas respostas. Ele respondeu: "Ah, que tesouro vasto, esse conhecimento geek que é o Ars." Às duas da madrugada, ele ainda estava on-line (apesar de um tanto cansado: "Bocejo. Hora de dormir, preciso acordar cedo para ter mais conteúdo geek amanhã, vocês sabem como é", escreveu). TheTrueHOOHA podia ser um novato no Ars. Mas suas respostas eram fluentes e autoconfiantes. "Se pareço um cara de 18 anos, hostil e metido, sem respeito pelos mais velhos, você provavelmente está começando a sacar alguma coisa", digitou. Aparentemente tinha uma visão meio nebulosa de seus professores, ao escrever: "Essas faculdades comunitárias não têm os professores mais brilhantes do mundo, sabe."

TheTrueHOOHA viria a se tornar um prolífico contribuinte do Ars. Ao longo dos oito anos seguintes, assinou quase 800 comentários. Também papeava frequentemente em outros fóruns, principalmente o #arsificial. Quem era ele? Parecia fazer uma grande variedade de trabalhos; descrevia-se de diversas formas, como "desempregado", um soldado fracassado, um "editor do sistema", e alguém que tinha livre acesso ao Departamento de Segurança norte-americano.

Havia ali um toque de Walter Mitty? Sua casa ficava na costa leste dos EUA, no estado de Maryland, perto de Washington. Mas, com 20 e poucos anos, já era um homem internacionalmente misterioso. Aparecia na Europa – em Genebra, Londres, Irlanda (um lugar aparentemente agradável, tirando o "problema do socialismo"), Itália e Bósnia. Ele viajou para a Índia.

TheTrueHOOHA mantinha segredo quanto à exatidão do que fazia. Mas havia pistas. Apesar de não ter diploma, tinha um conhecimento impressionante de computadores e parecia passar a maior parte de sua vida on-line. Então, era tipo um autodidata. Seu viés político parecia solidamente republicano. Tinha fortes convicções na liberdade pessoal, defendendo, por exemplo, os australianos que cultivavam seus pés de cannabis.

Havia momentos em que era um tanto detestável. Ele disse a um colega *Arsiano*, por exemplo, que era "do caralho"; outros, que discordavam de suas visões "nade ou afunde" sobre a seguridade social, eram "uns babacas retardados". Mesmo segundo os padrões de liberdade total das salas de bate-papo – bem parecidas com um bar, onde qualquer um pode puxar uma banqueta –, TheTrueHOOHA era um cara de muita convicção.

Outros usuários jamais souberam o nome de TheTrueHOOHA fora da tela. Mas tiveram um vislumbre de como ele devia ser. Em abril de 2006, poucos meses antes de seu aniversário de 23 anos, TheTrueHOOHA postou algumas fotos suas, tiradas em uma sessão fotográfica amadora. As imagens mostravam um jovem bonito, de pele clara e leves olheiras, de aparência levemente vampiresca, olhando para a câmera. Em uma das fotos, ele está usando uma pulseira estranha, de couro.

"Que bonitinho", um usuário postou. "Não morreu de amores pela minha pulseira, hein?" perguntou TheTrueHOOHA, quando alguém disse que parecia gay. Ele insistiu que era heterossexual. E acrescentou, casualmente: "Minha namorada é fotógrafa."

As participações dos bate-papos de TheTrueHOOHA cobrem uma variedade de temas: games, garotas, sexo, Japão, o mercado de ações, sua permanência desastrosa no Exército americano, suas impressões do Reino Unido multirracial, das alegrias de ter um porte de armas. ("Eu tenho uma Walter P22. É minha única arma, mas eu adoro", escreveu em 2006.) À sua maneira, um *Bildungsroman*, romance de experiência juvenil escrito por alguém da primeira geração que cresceu com a internet.

Então, em 2009, as participações vão perdendo a vibração. Algo acontece. A exuberância do começo desaparece; as últimas postagens são obscuras e melancólicas. Há um tom pontuado de amargura. Em fevereiro de 2010, faz uma de suas últimas postagens. TheTrueHOOHA menciona algo que o preocupa. Ele escreve:

> A sociedade realmente parece ter desenvolvido uma obediência inquestionável aos tipos assustadores.
>
> Eu me pergunto como os envelopes que se tornavam transparentes sob uma mágica luz de velas federal foram vendidos em 1750? 1800? 1850? 1900? 1950? Será que chegamos onde estamos hoje, passando por uma colina escorregadia que esta-

va inteiramente em nosso controle, para pararmos? Ou foi uma mudança de maré relativamente instantânea que sorrateiramente chegou sem ser detectada, por conta do sigilo governamental difuso?

As últimas postagens de TheTrueHOOHA foram em 21 de maio de 2012. Depois disso ele desaparece; é uma assinatura eletrônica perdida em meio à vastidão do espaço cibernético. Contudo, um ano depois, como agora sabemos, TheTrueHOOHA, também conhecido como Edward Snowden, viajaria para Hong Kong.

Edward Joseph Snowden nasceu em 21 de junho de 1983. Amigos o conhecem como "Ed". Seu pai, Lonnie Snowden, e sua mãe, Elizabeth – conhecida como Wendy – eram namorados no ensino médio e se casaram aos 18 anos. Lon era oficial da guarda costeira dos EUA; Snowden passou seus primeiros anos em Elizabeth City, ao longo da costa da Carolina do Norte, onde a guarda costeira tem sua maior base aérea e naval. Tem uma irmã mais velha, Jessica. Como outros membros das Forças Armadas americanas, seu pai tem visões fortemente patriotas. É um conservador. E um libertário.

Mas também é um conservador consciencioso. O pai de Snowden é articulado, culto e cita trabalhos do poeta Ralph Waldo Emerson, que defendia o homem que aderisse aos seus próprios princípios contra o que fosse imposto por um Estado corrupto. Ao ingressar na guarda costeira, Lon Snowden jurou cumprir a Constituição e a Declaração de Direitos dos EUA. Estava falando sério. Para ele, o juramento não era apenas uma série de frases vazias: continha um contrato americano solene entre um cidadão e o Estado.

Quando Snowden era pequeno – um menino de cabelos louros e sorriso dentuço –, ele e a família se mudaram para Maryland, dentro do cinturão geográfico de pessoas que viajam diariamente a trabalho. Snowden frequentou as escolas de ensino fundamental e médio em Crofton, município de Anne Arundel, uma agradável cidade de condomínios, entre Washington e Baltimore. Nenhuma das antigas escolas de Snowden era atraente; ambas pareciam bunkers de tijolos, sem janelas. (A primeira, pelo menos, tem um jardim com arbustos, borboletas e uma árvore solitária, ao lado do estacionamento.) Em meados de sua adolescência, Snowden se mudou para o colégio de ensino médio Arundel High, que frequentou durante um ano e meio.

Conforme seu pai relembra, a formação de Snowden desandou quando ele adoeceu, provavelmente com uma febre glandular. Ele perdeu "quatro ou cinco meses" de aula. Houve outro fator que prejudicou seus estudos: seus pais estavam se distanciando. O casamento conturbado estava mal das pernas e Snowden não conseguiu terminar o ensino médio. Em 1999, aos 16 anos, ele se inscreveu no Anne Arundel Community College.* O vasto campus ostentava quadras de basquete e futebol, e um mote esportivo: "Não se pode esconder esse orgulho de lince."

Snowden frequentou cursos de computação e mais tarde obteve seu GED (General Educational Development), uma espécie de supletivo. Contudo, o fato de não concluir o ensino médio seria uma fonte persistente de constrangimento e defensiva. Em fevereiro de 2001, a mãe de Snowden entrou com o pedido de divórcio, que foi concluído três meses depois.

Na sequência dessa separação tumultuada, Snowden viveu com um colega e depois com a mãe, em Ellicott City, a oeste de Baltimore. A casa de sua mãe é localizada num condomínio chamado Woodland Village, com sua própria piscina e quadra de tênis. A casa cinza duplex fica ao lado de uma colina gramada. Há um playground infantil; gerânios e hostas brotam nos pátios; senhoras de meia-idade são vistas passeando com cães grandes, de pelos brilhosos. É um lugar amistoso. Os vizinhos se lembram de ver Snowden através das cortinas abertas, geralmente trabalhando em seu computador.

---

* *Community colleges*, nos EUA, são instituições semelhantes aos cursos técnicos no Brasil. Ao concluir a formação, os estudantes podem tanto buscar vaga em uma universidade quanto entrar no mercado de trabalho. [N. do E.]

A cidade onde moravam foi batizada em homenagem a Andrew Elliot, um quaker que emigrou da Inglaterra em 1730. No fim do século XVIII, Ellicott City era um lugar próspero, com moinhos de trigo na margem leste do rio e casas robustas feitas de granito escuro local. Havia até um canhão britânico. Baltimore, com seu porto, ficava perto. Os moinhos há muito haviam sumido, ou sido transformados em locais turísticos de herança cultural. Em alguns casos, tinham sido literalmente levados pelas ondas.

Snowden cresceu sob a sombra gigante de uma agência governamental em particular. São 15 minutos de carro da porta da frente da casa de sua mãe até lá. Na metade do caminho entre Washington e Baltimore, a agência é estritamente inacessível. E obviamente tem uma função secreta. Meio escondido pelas árvores, há um prédio em formato de cubo gigante. Antenas curiosas pontilham o telhado. Há um imenso estacionamento, uma estação de força grandiosa e uma cúpula branca protetora de radar, em formato de bola de golfe. Ali dentro há antenas parabólicas. Há cercas elétricas e uma atmosfera de segurança pesada. Uma placa na saída da estrada Baltimore-Washington diz: "NSA, próxima à direita. Somente funcionários."

Essa metrópole discreta é a sede da NSA, organização americana de espionagem, desde 1952. Quando adolescente, Snowden sabia tudo sobre a NSA. Sua faculdade era praticamente ao lado. Muitos dos vizinhos de sua mãe trabalhavam lá. Eles partiam de carro toda manhã, passando pelas colinas verdejantes da zona rural de Maryland, regressando toda noite do complexo de 1.000 acres, em Fort Meade. O palácio enigmático, ou cidade SIGINT, como é conhecido, emprega 40.000 pessoas. É o maior empregador de matemáticos dos Estados Unidos.

No entanto, para Snowden, a probabilidade de ingressar nesse mundo crepuscular governamental era remota. Com seus 20 e poucos anos, seu foco eram os computadores, de maneira mais genérica. Para ele, a internet era "a invenção mais importante de toda a História da humanidade". Conversava on-line com pessoas, "com todo tipo de opinião, gente que eu jamais teria encontrado sozinho". Passava dias navegando na rede e jogando Tekken, um game japonês. Não era apenas um nerd: mantinha-se em forma, praticava kung fu e, segundo um registro no Ars, "namorava garotas asiáticas". Mas reconhecia que isso não acrescentava muito, em termos de uma carreira profissional. Em 2003, ele postou: "Eu sou um MCSE (Microsoft Certified Solutions Expert) sem diploma ou autoridade, que mora em Maryland. Leia-se desempregado."

Enquanto isso, o pai de Snowden tinha se mudado para a Pensilvânia. Estava prestes a se casar novamente.

A invasão liderada pelos Estados Unidos ao Iraque, em 2003, forçou Snowden a pensar seriamente em uma carreira militar. Assim como seu pai – que acabou passando três décadas na guarda costeira americana –, Snowden conta que tinha o ímpeto de servir seu país. "Eu queria lutar na Guerra do Iraque porque, como ser humano, sentia uma obrigação de ajudar a libertar as pessoas da opressão." Seus motivos parecem idealistas e em linha com as metas do então presidente George W. Bush para derrubar Saddam Hussein. Também podem ter sido considerados ingênuos.

Snowden pensou em se alistar nas Forças Especiais americanas. O serviço militar oferecia algo que parecia um esquema atraente, no qual os recrutas sem prévia experiência poderiam se tornar soldados de elite. Em maio de 2004, mergulhou de cabeça e se alistou. Apresentou-se em Fort Benning, na Geórgia, um grande acampamento militar americano. O esquema significava um treinamento básico, de 8 a 10 semanas, depois um curso avançado de infantaria. Finalmente havia um meio acessível e compatível para as Forças Especiais.

Seu turno no serviço militar americano foi um desastre. Snowden estava em boa forma física, mas era um soldado improvável. Tinha uma visão limitada, com -6.50/-6.25 graus de miopia. ("Minha acuidade visual termina a cerca de 10 centímetros diante dos meus olhos e meu oftalmologista sempre dava uma boa gargalhada de mim", postou.) Também tinha pés estranhamente estreitos. "Os civis de Ft. Benning levaram 45 minutos para encontrar botas que me servissem", contou no Ars – um episódio que terminou com uma repreensão desagradável de seu sargento de treinamento.

Poucos dos novos colegas que ele manteve compartilhavam do seu sentimento de causa nobre ou seu desejo de ajudar cidadãos oprimidos a se livrar de suas correntes. Em vez disso, seus superiores queriam simplesmente matar pessoas. Preferencialmente muçulmanos. "A maioria do pessoal que nos dava treinamento parecia incentivado a matar árabes, não a ajudar alguém", diz ele.

Então, durante um treinamento de infantaria, Snowden quebrou as duas pernas. Depois de mais de um mês de incerteza, o Exército finalmente o dispensou.

De volta a Maryland, conseguiu um emprego como "especialista em segurança" no Centro de Estudos Linguísticos Avançados, na Universidade de Maryland. Era 2005. (Ele aparentemente começou como guarda de segurança, depois passou para tecnologia de informação.) Snowden estava trabalhando numa instituição cobiçada, a NSA, no campus da universidade. Graças, talvez, ao seu breve histórico militar, tinha entrado no mundo da espionagem americana, apesar de estar no baixo escalão. O Centro trabalha proximamente com a comunidade da inteligência americana – ou a IC, como se batizou –, provendo treinamento linguístico avançado.

Snowden podia não ter um diploma. Mas, em meados de 2006, conseguiu um emprego no setor de tecnologia de informação da CIA. Rapidamente descobriu que suas habilidades excepcionais em T.I. abriam todos os tipos de portas interessantes do governo. "Para começar, esse negócio de diploma é besteira, pelo menos no mercado doméstico. Se você 'realmente' tem 10 anos de experiência sólida em T.I.... você PODE, SIM, conseguir um emprego muito bem pago em T.I.", ele escreveu, em julho de 2006. "Eu não tenho diploma universitário, nem de ensino médio, mas estou ganhando muito mais do que estão pagando a vocês, embora eu só esteja alegando 6 anos de experiência. É difícil 'conseguir abrir caminho', mas depois que você consegue uma função 'de verdade', está feito."

Snowden tinha calculado que o serviço do governo americano oferecia possibilidades empolgantes, incluindo viagens internacionais e benefícios generosos. Você não precisa ser James Bond – basta se candidatar a um cargo de 'especialista em T.I.'. Ele descreve o Departamento de Estado como "o lugar para se estar naquele momento".

Um desses benefícios era o acesso às informações confidenciais. "É, trabalhar no T.I. do Departamento de Estado lhe garante acesso a tudo de máximo sigilo." Ele também dá dicas de estratégia em carreira. Naquele momento, o Estado estava com "falta de pessoal". Ele prossegue: "Os postos de alocação da Europa são disputados, mas você tem muito mais facilidade de entrar se demonstrar interesse em aceitar algum buraco mais próximo ao leste. Depois que estiver dentro, passe pela dureza e poderá escolher entre uma lista de postos preferidos." Mais tarde, ele frisa: "Graças a Deus pelas guerras."

A instabilidade das trocas de emprego de Snowden o beneficiou pessoalmente. Em 2007, a CIA o enviou para Genebra, na Suíça, em sua primeira turnê internacional. Ele tinha 24 anos. Seu novo emprego era manter a segurança da rede de computadores da CIA e cuidar da segurança dos diplomatas americanos baseados na missão de Genebra (os diplomatas podiam ter muito poder, mas a maioria tinha apenas um conhecimento básico de internet). Ele era o funcionário de tecnologia da informação e sistemas. E também mantinha o ar-condicionado e o aquecimento.

A Suíça foi um despertar e uma aventura. Foi a primeira vez que Snowden viveu no exterior. Genebra era um polo de todo tipo de espião – americanos, russos e outros. Ali estavam escondidos segredos comerciais e diplomáticos. A cidade era o lar de uma grande comunidade de banqueiros, assim como vários secretários da ONU e sedes de empresas multinacionais; cerca de um terço de seus residentes eram estrangeiros. Era distinta, tranquila e organizada. A maioria dos moradores era abastada, mas também havia uma subclasse de imigrantes. (Snowden expressou perplexidade diante da forma descontraída como os nigerianos rapidamente dominavam os inúmeros idiomas falados na Suíça.)

A missão americana na qual Snowden estava alocado tinha um disfarce diplomático no centro da cidade – um prédio de concreto e vidro, com portões de ferro, protegido por muro e cerca viva. A missão russa ficava próxima. Snowden vivia confortavelmente em um flat de quatro quartos do governo americano, com vista direta para o rio

Ródano, no número 16 do Quai du Seujet, na região de Saint-Jean Falaises. Em termos de estilo de vida, o posto onde estava alocado era difícil de superar. Algumas quadras a leste ficava o lago de Genebra, onde o embaixador americano tinha sua residência. Não muito longe, estavam os Alpes e os desafios de escalada e esqui.

As postagens no Ars Technica pintam um retrato de um jovem que, ao menos inicialmente, ainda via o mundo através de um prisma provinciano americano. Para começar, Snowden tinha sentimentos mistos em relação à Suíça. Em um bate-papo, ele reclama dos preços altos ("cara, vocês não acreditariam como os troços são caros aqui"), da falta de água gratuita nos restaurantes e do preço exorbitante dos hambúrgueres – 15 dólares.

Havia outros momentos de choque cultural, pelo sistema de métrica e a afluência dos suíços ("Jesus Cristo, como os suíços são ricos. A porra dos funcionários do McDonald's ganham mais que eu", exclama). Mas, em geral, ele se mostra afeiçoado aos seus arredores pitorescos. Em uma troca de mensagens, escreve:

<TheTrueHOOHA> as ruas têm 90cm de largura,
<TheTrueHOOHA> com 9000 carros, duas faixas de bonde e uma de ônibus
<TheTrueHOOHA> e uma ciclovia
<TheTrueHOOHA> eu imagino os espelhos batendo o tempo todo
<TheTrueHOOHA> Tenho medo de esbarrar em alguém e ter que pagar por isso.
<Usuário3> eles têm uma população grande de imigrantes, fazendo o trabalho da classe mais baixa?
<TheTrueHOOHA> É. Tem um monte de gente asiática indefinível, e europeus do leste, que não falam francês nem inglês
<TheTrueHOOHA> mas não me entenda mal – esse lugar é incrível
<TheTrueHOOHA> é como morar num cartão postal
<TheTrueHOOHA> só é um pesadelo de tão caro, e horrendamente classista.
<Usuário4> TheTrueHOOHA: onde você está? .ch?
<TheTrueHOOHA> É. Genebra, Suíça.
<Usuário4> genial!
<TheTrueHOOHA> É... até agora, está bem legal

* * *

Em Genebra, Snowden estava exposto a uma variedade eclética de opiniões, incluindo algumas radicais. Mel Kaldalu, um estoniano astro do rock, também conhecido como Roy Strider, conheceu Snowden em um evento de apoio à cultura tibetana na cidade. O movimento The Free Tibet organizou demonstrações pela cidade, antes das Olimpíadas de 2008, em Pequim. (O Comitê Olímpico tem sede em Lausanne, que fica bem perto.)

Snowden participou de vários eventos pró-Tibete – ironicamente, dadas as acusações subsequentes de que ele era um espião chinês. Participou das comemorações do Ano-novo Chinês, com sua academia de artes marciais. "Uma vez, ele me deu uma aula particular de artes marciais, e fiquei surpreso com suas habilidades – e muito intrigado em ver que pareceu incapaz de pegar muito leve com uma novata", escreveu Mavanee Anderson, outra amiga de Genebra, no *Chattanooga Times Free Press*, do Tennessee.

Numa ocasião, Snowden deu carona ao amigo cantor Kaldalu até Munique. Os dois papearam durante horas, na autoestrada alemã vazia – falaram sobre China, Israel-Palestina e o papel dos EUA nos assuntos internacionais. Snowden comentou que os EUA deveriam atuar mais como um policial mundial. Kaldalu discordou. Ele conta: "O Ed é decididamente um cara inteligente. Talvez até meio teimoso. É extrovertido. Gosta de discutir as coisas. Tem opiniões próprias."

O astro estoniano do rock e o técnico da CIA conversaram sobre a dificuldade que os ativistas pró-Tibete tinham em obter vistos chineses. Snowden era cético quanto às Olimpíadas de Pequim. Kaldalu disse que a ocupação israelense da Palestina era moralmente questionável. Snowden disse que compreendia isso, mas via o apoio dos EUA a Israel como a opção "menos pior". Kaldalu sugeriu uma abordagem "desconstrutiva". O par também discutiu a Nova Ordem Mundial: a forma como a velocidade das mudanças digitais e o advento do Facebook e das mídias sociais poderiam afetar a democracia e a maneira como as pessoas se comportavam.

Comparativamente, Snowden tivera uma criação isolada, na Costa Leste americana. Mas agora estava vivendo na Europa e tendo conversas empolgantes com guitarristas intelectuais de esquerda ("O mais engraçado é que ele é um SUPER NERD", Snowden escreveu sobre Kaldalu). Isso, claro, graças ao governo americano. Seu emprego na CIA também lhe trouxe outros privilégios. Quando recebia multas de estacionamento, não pagava, citando imunidade diplomática. Também desfrutou de outras oportunidades de ver mais da Europa. Segundo o Ars Technica, Snowden viajou para Sarajevo, onde, de seu quarto de hotel, ouvia o chamado dos muçulmanos para a prece. Visitou a Bósnia, a Romênia e a Espanha – opinando sobre suas comidas e mulheres.

Sem mencionar a CIA, Snowden disse a Kaldalu algo sobre seu trabalho. "Eu entendi que ele era um cara de suporte de T.I. na embaixada americana. Ele disse que tinha um emprego pelo qual viajava e que muitas embaixadas precisavam se comunicar e ter plataformas seguras... Foi ligeiramente sarcástico quanto ao nível de conhecimento de T.I. dos diplomatas. Disse que precisava instalar o Messenger para as pessoas, e que podia fazer muito mais que isso. Era óbvio que tinha muita experiência em T.I."

Às vezes, Snowden se perguntava se a Suíça não era um "pouco racista". Simultaneamente, se impressionava com a postura suíça em relação à liberdade individual e com o fato da prostituição ser legal. Snowden também se revelou um maluco por velocidade. Tinha uma BMW azul marinho e no trajeto para Munique chegou a 180 quilômetros por hora. Admitiu ter mandado tirar o velocímetro eletrônico para ir mais depressa e expressou o desejo de dirigir numa pista de corrida profissional. Ele também correu de motocicleta, na Itália.

Snowden pode ter andado com tipos alternativos, mas acreditava fervorosamente no capitalismo e nos mercados livres. Sua fé era prática, assim como doutrinal. Durante boa parte de sua estadia na Suíça, apostou na bolsa, manipulando ações sem cerimônia e observando, horrorizado, enquanto a crise mundial de 2008 se descortinava, tragando os EUA e a Europa num vórtice. Às vezes, ganhava dinheiro; muito frequentemente, perdia.

Ele conversa na internet sobre suas experiências. E defende o padrão do ouro. Descarta o alto desemprego – vendo isso, segundo o Ars, como "necessário", e uma "correção do capitalismo". Quando um usuário pergunta "Como você lida com um desemprego de 12 por cento?", Snowden rebate: "Quase todo mundo trabalhava por conta própria, antes de 1900. Por que 12 por cento de desemprego é algo tão aterrorizante?"

A figura que mais incorporava as visões dissidentes de direita de Snowden era Ron Paul, o mais famoso expoente do libertarismo americano, que desfruta de um grande eleitorado entusiasta, principalmente entre os jovens. Paul passou 30 anos no Congresso, entrando e saindo, desafiando tanto o estabelecimento republicano quanto o consenso político. Ele era um oponente amargo ao socialismo, à economia keynesiana e ao Federal Reserve. Era contra a intervenção americana no exterior. E abominava a vigilância do governo.

Em 2008, Snowden apoiou a candidatura de Paul à presidência. Também ficou impressionado com o candidato republicano John McCain, descrevendo-o como um "excelente líder" e um "cara com valores verdadeiros". Não apoiava Obama dessa forma. Mas também não fazia objeções a ele. Durante as eleições, Snowden disse que talvez apoiasse Obama se ele pudesse, de alguma forma, fazer uma aliança com McCain – prospecção improvável. TheTrueHOOHA postou no Ars: "Nós precisamos primordialmente de um idealista. Hillary Clinton, eu acho, seria uma pústula no país."

Uma vez que Obama ganhou e se tornou presidente, Snowden passou a desgostar intensamente dele. Criticava as tentativas da Casa Branca de banir as armas. No raciocínio de Snowden, o que o guiava nessa época e depois, era a Constituição americana; a segunda emenda e o direito ao porte de armas. Snowden não se impressionava com ações afirmativas. Também era contra a seguridade social, acreditando que os indivíduos não deveriam correr para o governo para pedir ajuda, nem mesmo em tempos difíceis.

Quanto a isso, alguns usuários o repreenderam, e um deles postou: "É! Os velhos que se fodam!"

TheTrueHOOHA respondeu, furioso: "Seu retardado da porra... Minha avó tem 83 anos e, sabe da maior? Ela ainda se mantém como uma maldita cabeleireira... Talvez, quando você crescer e realmente pagar impostos, entenderá."

Outro assunto o deixou ainda mais zangado. O Snowden de 2009 censurava os funcionários do governo que vazavam informações para os jornais – o pior crime concebível, na sua visão apoplética. Em janeiro daquele ano, o *New York Times* publicou um relato sobre um plano secreto israelense para atacar o Irã. Dizia que o presidente Bush havia "desviado" um pedido que Israel fizera, solicitando bombas especiais de destruição de bunkers para a realização de uma missão arriscada. Em vez disso, Bush dissera aos israelenses que tinha autorizado "uma nova ação secreta" para sabotar o suspeito programa iraniano de armas nucleares.

O jornal dizia que sua história se baseava em 15 meses de entrevistas com ex-funcionários americanos do governo e outros em exercício, funcionários europeus e israelenses, além de especialistas e inspetores internacionais nucleares.

A resposta do TheTrueHOOHA, publicada no Ars Technica, vale ser citada na íntegra:

<TheTrueHOOHA> PUTA MERDA
http://nytimes.com/2009/01/11/washington/11iran.html?_r=1&hp

<TheTrueHOOHA> QUE PORRA É ESSA, NYTIMES

<TheTrueHOOHA> Vocês estão tentando COMEÇAR uma guerra?
Jesus cristo
eles são como o wikileaks

<Usuário19> Eles só estão relatando, cara.

<TheTrueHOOHA> eles estão relatando essas merdas secretas.

<Usuário19> E daí

<TheTrueHOOHA> sobre um país que não tem popularidade que já está cercado de inimigos envolvido numa guerra e sobre nossas interações com o tal país, relativas ao planejamento de violação da soberania de outro país não se coloca essa merda no JORNAL

<Usuário19> Meh

<TheTrueHOOHA> além disso, que porra de fonte anônima é essa, contando isso?

<TheTrueHOOHA> Essa gente deveria tomar uns tiros no saco.

<TheTrueHOOHA> "Mas essas negociações tensas também levaram a Casa Branca a compartilhar informações da inteligência com Israel, que passou um resumo aos funcionários israelenses sobre os novos esforços americanos para sutilmente sabotar a infraestrutura nuclear do Irã, programa altamente secreto que o sr. Bush está prestes a repassar ao presidente eleito, Barack Obama."

<TheTrueHOOHA> OI? QUE TAL O ALTAMENTE SECRETO, AGORA? OBRIGADO

<Usuário19> Meh

<TheTrueHOOHA> Fico me perguntando quantos milhões de dólares eles acabaram de detonar.

<Usuário19> você está exagerando. tá tudo bem.

<TheTrueHOOHA> Não é exagero. Eles têm uma HISTÓRIA com essa merda

<Usuário19> com flores e bolo.

<TheTrueHOOHA> Essa é a mesma gente que entregou o negócio do "nós poderíamos ouvir o celular do Osama", a mesma gente que nos ferrou com escutas repetidamente. Graças a Deus que eles estão falindo.

<Usuário19> o NYT?

<TheTrueHOOHA> tomara que eles quebrem esse ano.
é.

Alguns minutos depois, o papo continua:

<Usuário19> É legal que eles relatem os negócios.

<TheTrueHOOHA> Eu gosto quando é um relato ético.

<TheTrueHOOHA> corrupção política, claro

<TheTrueHOOHA> escândalo, sim

<Usuário19> é falta de ética relatar a intriga do governo?

<TheTrueHOOHA> VIOLANDO A SEGURANÇA NACIONAL? não
<Usuário19> meh.
<Usuário19> segurança nacional.
<TheTrueHOOHA> Hm, SIIIIIIIM.
<TheTrueHOOHA> essa merda é confidencial por um motivo
<TheTrueHOOHA> não porque, "ah, esperamos que nossos cidadãos não descubram"
<TheTrueHOOHA> é porque "essa merda não vai dar certo se o Irã souber o que estamos fazendo".
<Usuário19> daí.
<TheTrueHOOHA> "Ninguém falaria oficialmente, por causa do grande sigilo cercando a espionagem desenvolvida no Irã."
<TheTrueHOOHA> citação. deles.
<TheTrueHOOHA> ENTÃO POR QUE VOCÊS ESTÃO FALANDO COM JORNALISTAS?!
<TheTrueHOOHA> "Essas operações secretas e a questão quanto a Israel aceitar algo que não seja um ataque convencional ao Irã representam decisões imediatas e violentas para o sr. Obama."
<TheTrueHOOHA> NÃO SÃO MAIS SECRETAS
<TheTrueHOOHA> Ah, você só pode estar de sacanagem comigo, porra. Agora o NYTimes vai determinar nossa política externa?
<TheTrueHOOHA> E o Obama?
<TheTrueHOOHA> O Obama acabou de indicar uma porra de um político para administrar a CIA!
<Usuário11> sim, ao contrário de todos os diretores que já foram da CIA
<Usuário11> Ah, espera aí, não.
<TheTrueHOOHA> Estou com muita raiva nesse momento. Isso é completamente inacreditável.

A porra do político era Leon Panetta, indicado por Obama em 2009, apesar de sua falta de experiência em espionagem. A indicação foi sugerida para pôr um ponto final nos escândalos dos anos da administração Bush – as perseguições, as prisões secretas da CIA e os grampos telefônicos ilegais.

Snowden evidentemente sabia do WikiLeaks, um website de nicho transparente cuja história posteriormente se cruzaria com a sua. Mas ele não gostava. A essa altura, a antipatia de Snowden em relação ao *New York Times* era baseada em sua opinião "eles são piores que o Wikileaks". No entanto, mais tarde, ele acusaria o jornal de não publicar com rapidez suficiente e de reter provas claras da ilegalidade da Casa Branca. Essas são visões um tanto contraditórias.

A crítica violenta de Snowden contra o vazamento de informações certamente parece em desacordo com seu comportamento posterior. Mas há uma diferença entre o que se discute ter sido feito pelo *New York Times* – revelar detalhes de operações secretas delicadas – e o que Snowden viria a fazer em 2013. Hoje em dia, ele explica: "A maioria dos segredos que a CIA possui é sobre pessoas, não sobre máquinas e sistemas, portanto, eu não me sentia à vontade com revelações que eu achava que poderiam colocar alguém em perigo."

Na verdade, Snowden ligaria o começo de sua desilusão com a espionagem do governo ao tempo que passou na Suíça e aos quase 3 anos que passou ao redor dos oficiais da CIA. Sua amiga Mavanee Anderson, uma estagiária terceirizada que à época trabalhava para a missão americana na ONU, em Genebra o descreve como quieto, pensativo, introspectivo e alguém que cuidadosamente pesava as consequências de qualquer ato. Até o final de sua temporada em Genebra, ela alega que Snowden estava vivenciando uma "crise de consciência".

Mais tarde, Snowden falou sobre um incidente que foi moldando essa crise. Ele contou a Greenwald que operadores da CIA tentaram recrutar um banqueiro suíço de modo a obter informações financeiras secretas. Snowden disse que fizeram a manobra embebedando o banqueiro, depois o incentivando a ir para casa dirigindo, o que ele tolamente fez. A polícia suíça o prendeu. O agente disfarçado se ofereceu para ajudar e aproveitou o incidente para formar uma amizade bem-sucedida com o banqueiro e depois recrutá-lo.

"Muito do que vi em Genebra realmente me desiludiu quanto à forma como meu governo funciona e qual o seu impacto no mundo. Percebi que eu fazia parte de algo que estava causando muito mais danos do que benefícios", disse.

Qualquer decisão de despejar os segredos americanos como resultado estava incompleta, era apenas uma ideia que começava a se formar na cabeça de Snowden. Tampouco parece que ele já teria visto os documentos tão controversos que mais tarde vazaria. Snowden diz que estava pronto para dar ao presidente Obama o benefício da dúvida e esperava que ele revertesse os abusos mais notórios da liberdade civil da era Bush. Esses incluíam a baía de Guantánamo, um depósito militar para descarregar guerrilheiros cercados no campo de batalha, alguns dos quais não tinham qualquer ligação com o extremismo, nem a Al-Qaeda, e, ainda assim, ficaram ali durante anos, sem julgamento.

Snowden queria que Obama levasse perante a justiça os responsáveis da equipe de Bush: "A campanha de Obama prometeu e me deu fé de que nos conduziria ao conserto dos problemas que ele frisou em sua busca por votos. Muitos americanos se sentiram da mesma forma. Infelizmente, pouco após assumir o poder, ele fechou a porta para as violações sistemáticas da lei, aprofundou e expandiu vários programas abusivos e se recusou a gastar o capital político para acabar com o tipo de violação dos direitos humanos que vemos em Guantánamo, onde ainda há homens presos sem acusação."

O que os chefes de Snowden sabiam sobre seu estado de espírito infeliz? Em 2009, Snowden se desentendeu com um de seus colegas de Genebra. Ele fez um relato do incidente a James Risen, do *New York Times*. Segundo Risen, Snowden estava ansioso para ser promovido, mas se envolveu numa "briga tola, via e-mail", com um superior, cujo discernimento ele desafiou. Meses depois, Snowden estava preenchendo o formulário anual de autoavaliação da CIA. Detectou falhas na ficha de pessoal da rede e apontou-as para seu chefe. O chefe disse para deixar para lá, mas acabou concordando em permitir que Snowden testasse a suscetibilidade do sistema contra invasão.

Snowden acrescentou códigos e textos "de uma forma não maliciosa", provando seu argumento. Seu chefe imediato assinou, concordando. Contudo, depois, um gerente acima dele, com quem Snowden anteriormente tivera um conflito, descobriu o que ele havia feito e ficou furioso. O gerente incluiu um relatório depreciativo na ficha de Snowden.

Esse episódio relativamente trivial foi importante em um sentido: isso talvez tenha demonstrado a Snowden a futilidade de fazer queixas através de canais internos. Reclamar para alguém acima só levava à punição, pode ter concluído. Mas, por hora, havia outros horizontes a ser explorados.

Em fevereiro de 2009, Snowden pediu demissão da CIA. Sua ficha pessoal, independentemente do que continha, nunca foi enviada ao seu empregador seguinte – a NSA. Agora Snowden iria trabalhar como terceirizado numa unidade da NSA, em uma base militar americana no Japão.

As oportunidades para os terceirizados tinham explodido ao longo dos anos, desde o 11 de Setembro, à medida que o crescente estado de segurança americano esgotou as tarefas de inteligência para empresas privadas. Altos funcionários do governo, como Michael Hayden, ex-diretor da NSA, tinham trânsito livre entre as instituições públicas e as grandes empresas. Era uma porta giratória – e bem lucrativa. Snowden agora estava na folha de pagamentos da Dell, empresa de computação. A essa altura, a lacuna inicial em seu currículo se tornara bem irrelevante. Ele tinha acesso livre ao que era altamente secreto e possuía habilidades excepcionais em computação. Quaisquer receios que seus ex-colegas da CIA pudessem ter tido se perderam no sistema.

Desde a adolescência, Snowden tinha um grande fervor pelo Japão. Ele havia passado um ano e meio estudando japonês; lançava o "*Arigatou gozaimasu!*" e outras frases em seu primeiro bate-papo no Ars. Snowden usava a pronúncia japonesa de seu nome. Ele se fazia passar por: "E-du-aa-do" e escreveu, em 2001: "Sempre sonhei em conseguir 'vencer' no Japão. Eu adoraria um emprego confortável na área de tecnologia do governo, por lá." Ele jogava Tekken obsessivamente; encarar a batalha de todo homem lutando contra o mal, contra as probabilidades, moldou sua visão moral, disse mais tarde. Entre 2002 e 2004, trabalhou como webmaster para a Ryuhana Press, um website japonês de animação.

Snowden estava ávido para melhorar suas habilidades linguísticas e técnicas. Em 2009, ele se inscreveu em um curso de verão em um campus em Tóquio, afiliado à Universidade de Maryland.

No entanto, durante seu tempo no Japão, as suas atividades on-line mirraram. Ele praticamente parou de postar no Ars Technica. O Japão representa um ponto decisivo. À medida que Snowden via mais conteúdo altamente secreto, mostrando a dimensão da extração de dados praticada pela NSA, aumentava sua antipatia em relação à administração Obama. "Eu observava, enquanto Obama prosseguia com as mesmas políticas que achei que seriam refreadas", Snowden diz, acrescentando, sobre seu período no Japão: "Fiquei mais endurecido."

Entre 2009 e 2012, Snowden diz que descobriu o quão desgastantes eram as atividades da NSA: "A intenção deles é tomar conhecimento de todas as conversas e tipos de comportamento no mundo." Também percebeu outra verdade desconfortável: que os mecanismos de supervisão do Congresso, construídos dentro do sistema americano e elaborados para manter a NSA em cheque, haviam falhado. "Você não pode ficar esperando que outra pessoa tome uma atitude. Eu estava à procura de líderes, mas percebi que liderança tem a ver com quem age primeiro."

Até a época em que deixou o Japão, em 2012, Snowden era um delator em potencial.

2

Desobediência civil

Centro Regional de Criptologia da NSA, Kunia, Havaí
Março de 2012

"A autoridade do governo, mesmo aquela a que estou disposto a me submeter [...] continua sendo ímpia: para ser rigorosamente justa, deve ter a sanção e o consentimento dos governados."

HENRY DAVID THOREAU,
"A desobediência civil"

Em março de 2012, Snowden deixou o Japão e atravessou o Pacífico até o Havaí. Ao mesmo tempo, parece ter feito doações a Ron Paul, seu herói político. Um "Edward Snowden" contribuiu com 250 dólares para a campanha presidencial de Paul dando um endereço em Columbia, Maryland. O registro descreve o doador como um funcionário da Dell. Em maio do mesmo ano, Snowden doou outros 250 dólares, desta vez de sua nova casa no Waipahu, descrevendo-se como um "assessor sênior" para um empregador não declarado.

O novo trabalho de Snowden era no Centro Regional de Criptologia da NSA, na ilha principal de Oahu, que fica perto de Honolulu. Ele ainda era um contratado da Dell. O centro é um dos 13 polos da NSA, fora Fort Meade, dedicados a SIGINT, para espionar os chineses em especial. O logotipo da "NSA/CSS Havaí" mostra duas palmeiras verdes de cada lado de um tentador arquipélago. A cor principal é um azul oceânico profundo. No topo estão as palavras "NSA/CSS Havaí"; embaixo, "Kunia". Parece um lugar interessante para se trabalhar.

Ele chegou à ilha vulcânica no meio do Pacífico com um plano. Olhando em perspectiva, esse plano parecia insano. Era audacioso, e

– visto desapaixonadamente – com certeza resultaria na prisão de Snowden por um tempo possivelmente muito longo.

O plano era fazer contato de forma anônima com jornalistas interessados nas liberdades civis. Jornalistas cujas credenciais e integridades não pudessem ser postas em dúvida. E vazar para eles documentos ultrassecretos roubados – muito embora ainda estivesse um pouco vago como isso seria feito. Documentos que mostrassem evidências da ilegalidade da NSA, que provassem que a agência conduzia programas que violavam a Constituição dos EUA. A julgar pelo que disse mais tarde, o objetivo de Snowden não era expor segredos de Estado no atacado. Pelo contrário: queria entregar uma seleção do material a repórteres e deixá-los exercer seu próprio julgamento editorial.

Para corroborar suas afirmações sobre a NSA a um Quarto Poder cético, Snowden percebeu que precisaria não apenas de um monte de documentos. Seria necessário também um grau de astúcia acima do normal. E cabeça fria. E uma jogada de sorte extraordinária.

O novo posto de Snowden era como administrador de sistemas da NSA. Isto rendeu-lhe acesso a uma miríade de material secreto. A maioria dos analistas tinha permissão de aceder a muito menos. Mas como deveria abordar os repórteres? Contato por e-mail comum era algo impensável. E encontrá-los pessoalmente também era complicado; qualquer viagem tinha que ser notificada a seus superiores na NSA com trinta dias de antecedência. Além disso, Snowden não "conhecia" jornalista algum. Pelo menos não pessoalmente.

Lindsay Mills, namorada de Snowden havia oito anos, juntou-se a ele em junho na ilha de Oahu, que no dialeto havaiano significa "local de encontro". Mills cresceu em Baltimore, graduou-se no Maryland Institute College of Art e tinha morado com Snowden no Japão. Aos 28 anos, ela havia tido uma série de empregos – bailarina, professora de dança, personal trainer e especialista em pole-dancing. Sua maior paixão era a fotografia. Com regularidade, Mills tirava retratos de si mesma – muitas vezes sem vestir muito – e escrevia em seu blog, intitulado "A Jornada de L: aventuras ao redor do mundo de uma super-heroína que faz pole-dancing".

Snowden e Mills alugaram uma casa de três quartos e dois banheiros na 94-1044 Eleu Street, um bairro arborizado e sonolento em Waipahu, no que havia sido uma antiga plantação de cana-de-açúcar, 25 quilômetros a oeste de Honolulu. Era uma casa azul de madeira, confortável sem ser luxuosa, sem vista para o mar ou para as montanhas. O jardim da frente tinha um pequeno gramado, um tipo de arbusto australiano, algumas palmeiras e o abacateiro do vizinho inclinado, invadindo seu terreno. Nos fundos havia mais palmeiras, ocultando a vista da rua e uma colina onde os adolescentes fumavam escondidos.

Um adesivo na porta da frente – "A liberdade não é gratuita", adornado com estrelas e listras – dava uma pista sobre as convicções de Snowden. Vizinhos raramente, ou mesmo nunca, falavam com ele. "Nas poucas vezes que o via do outro lado da rua, ele acenava com a cabeça e era isso. Minha impressão é de que era uma pessoa muito reservada. Que ficava na dele", disse Rod Uyehara, que morava em frente. Veterano aposentado do Exército, como muitos no bairro, supôs que o jovem de cabelo curto também fosse militar.

Os arredores da ilha dariam a Snowden muito o que meditar durante seu deslocamento diário até Kunia Road. De seu casulo ele podia ver as montanhas Wai'anae, reminiscências de um antigo vulcão, a oeste. Os picos são repletos de nuvens ameaçadoras e carregadas: elas têm a tendência de se replicar subitamente, escurecendo o céu e castigando o vale com uma chuva torrencial.

Atrás dele, ao sul, estava Pearl Harbor, alvo do ataque surpresa do Japão em 7 de dezembro de 1941. Um dia de "infâmia", como Franklin Roosevelt declarou, que pegou os espiões norte-americanos com as calças arriadas e levou os EUA para a Segunda Guerra Mundial.

Na época, para aumentar a capacidade de inteligência, os espiões repreendidos construíram um vasto complexo de túneis, chamado de "O Buraco", bem no meio de Oahu. Originalmente concebido como uma fábrica de montagem e depósito de aeronaves, ele foi transformado em um salão para produção de gráficos, mapas e modelos das ilhas japonesas, preparando as forças norte-americanas para a invasão. Depois da guerra, tornou-se um centro de comando da Marinha e foi reforçado para resistir a ataques químicos, biológicos e radioativos.

Hoje ele é conhecido como Centro de Operações de Segurança Regional de Kunia (RSOC) e hospeda o US Cryptological System Group (Grupo de Sistema Criptográfico dos EUA), uma agência composta por especialistas de cada ramo das Forças Armadas, bem como terceirizados civis. Em algum momento, as instalações foram apelidadas de "O Túnel".

A casa de Snowden ficava a dez quilômetros de distância, na zona residencial mais próxima – apenas 13 minutos de viagem de uma porta a outra. Uma paisagem rural, em grande parte deserta, se estendia entre os dois pontos. Não era um percurso fácil. A estrada de duas pistas era cheia de mergulhos e subidas, ladeada por altos montes de terra e emaranhados de arbustos, que obscureciam a paisagem. É fácil sentir-se claustrofóbico. Ocasionalmente você vislumbra plantações de milho e campos amarelados.

"O Túnel" tinha dois principais alvos de espionagem: a República Popular da China e a Coreia do Norte, seu satélite stalinista problemático e imprevisível. Estava claro para todos – e não apenas para os analistas da NSA – que a China era uma potência econômica e militar em ascensão. A missão da NSA no Pacífico era a de manter um olhar atento na Marinha chinesa, suas fragatas, navios de apoio e destróieres, assim como nas tropas e recursos militares do Exército de Libertação Popular (ELP). Além das redes de computadores do ELP. Se penetradas, estas seriam uma rica fonte de dados.

A esta altura, Snowden era um especialista em China. Ele tinha como alvo as redes chinesas. Também ministrou um curso sobre cibercontraespionagem chinesa, instruindo altos funcionários do Departamento de Defesa sobre como proteger seus dados de Pequim e seus ávidos hackers. Estava intimamente familiarizado com operações ativas da NSA contra os chineses, dizendo mais tarde que tinha "acesso a todos os alvos".

Os japoneses já não eram mais o inimigo. Pelo contrário, estavam entre as nações prósperas do Oriente que os EUA consideravam valiosos parceiros de inteligência. A NSA coordenava seu trabalho na SIGINT com outros aliados na região. Os visitantes do complexo subterrâneo incluíam o novo chefe de defesa da agência de segurança da Coreia do Sul, o recém-nomeado chefe do gabinete de segurança nacional da Tailândia e delegações de Tóquio. "O Túnel" também acompanhava a Tailândia e as Filipinas, ao apoiar as operações de combate ao terrorismo lá, assim como no Paquistão.

De acordo com um funcionário da NSA, que falou com a revista *Forbes*, Snowden era um colega com princípios e ultracompetente, ainda que um pouco excêntrico. Dentro do "Túnel", ele usava um capuz com uma paródia do logotipo da NSA. Em vez de uma chave nas garras de uma águia, estampava um par de fones de ouvido de espionagem. Seus colegas de trabalho acreditavam que o agasalho, vendido pela Electronic Frontier Foundation, era uma piada.

Havia ainda outros indícios de uma personalidade não conformista. Snowden mantinha uma cópia da Constituição em sua mesa. Ele recorria ao livro quando queria argumentar contra as atividades da NSA que acreditava serem inconstitucionais. Vagava pelos corredores carregando um cubo mágico. Também mostrava se importar com seus colegas, deixando pequenos presentes em suas mesas. Ele quase perdeu o emprego defendendo um colega de trabalho que estava sendo recriminado.

O RSOC onde Snowden trabalhou é apenas uma das várias instalações militares na área. Mostras do poderio norte-americano não faltam. Uma gigantesca antena parabólica se destaca no relevo montanhoso. Helicópteros CH-47 Chinook passam zumbindo céu acima. Caminhões camuflados rodam pela área. Os homens e mulheres jovens de uniforme dirigem SUVs, carros esportivos e motos. Eles andam rápido. Como dizia o adesivo no para-choques de um Dodge conversível: "Entre. Sente. Cale a boca. Segure-se."

Da estrada, o RSOC é quase invisível, já que o complexo se situa atrás de um conjunto de árvores e de uma cerca de metal de três metros de altura com arame farpado. Apenas uma placa pequena e genérica – "Propriedade do Governo. Não ultrapasse" – indica que esta é uma instalação oficial. Dando a volta por fora, morro abaixo, você chega a uma guarita com dois guardas da Marinha em camuflagem azul com pistolas presas às coxas. Para além da barreira de segurança há um estacionamento com vagas para mais de cem veículos, bem como vários cartazes de advertência contra dirigir embriagado. "006 dias desde o último acidente", diz um deles.

Dado o número de veículos, a escassez de pessoas ou edifícios é intrigante – há apenas umas poucas cabines. Até que você percebe que todo mundo está nos subterrâneos. Eles entram através de uma estrutura retangular de aparência longa e curiosa de telhado laranja, construída em uma encosta íngreme de terra marrom. O gradiente é tão íngreme que é incrível que a estrutura não deslize para baixo. Degraus levam até a entrada escura. "As portas lá dentro são enormes. É como algo saído de *King Kong*. Você demora séculos apenas para chegar lá dentro", disse um ex-oficial da Força Aérea que trabalhou lá.

Retirar material secreto dali de dentro seria uma tarefa de alto risco. Seriam necessários nervos de aço.

No blog da namorada de Snowden, Lindsay Mills, ele é referido de maneira esquisita e indireta. Ela o chama de "E". Ele é muito mais uma presença fora do palco – um namorado fiel, certamente, mas que está propenso a ausências misteriosas e desaparecimentos. Como na Suíça, o Snowden do Havaí é um homem com uma máscara.

Apenas em poucas ocasiões, "E" posa com Mills em seus retratos semanais colocados no Instagram. O rosto dele não aparece. Em uma das fotos, Snowden está em uma praia, curvado, calças enroladas na altura dos joelhos. Um casaco de inverno preto agitado pelo vento esconde o seu rosto. Ele provavelmente está rindo, mas é difícil dizer, e lembra um imitador de Ricardo III. "Um mundo onde as pessoas se movem como corvos", escreveu Mills em seu blog, notando: "Uma foto rara de E." Alguém comenta que Snowden parece um pouco com Quasimodo. Mills replica: "Não mexa com E!"

Mills descreveu a motivação para o seu blog: "Venho tirando autorretratos diários há vários anos. Não são apenas para as mães.😆😀 Acho que me ajuda a compreender melhor minhas emoções e documentar a minha vida. Não que isso possa interessar a alguém, mas um dia posso agradecer a mim mesma por estas fotos. Ou me odiar 😆 – de qualquer forma, vou sentir alguma coisa 😆." Os retratos são feitos em cores brilhantes – uma espécie de diário de artista – com Mills vestida de modo a capturar um estado de espírito ou uma emoção. Muitos são provocadores. Ela medita, se pendura em árvores ou assiste ao pôr do sol havaiano.

Snowden se manteve distante durante os 13 meses que passou no Havaí. Ele era reservado por natureza, mas tinha uma razão especial para se preservar. Se tudo desse certo, seu vazamento seria o mais significativo desde os Papéis do Pentágono e eclipsaria a divulgação de telegramas diplomáticos dos EUA e registros de guerra ocorrida em 2010 por Chelsea (ex-Bradley) Manning, um soldado insatisfeito do Exército dos Estados Unidos. Snowden revelaria a verdade sobre a vigilância em massa, não apenas de milhões de norte-americanos, mas do mundo inteiro. Contudo, ainda era um grande "se". Uma palavra descuidada, um pedido de trabalho incomum, um pen-drive fora do devido lugar, qualquer deslize de sua parte poderia suscitar questões, com consequências potencialmente catastróficas.

Snowden estava cercado por espiões especializados em revelar segredos a partir da detecção de códigos e padrões escondidos. Se descobrissem seu segredo, ele provavelmente seria julgado sem alarde, condenado e preso por décadas, um geek anônimo que tentou e não conseguiu roubar dados de seus empregadores. Não causa espanto que Snowden tentasse manter a discrição.

Jocosamente, seus amigos o comparavam a Edward Cullen, o vampiro interpretado por Robert Pattinson nos filmes da saga *Crepúsculo*. Snowden era pálido, enigmático, solene e raramente visto de dia. Quase nunca aparecia em encontros sociais. "Ele não dizia quase nada e ficava num canto, como se estivesse rondando. Por isso, tornou-se uma espécie de jogo envolvê-lo nas conversas, tipo 'Vai

Team Edward!'", lembra um ex-colega. "Uma noite, em uma festa de aniversário, forçamos ele a fazer um discurso de verdade. Durou cerca de cinco palavras."

Snowden descrevia sua vida no Havaí como um "paraíso". Da mesma forma que o maior jornal do Havaí, o *Honolulu Star-Advertiser*, declarava em seu antigo lema: "O pulso do paraíso". Suas manchetes – "Oficiais aproveitam plantão de fim de semana no porto", "Museu de Aviação do Pacífico presta homenagem a ás da pilotagem", "Incêndio florestal controlado em Maui" – tendem a reforçar essa imagem de um idílio tropical.

Mas para Snowden havia poucos sinais exteriores de divertimento. Nada de surfe, golfe ou descanso na praia. "Ele estava pálido, pálido, pálido, pálido como se nunca tivesse saído ao sol", disse o amigo. (Em contraste, Barack Obama, que tem uma irmã em Oahu, dá a impressão de saborear as praias, o surfe e o *shave ice*, a versão local da raspadinha de gelo.)

Perto de Snowden, grudado em seus laptops, sua parceira Lindsay Mills parecia uma borboleta social. Depois de chegar ao Havaí, ela se juntou a Pamela and the Pole Kats, um grupo que treinava e apresentava números de pole-dancing. Elas não se despiam – uma vez por mês faziam performances atléticas no Mercury, um bar moderno no centro de Honolulu. Mills também participava de performances de rua na primeira sexta-feira de cada mês.

No entanto, apesar de sua aparente sociabilidade, Mills permanecia um enigma para seus conhecidos no Havaí. Ela como que se escondia atrás de óculos de sol enormes. Não fornecia muita informação pessoal. A maioria mal sabia que ela ainda tinha um namorado. Não parecia ter um emprego – quer dizer, para além de sua fotografia e dança –, mas ainda assim dirigia um SUV novo. Sua fonte de prosperidade era outro enigma.

Pam Parkinson, fundadora do grupo de pole-dancing, apresentou Mills à Waikiki Acrobatic Troupe, uma dezena de dançarinos, malabaristas, equilibristas, cuspidores de fogo e especialistas em bambolê que se reuniam algumas vezes por semana.

Aos domingos, eles treinavam até o pôr do sol em um parque com vista para a praia de Waikiki. Mills encontrou seu lugar em meio a esse grupo boêmio, embora fosse certinha demais pelos padrões de seus novos amigos. "Ela não ria de piadas sobre sexo", um deles lembrou. Terryl Leon, coordenador da trupe, disse que Mills era iniciante nas acrobacias, mas determinada a aprender. "Ela vinha trabalhando em uma sequência acrobática curta. Eu dava dicas sobre postura e técnica. Ela era um pouco reservada. Muito bonita, atenta, alerta, concentrada e cooperativa."

Snowden às vezes ia buscar Mills de seus treinamentos, mas raramente saía do carro ou falava com os amigos dela. "Ela realmente não falava nada sobre ele", um deles disse. Uma exceção foi quando Snowden esteve afastado por um período prolongado e Mills lamentou a dificuldade de relacionamentos de longa distância. A trupe fofocava sobre sua amizade com seu "acroparceiro", um jovem musculoso chamado Bow. Mas, como o blog de Mills deixava claro, ela permanecia dedicada a "E".

"E", por sua vez, ainda aguardava sua hora e vez na NSA. Por trás de sua superfície calma e despretensiosa, o desencanto e a raiva com seus empregadores estavam crescendo.

Ed Snowden não foi a primeira pessoa de dentro da NSA a se desiludir com o que descobriu por lá e com a obscura trajetória da política de segurança dos EUA depois do 11 de Setembro. Snowden tinha visto de perto o caso de Thomas Drake. Ele, veterano da Força Aérea e da Marinha dos EUA, era um executivo da NSA. Depois dos ataques de 11 de setembro de 2001, tornou-se descontente com os programas secretos de combate ao terrorismo da agência – em especial com uma ferramenta de coleta de inteligência chamada TRAILBLAZER. Drake sentiu que ela violava a quarta emenda contra buscas e apreensões arbitrárias.

Drake decidiu levantar seus questionamentos através de todos os canais corretos. Queixou-se a seus chefes na NSA. Seguindo um passo a passo preestabelecido para denunciantes, também testemunhou junto ao inspetor-geral da NSA, ao Pentágono e diante de comissões congressionais de supervisão da Câmara e do Senado. Finalmente, frustrado, foi ao *Baltimore Sun*. Esta abordagem ingênua não funcionou. Em 2007, o FBI invadiu sua casa. Drake foi condenado a 35 anos de prisão. Somente em 2011, após 4 anos de ansiedade, o governo retirou as queixas, com Drake se declarando culpado de uma contravenção menor. Ele foi posto em liberdade condicional.

Para Snowden, Drake foi uma inspiração (os dois se encontrariam mais tarde). A maneira punitiva como as autoridades perseguiram Drake convenceu Snowden, acima de tudo, que não fazia o menor sentido trilhar o mesmo caminho. Ele sabia de outros que haviam sofrido em circunstâncias similares. Incluía-se aí um empregado da NSA que, brincando, escreveu em um e-mail uma linha que dizia "Isso aqui é o ELP ou a NSA?". Snowden contou ao jornalista James Risen, do *New York Times* e ganhador do Pulitzer, que dentro da NSA "há um monte de dissidentes – chega até a ser evidente em alguns". Mas que a maioria das pessoas encobria sua real posição pelo "medo e uma falsa imagem de patriotismo", entendidos como "obediência à autoridade".

Como um terceirizado externo, trabalhando para a Dell, Snowden não tinha direito à mesma proteção de denunciante que Drake. Mesmo que relatasse suas preocupações sobre a vigilância da NSA, nada aconteceria, contou depois a Risen. Ele acreditava que seus esforços "seriam enterrados para sempre" e que colocariam sua credibilidade em cheque, arruinando-o. "O sistema não funciona. Você tem que denunciar o delito aos seus principais responsáveis."

Snowden tinha perdido a fé de que a supervisão do Congresso sobre a comunidade de inteligência valia de alguma coisa. Em vez disso, pelo que sentia, o Congresso era outra parte do problema. Ele era bastante crítico à "Gangue dos Oito" em particular, grupo de funcionários do Congresso que é notificado sobre as mais delicadas operações de inteligência dos EUA.

Em dezembro de 2012, ele havia se convencido de que precisava contatar jornalistas. Questionado sobre o momento em que decidiu "botar a boca no trombone", Snowden diz: "Imagino que a experiência de cada um é diferente, mas para mim não houve um único momento. Estava vendo toda uma ladainha interminável de mentiras dos altos funcionários para o Congresso – e, portanto, para o povo americano – e fui compelido a agir ao perceber que o Congresso, especificamente a Gangue dos Oito, apoiava inteiramente as mentiras. Ver alguém na posição de James Clapper – diretor da inteligência nacional – descaradamente mentindo para o público sem a devida repercussão é a evidência de uma democracia subvertida. O consentimento dos governados não existe se eles não foram informados."

Em março de 2013, Clapper disse ao comitê de inteligência do Senado que o governo dos EUA coletava dados sobre milhões de americanos "não intencionalmente". A afirmação era falsa, como revelaria Snowden, e o próprio Clapper mais tarde admitiria. Esse, talvez, também tenha sido um crime.

Um documento em particular em sua própria conta foi a gota-d'água para Snowden, . Ele deu de cara com um relatório confidencial, de 2009, redigido pelo inspetor geral da NSA – a mesma pessoa a quem Drake havia se dirigido com a denúncia. Snowden vinha realizando uma "busca por palavra suja": limpeza minuciosa do sistema para remover material que não deveria constar lá. Quando abriu o documento, não conseguia parar de lê-lo.

Era um relatório detalhado de 51 páginas sobre como a administração Bush havia realizado seu programa de escutas ilegais após o 11 de Setembro. O programa, de codinome STELLAR WIND (Vento Estelar), envolveu a coleta de conteúdo e metadados de milhões de americanos sem mandado judicial. Alguns fatos sobre o escândalo das escutas telefônicas haviam surgido anos antes, mas nada se comparava à história completa. Para Snowden, esta era uma prova incontestável de que altos funcionários do governo norte-americano estavam quebrando a lei. Sem qualquer repercussão, pelo que pôde perceber. "Você não pode ler algo assim sem se dar conta do que aquilo significa para todos os sistemas que temos", disse ele ao *New York Times*.

No Havaí, no início de 2013, o sentimento de indignação de Snowden ainda estava crescendo. Mas seu plano de vazar informação parecia ter parado. Ele enfrentava muitos obstáculos. Para ter acesso à parcela final dos documentos necessários, Snowden necessitava de privilégios de segurança maiores do que os que tinha em sua posição na Dell. Clapper fez sua infeliz aparição perante o Senado em março. No mesmo mês, Snowden começou em um novo emprego na empresa terceirizada Booz Allen Hamilton, rendendo-lhe acesso a uma nova cornucópia de informações. De acordo com o funcionário da NSA que falou com a *Forbes*, Snowden recusou uma oferta para se juntar às "operações de acesso sob medida" da agência, um grupo de hackers de elite. Começavam ali as tensas últimas semanas de sua vida dupla.

O último local de trabalho de Snowden ficava no centro de Honolulu. Todo o brilho corporativo contrastava com o bunker da RSOC. Ele fica localizado no 30º andar do Makai Tower, no distrito financeiro, em Bishop Street. A recepção tem mobiliário bege, mapas antigos emoldurados e uma televisão, com o volume baixo, sintonizada na Fox News. Em vez de uma cantina sem janelas cheia de soldados de cabelo curto, o pessoal da Booz Allen Hamilton passeia por um pátio ensolarado e pode escolher entre dezenas de restaurantes, enquanto vestem ternos e camisas havaianas. Ferguson's, o pub mais próximo, não é exatamente dos piores: oferecem tâmaras envoltas em bacon, queijo brie assado e *tzatziki* de pimenta vermelha.

O líder do conselho e presidente da Booz Allen Hamilton, Ralph Shrader, fez garantias complacentes sobre segurança no blog da empresa: "Em todas as esferas da vida, nossos colegas e amigos mais confiáveis têm algo em comum: podemos contar com eles. Não importa qual seja a situação ou o desafio, eles estarão lá por nós. Booz Allen Hamilton é confiável nesse sentido. Você pode contar com isso."

Snowden pode ter se permitido lançar um sorriso irônico. Ele contava que seu novo empregador não fosse suspeitar de nada. Snowden estava prestes a alcançar um ponto sem volta. Elementos do governo dos EUA, sabia ele, veriam suas ações como uma versão cibernética de Pearl Harbor, um ataque furtivo. Por vir de dentro, de um suposto "traidor", a raiva seria muito pior. O fato de Snowden enxergar isso como um ato de patriotismo, de defesa dos valores americanos, não suavizaria em nada a vingança de Washington.

O próprio nome de Snowden era apropriado para um homem envolto em tais iniciativas tão arriscadas. Na década de 1590, na Inglaterra, John Snowden, um padre católico, tornou-se um agente duplo trabalhando para o lorde Burghley, senhor-tesoureiro da rainha Elizabeth. O historiador Stephen Alford descreveu este Snowden como "sutil, inteligente e autoconfiante". Seu trabalho era espionar católicos emigrados no continente que se associaram com espanhóis e conspiravam contra a rainha Elizabeth. Snowden usava códigos, cartas secretas e outros truques. Os elisabetanos chamavam tais homens de *intelligencers* ou *espials*; o que faziam era *espiery*. (O termo derivado do francês *espionage* só entrou em uso a partir do século XVIII.)

Mas Edward Snowden, *espial* contemporâneo, não poderia usar seu verdadeiro nome se quisesse chegar aos jornalistas norte-americanos que cobriam segurança nacional e que até aquele momento não faziam ideia da existência dele. Para contatá-los, precisaria de um codinome. Dada a gravidade da empreitada, algo como TheTrueHOOHA soava bobo. Snowden teve uma nova ideia mais tarde. Ele escolheu a alcunha de "Verax", um adjetivo do latim clássico que significa "o que diz a verdade". A palavra *verax* é bastante rara. Ele surge em Plauto, Cícero e Horácio. É usada especialmente na referência a oráculos e fontes sobrenaturais.

Snowden tinha a intenção de se tornar somente uma voz profética de dentro da comunidade de inteligência. Tal como acontece com o seu sobrenome verdadeiro, seu codinome também tinha uma história: dois dissidentes britânicos obscuros se chamavam "Verax". Um deles foi Henry Dunckley, um crítico social batista do século XIX, que usou o pseudônimo no *Manchester Examiner*. O outro foi Clement Walker, um parlamentar de Somerset do século XVII, que acabou preso durante a Guerra Civil Inglesa e morreu na Torre de Londres. Notoriamente, *verax* é também antônimo de *mendax*. *Mendax* significa "ludibriar", e foi a alcunha usada por Julian Assange, do WikiLeaks, quando era um jovem hacker australiano. WikiLeaks que, com o vazamento eletrônico em massa de arquivos do Exército dos EUA sobre o Afeganistão e de telegramas diplomáticos do Departamento de Estado de todo o mundo, recentemente tinha deixado o governo dos EUA de cabelos em pé. Talvez a alusão de Snowden fosse deliberada.

Olhando de fora, sua vida continuava como antes. Visto em retrospectiva, o blog de sua namorada parece significativo. Em 1º de março, Mills escreveu que ela será uma "mulher internacional de mistério" e que o tema de seu show naquela noite de sexta-feira será "007".

A apresentação foi boa. Três dias depois, ela escreveu: "Quando eu era criança, a maioria dos meus amigos brincavam fantasiados de princesa, super-homem ou fazendeiro de picles (eu tenho alguns amigos bem estranhos). Eu imaginava ser uma espiã. Correndo túneis de esgoto para escapar de inimigos traiçoeiros, escutando em segredo conversas importantes dos adultos e apresentando um relatório completo ao General Miau. Então, ter a oportunidade de fingir ser uma *Bond Girl*, mesmo que por alguns minutos durante minha performance na sexta-feira, foi muito gratificante. E o barato da espionagem de sexta à noite deve ter ficado preso inconscientemente no meu cérebro, já que na noite seguinte 'E' e eu escolhemos aleatoriamente *Skyfall* para nossa noite de cinema."

Onze dias depois, em 15 de março, novas notícias: "Recebemos a informação de que temos que sair da nossa casa até 1º de maio. 'E' está mudando de emprego. Eu estou ansiando pela minha miniviagem pelo Oriente. Eu me mudo com 'E', fico sozinha, vou para a Antártica?... Por enquanto vou girar meu globo mágico e ver onde eu aterrisso."

Em 30 de março, à noite, Snowden voa para o continente. Durante as próximas duas semanas, frequenta sessões de treinamento no escritório da Booz Allen Hamilton, perto de Fort Meade; várias parceiras terceirizadas da agência de inteligência têm escritório ao lado da sede da SIGINT. Seu novo salário é de 122 mil dólares por ano, mais um subsídio de moradia. Em 4 de abril, ele janta com seu pai. Lon Snowden disse que seu filho parecia preocupado, carregando um fardo. "Nós nos abraçamos como sempre fazemos. Ele disse: 'Eu te amo, pai'. Eu disse: 'Eu te amo, Ed.'"

Em meados de abril, Mills e Snowden receberam as chaves de sua nova casa no Havaí. Ficava a duas ruas de distância da antiga.

Mills escreveu: "Minha parte favorita de se mudar é a fase antes de desencaixotar, quando eu posso caminhar por todos os cômodos amplos e vazios sob a leve luz da janela (talvez eu tenha sido um gato em minha vida anterior). Ficamos um tempo imaginando como cada quarto poderia ficar quando amontoarmos nossas coisas dentro deles. Discutimos até se devemos pendurar cortinas de seda na sala principal de dois andares."

Snowden fez uma última aparição no blog dela. O casal está posando no chão vazio da nova casa. Mills, em um belo vestido azul, está deitada de costas e sorri para ele; como sempre, os pensamentos de Snowden são inescrutáveis, já que a câmera registra apenas a parte de trás de sua cabeça. Seus óculos foram largados a vários metros de distância. O que se passa em sua mente?

Na segunda quinzena de abril, Mills viaja para a Costa Leste dos EUA sozinha. Ela passeia por antiquários com sua mãe, ajuda a redecorar a casa de sua família e revê velhos amigos. No início de maio retorna para Honolulu. Ela escreve em seu blog sobre se sentir dividida entre dois mundos distintos. Enquanto isso, Snowden se estabelece em seu novo trabalho na Booz.

Ou assim parece. Na realidade, Snowden está provavelmente fazendo uma varredura pelos servidores da NSA. "Minha posição na Booz Allen Hamilton me permite acesso a listas de máquinas em todo o mundo [que] a NSA hackeou", disse Snowden ao *Washington Post*, acrescentando que foi exatamente por isso que aceitou o emprego.

Meses mais tarde, a NSA ainda estava tentando decifrar exatamente o que aconteceu; Snowden não explicou por completo como realizou o vazamento. Mas, como administrador de sistemas, podia acessar a NSAnet, o sistema de intranet da NSA. A rede foi criada logo depois do 11 de Setembro, para melhorar a conexão entre as diferentes partes da comunidade de inteligência dos EUA.

Snowden era um dos cerca de mil "sysadmins" (administradores do sistema) da NSA que tinham acesso a muitas partes deste sistema. (Outros usuários, mesmo com autorização de uso ultrassecreta, não eram autorizados a ver todos os arquivos confidenciais.) Ele podia abrir um arquivo sem deixar um rastro eletrônico. Ele era, nas palavras de uma fonte de inteligência, um "usuário fantasma", capaz de assombrar os locais sagrados da agência. Também pode ter usado seu status de administrador para persuadir outros a confiar a ele seus detalhes de login. Confiante, o GCHQ compartilha seu material britânico ultrassecreto com a NSA, o que o torna disponível para uma legião de terceirizados externos. Isso significava que Snowden também tinha acesso a segredos britânicos, através da GCWiki intranet paralela do GCHQ.

Apesar de não sabermos exatamente como ele coletou o material, parece que Snowden baixou os documentos da NSA em um pen-drive. Método parecido ao que foi usado por Manning, que baixou e enviou para o WikiLeaks 250 mil telegramas diplomáticos norte-americanos em um CD escrito "Lady Gaga", enquanto trabalhava em uma abafada estação de campo fora de Bagdá.

Pen-drives são proibidos para a maioria dos funcionários. Mas um "sysadmin" pode argumentar que estava consertando um perfil de usuário corrompido e precisava de um backup. O pen-drive pode então ser a ponte entre o sistema NSA e a internet regular, que funcionam isoladamente.

Por que ninguém disparou o alarme? A NSA cochilou? Do Havaí, Snowden podia acessar remotamente os servidores da NSA a cerca de 5 mil quilômetros de distância, em Fort Meade, através do que ficou conhecido como um sistema de "thin client". A maioria dos funcionários já tinha ido para casa, à noite, quando Snowden se conectava, a seis fusos horários de distância. Suas atividades aconteciam enquanto a NSA dormia. Além disso, Snowden era extremamente bom no que fazia – era um "gênio de T.I.", nas palavras de Anderson, seu amigo de Genebra –, então era capaz de se locomover sem ser detectado através daquele vasto sistema interno.

Depois de quatro semanas em seu novo trabalho, Snowden diz a seus chefes na Booz que está se sentindo mal. Quer um tempo de folga e pede licença sem vencimento. Quando checam como ele está, conta ter epilepsia. É a mesma condição que afeta Wendy, sua mãe, que usa um cão-guia.

E então, no dia 20 de maio, ele desaparece.

O blog de Mills reflete um pouco da dor e da angústia que sentiu ao descobrir que "E" tinha partido de sua vida. Em 2 de junho, ficou claro que algo estava muito errado.

Ela escreve: "Embora eu tenha pacientemente pedido ao universo por uma rotina um pouco mais animada, não tenho certeza se quis que meio ano de experiências fossem despejados no meu colo em duas semanas. É papo de nível bíblico – inundações, traição, perda... Eu me sinto sozinha, perdida, oprimida e desesperada por um indulto dessa natureza bipolar que é minha situação atual."

Cinco dias depois, Mills apaga seu blog. Ela também questiona publicamente se exclui ou não sua conta no Twitter. Uma obra criativa que remonta a vários anos, que inclui dezenas de fotos de si mesma, algumas das quais acompanhada de seu "E".

"Deletar ou não deletar?", ela escreve. E não exclui.

3

A fonte

Gávea, Rio de Janeiro, Brasil
Dezembro de 2012

"E aquele que for homem precisa ser um dissidente."

RALPH WALDO EMERSON,
Self-reliance and Other Essays

Do alto do morro do Pão de Açúcar, a cidade do Rio de Janeiro parece um redemoinho íngreme de verdes e marrons. No céu, urubus voam em círculo, fazendo espirais em ritmo lento. Abaixo – bem abaixo – fica o centro da cidade, repleto de arranha-céus. Margeando tudo estão as praias e ondas que quebram incessantes no mar azul-claro. Acima, de braços abertos, está a famosa estátua art déco do Cristo Redentor.

As famosas praias do Rio, Copacabana e Ipanema, se estendem em ambos os lados da costa em formato de garra. Há muito Copacabana desfruta de uma fama indecente. E, sim, há esculturas de areia de mulheres não muito vestidas, com grandes traseiros, ao lado de bandeiras brasileiras, em verde, amarelo, azul e branco. Porém, atualmente, Copacabana é um local mais frequentado por idosos ricos. Não são muitos os que podem pagar para morar no luxo dos flats com vista para essa costa atlântica dos sonhos.

Nas manhãs, durante a semana, os moradores surgem, fazem alongamentos e caminham com seus cães bem-cuidados. Os skatistas passam pela ciclovia; há casas de sucos, restaurantes, cafés nas calçadas. Na praia, os cariocas, bronzeados, jogam futebol – obsessão brasileira – ou vôlei. Grande parte da vida humana está ali, sentada, nos dias perfumados de inverno, sob as árvores. Mas a garota de Ipanema é uma visão rara. É mais provável que você encontre a avó dela.

Da Gávea, zona sul do Rio, a estrada serpenteia rumo à Floresta da Tijuca, maior floresta urbana do mundo, lar de macacos-prego e tucanos. Geralmente, ela é vários graus mais fresca que as praias. Siga em frente e você vai acabar chegando a uma casa reclusa na montanha. Seria um tipo de santuário canino? Uma placa no portão de ferro avisa "Cuidado com o cão". O alerta é supérfluo: de dentro da casa vem o barulho do choro esganiçado. Os cães – pequenos, grandes, pretos e pardos – saúdam os visitantes batendo as patas em suas pernas; há cocô de cachorro pelo quintal tropical; um córrego gorgoleja ao lado. Se existe céu de vira-lata, é certamente ali.

O habitante não canino da casa é Glenn Greenwald, de 46 anos, é um dos comentaristas políticos mais expressivos de sua geração. Muito antes da história de Snowden torná-lo conhecido, Greenwald já tinha acumulado seguidores. Litigante por profissão, ele passou uma década trabalhando nas cortes federal e estadual. Filho de judeus, truculento, gay, radical e fervoroso quanto à liberdade civil, Greenwald encontrou voz na era Bush. Em 2005, abriu mão de advogar para se concentrar na escrita em tempo integral. Seu blog atraiu uma legião de leitores. Desde 2007 participa do Salon.com como colunista.

De sua casa no Rio, Greenwald frequentemente aparece como uma autoridade em redes americanas de TV. Isso significa descer a montanha em seu automóvel Kia vermelho (que cheira a cachorro) até um estúdio no hipódromo da cidade. O pessoal da segurança o cumprimenta afetuosamente, em português – que ele fala fluentemente. O estúdio tem uma câmera, uma cadeira e uma mesa. Sentado à mesa, a câmera o apresenta com o uniforme de um advogado matador: camisa limpa, belo paletó e gravata. Embaixo da mesa, onde não pode ser visto pelo público de Nova York ou Seattle, Greenwald está de sandálias de dedo e bermuda.

Esse traje híbrido anuncia uma dualidade mais acentuada entre o pessoal e o profissional. Em sua vida pessoal, Greenwald é coração mole. Ele é obviamente um molenga pelos bichos alvoroçados; ele e seu parceiro, David Miranda, já adotaram dez cães de rua. Também tomam conta de cachorros de outras pessoas e ainda mantêm mais um gato. Greenwald e Miranda se conheceram quando o jornalista veio ao Rio em 2005, para um período de férias de dois meses; era o seu segundo dia na cidade e ele estava deitado na praia. Logo se apaixonaram. Greenwald diz que vive no Rio, terra natal de Miranda, porque a lei federal americana se recusava a reconhecer o casamento entre pessoas do mesmo sexo. Agora reconhece. Miranda trabalha como seu assistente de jornalismo. E, quando você o conhece, Greenwald é meigo, fácil de levar, falante e gentil.

No entanto, profissionalmente, é uma criatura diferente: antagonista, implacável, sarcástico e retórico. É incisivo e impiedoso no que considera hipocrisia oficial americana. Greenwald tem sido um crítico irascível à administração de George W. Bush e de Obama. Tem feito críticas mordazes aos recordes de Washington. Os direitos dos cidadãos, os ataques por mísseis guiados, as guerras estrangeiras, o engajamento desastroso dos EUA no mundo muçulmano, a baía de Guantánamo, o regime norte-americano de tortura mundial – todos esses assuntos têm sido pauta de sua caneta eficaz. Em postagens longas, às vezes torrenciais, ele já registrou os supostos crimes do governo americano ao redor do mundo. As visões francas de Greenwald sobre privacidade sem dúvida o tornaram o mais conhecido crítico da vigilância do governo.

Os fãs o veem como um herói radical na tradição revolucionária de Thomas Paine, corajoso jornalista panfleteiro. Os inimigos o consideram irritante, um "ativista" e até um traidor. Dois de seus livros tratam da política estrangeira e dos abusos executivos da era Bush. Um terceiro, *With Liberty and Justice for Some* (2011), analisa pesos e medidas duplos no sistema judiciário criminal americano. De forma persuasiva, Greenwald argumenta que há uma regra para os sem poder e outra para os que estão nos altos escalões e infringem a lei, que invariavelmente se safam ao fazê-lo. O livro perpassa por um tema importante, tanto para Greenwald, quanto para Snowden:

o escândalo dos grampos ilegais na Casa Branca de Bush e o fato de que ninguém jamais foi punido por isso.

Em agosto de 2002, Greenwald deixou o Salon.com e ingressou no *Guardian*, como colunista freelance. Foi algo que veio a calhar. Alan Rusbridger, editor do jornal, vê o *Guardian* ocupando um espaço editorial diferente da maioria dos jornais americanos – com menos reverência pelas noções de demarcação profissional e desapego que, certo ou errado, moldam boa parte do jornalismo dos EUA. Mais que a maioria dos veículos de mídia, o *Guardian* abraçou novas tecnologias digitais que mudaram radicalmente a antiga ordem.

Rusbridger comenta: "Eu acho que nós temos sido mais receptivos ao argumento de que os jornais podem dar o melhor relato do mundo ao unificarem vozes múltiplas – nem todas de jornalistas convencionais –, que agora publicam em muitas plataformas diferentes e numa grande variedade de estilos. Foi assim que Greenwald veio parar no *Guardian*."

Dessa forma, Greenwald personifica um debate sobre o que significa ser um jornalista do século XXI, em um novo e "barulhento" mundo digital e das publicações pessoais, fervilhando de blogueiros, repórteres cidadãos e Twitter. Alguns chamaram esse ecossistema digital fora dos editoriais dominantes de o Quinto Poder, em contraste com o Quarto. Hollywood até utilizou o termo como título de um filme sobre o WikiLeaks.

Entretanto, Rusbridger acrescenta: "Greenwald não gosta muito de ser descrito como membro do Quinto Poder – em grande parte, por haver uma tentativa constante das pessoas na política e no direito, assim como no jornalismo, de limitar proteções (por exemplo, quanto a fontes, ou segredos) dadas a pessoas que consideram (mas relutam em admitir) autênticos jornalistas. Mas ele reconhecidamente tem um pé em ambos os campos, tanto no antigo, quanto no novo."

Greenwald certamente acredita em uma abordagem partidária do jornalismo – porém, em uma que, segundo ele, seja baseada em fatos, provas e dados comprováveis. Constantemente utiliza detalhes para atacar seus oponentes, arrancando correções de templos americanos que verificam fatos, tal como o *Washington Post* e o *New York Times*.

Numa conversa esclarecedora com Bill Keller, um ex-editor do *New York Times*, Greenwald reconhece que "instituições estabelecidas de mídia" realizaram "reportagens soberbas" nas décadas recentes. Mas argumenta que o modelo padrão do jornalismo americano – em que o repórter deixa de lado suas opiniões pessoais, diante da busca por uma verdade superior – tem levado a alguns hábitos nocivos e a um "jornalismo atroz". Isso inclui uma deferência exagerada ao governo americano atual, e uma falsa equação da visão do que é verdade com o que não é, pelo interesse do "equilíbrio".

A ideia de que jornalistas não possuem opinião é algo "mítico", diz Greenwald. Ele reserva sua abjeção especial por uma classe específica: jornalistas que, em seu ponto de vista, atuam como patetas da Casa Branca. Considera-os desprezíveis. E diz que em lugar de assumir o poder da tarefa, as instituições de imprensa de D.C. geralmente atuam no papel de cortesãos.

Por outro lado, Keller, assim como outros editores conscienciosos, têm sua crítica própria sobre o "jornalismo de advocacia". Keller conta: "O fato é que, uma vez que você tenha declarado publicamente 'suas suposições e valores políticos', é da natureza humana querer defendê-los, e passa a ser tentador minimizar os fatos, ou enquadrar o argumento, de modo a apoiar seu ponto de vista já declarado."

Nos meses subsequentes, o próprio tipo de jornalismo defensivo de Greenwald ficaria sujeito ao exame minucioso do público, como ele jamais poderia imaginar.

Em dezembro de 2012, um dos leitores de Greenwald lhe mandou um e-mail, que não chamou sua atenção; ele recebia dúzias de mensagens semelhantes todos os dias. O remetente não se identificou. Ele (ou poderia ser ela) escreveu: "Tenho umas coisas que podem lhe interessar." "Foi muito vago", relembra Greenwald.

Esse correspondente misterioso tinha uma solicitação incomum: pediu a Greenwald que instalasse o programa PGP de criptografia em seu laptop. Depois de instalado, o programa permite que as duas pessoas troquem mensagens pela internet de forma criptografada. Se utilizado corretamente, o PGP garante privacidade (as iniciais representam "Pretty Good Privacy"); isso evita um ataque por terceiros. A fonte não explicou por que essa medida curiosa era necessária.

Greenwald não tinha objeções – já fazia algum tempo que tinha a intenção de habilitar uma ferramenta amplamente usada por jornalistas investigativos, pelo WikiLeaks e por outros suspeitos de bisbilhotagem do governo. Mas havia dois problemas. "Sou basicamente analfabeto em tecnologia", admite. Greenwald também tinha a sensação de que alguém insistindo em criptografia pudesse se revelar meio maluco.

Alguns dias depois, seu correspondente mandou outro e-mail.

Ele perguntou: "Instalou?"

Greenwald respondeu que não. O jornalista pediu mais tempo. Vários dias se passaram.

Frustrado, o correspondente desconhecido de Greenwald agora tentava outra estratégia. Ele fez um tutorial particular no YouTube, mostrando o passo a passo de como instalar o software correto de criptografia – um guia para iniciantes. Esse vídeo tinha pouco em comum com a Khan Academy: "Vi uma tela de computador e gráficos. Não vi mão alguma. Ele foi muito cauteloso", contou Greenwald.

O jornalista freelance assistiu ao vídeo. Mas – ocupado com outras demandas – não chegou a seguir as restrições severas. Esqueceu. "Eu queria fazer. Trabalho muito com hackers como ele", contou Greenwald. "Mas ele ainda não tinha feito o suficiente para chegar ao topo da minha lista de prioridades."

Cinco meses depois, durante o encontro que tiveram em Hong Kong, Greenwald percebeu que a fonte que tinha, lá atrás, em 2012, era ninguém menos que Edward Snowden. Ele fazia parte da comunidade de leitores de Greenwald. Por gostar da sua visão de mundo, de sua coragem e abordagem sem compromisso com o governo, Snowden tentara contatá-lo, mas sem sucesso. "Snowden me disse: 'Não posso acreditar que você não instalou. Foi tipo: Ei, idiota!'"

No Havaí, Snowden estava a quilômetros de distância do Brasil. Havia poucas chances de haver um encontro pessoalmente. O contato on-line era essencial. No entanto, Greenwald estivera distraído demais para sequer seguir o guia de criptografia de Snowden. A frustração do delator deve ter sido enorme. Greenwald diz: "Ele devia estar pensando: 'Estou prestes a assumir essa porra desse risco enorme, jogar minha vida fora, ser morto, fazer o maior vazamento de informação de todos os tempos, e ele (Greenwald) não pode nem se dar ao trabalho de instalar o código de criptografia.'"

Como consequência desse fiasco do PGP, várias semanas se passaram inutilmente. Snowden parecia não ter uma rota segura até Greenwald. O colunista prosseguia sem saber de nada, escrevendo polêmicas em sua casa isolada, na montanha. Macacos saqueadores frequentemente a invadiam, arranjando briga com os cães, às vezes batendo neles com galhos, ou recuando para dentro de touceiras densas de bambu. Em outros momentos, Greenwald rolava pelo chão com os bichos; ele dizia que às vezes é bom se distrair um pouco da política e da torrente impiedosa do Twitter.

Ao final de janeiro de 2013, Snowden tentou outro jeito de chegar a ele. Enviou um e-mail para Laura Poitras. Esperava abrir um canal anônimo com a documentarista, que era amiga e colaboradora próxima de Greenwald. Poitras era outra crítica fervorosa do estado de segurança dos EUA – e uma de suas vítimas mais proeminentes.

Por quase uma década, Poitras trabalhou em uma trilogia de longas-metragens sobre os EUA após o 11 de Setembro. O primeiro filme, *My Country, My Country* (2006), é um retrato aclamado do Iraque, após a invasão americana, narrado através da história de um médico sunita que foi candidato, em 2005, nas eleições da era pós-Saddam. O filme é comovente e corajoso – um trabalho resplandecente, indicado ao Oscar de 2007.

O filme seguinte de Poitras, *The Oath* (2010), foi rodado no Iêmen e na baía de Guantánamo. Ele apresenta dois homens do Iêmen que são varridos pela guerra ao terror do presidente Bush. Um deles, Salim Hamdan, era acusado de ser motorista de Osama bin Laden e foi detido em Guantánamo; o outro, cunhado de Hamdan, havia sido guarda-costas de Bin Laden. Através deles, Poitras criou uma crítica poderosa dos anos sombrios de Bush-Cheney.

A reação dos funcionários públicos americanos foi espantosa. Durante seis anos, entre 2006 e 2012, os agentes do Departamento de Segurança de Estado detinham Poitras toda vez que ela entrava nos Estados Unidos. Isso aconteceu cerca de quarenta vezes, segundo conta. Em cada ocasião, os agentes a interrogavam, confiscavam laptops e telefones celulares e exigiam saber com quem ela se encontrara. Pegavam sua câmera e seus cadernos. Às vezes, ela ficava detida por três ou quatro horas. Jamais foi descoberto algo que a incriminasse.

Uma vez, em 2011, quando foi parada no Aeroporto Internacional John F. Kennedy, em Nova York, ela se recusou a responder às perguntas sobre seu trabalho, citando a primeira emenda da Constituição. O agente federal lhe disse: "Se não responder às nossas perguntas, vamos encontrar as respostas em seus equipamentos eletrônicos."

Em resposta a esse assédio, Poitras adotou novas estratégias. Tornou-se especialista em criptografia. Aprendeu a proteger as fontes de seu material e as informações delicadas. Ela entendeu o motivo pelo qual isso às vezes era tão importante, devido às capacidades onipresentes da NSA. Não viajava mais com equipamento eletrônico.

Poitras decidiu editar seu filme seguinte fora dos EUA. Mudou-se temporariamente para Berlim, capital alemã.

Em 2012, Poitras estava trabalhando para concluir parte da trilogia. Dessa vez, os temas eram os EUA e a escalada alarmante da vigilância doméstica. Um de seus entrevistados, William Binney, era um delator da NSA. Binney era um matemático que passou quase quarenta anos na agência e ajudou a automatizar as escutas clandestinas. Saiu em 2001 e delatou a espionagem doméstica.

Naquele verão, Poitras preparou um "op-doc" para o website do *New York Times*: um curta-metragem que fazia parte de seu trabalho em desenvolvimento. No artigo do *Times*, descrevia o que representava ser um "alvo" da NSA.

De longe, Snowden observava o tratamento áspero que Poitras recebia. Sabia quem ela era e o que tinha passado. Mais tarde, quando perguntado pelo jornalista do *New York Times*, Peter Maass, por que ele abordara Greenwald e Poitras, em vez de seu próprio jornal, Snowden respondeu: "Depois do 11 de Setembro, muitos dos veículos mais importantes dos EUA abdicaram de seu papel como verificadores do poder – a responsabilidade jornalística de desafiar os excessos do governo –, por medo de serem vistos como antipatriotas e, assim, punidos no mercado durante o período de nacionalismo exacerbado. Sob a perspectiva profissional, essa era a estratégia óbvia, mas o que beneficiava as instituições acabou saindo muito caro para o público. Os principais veículos ainda estão apenas começando a se recuperar desse período frio."

Prosseguiu: "Laura e Glenn estão entre os poucos que destemidamente relatavam os assuntos controversos ao longo desse período, mesmo diante de uma crítica pessoal esmagadora, até que Laura se tornasse especificamente um alvo... Ela tinha demonstrado a coragem, a experiência pessoal e as habilidades necessárias para lidar com o que provavelmente é a missão mais perigosa que um jornalista pode receber – relatar os malfeitos secretos do governo mais poderoso do mundo –, tornando-a uma escolha óbvia."

Em Berlim, Poitras meditava sobre o e-mail que agora chegara de Snowden: "Sou um membro sênior da comunidade de espionagem. Isso não será uma perda de tempo..." (A alegação era um pouco exagerada. Não em termos do acesso de Snowden ao material secreto, mas quanto ao seu título profissional – ele era um analista de infraestrutura relativamente iniciante). Snowden pediu a ela o seu código de criptografia. Ela deu. Tomou outras providências para assegurar a Snowden, à época uma fonte ainda desconhecida, que sabia como se comunicar com segurança. "Eu logo me senti muito intrigada", conta Poitras. "Àquela altura, meu pensamento era 'isso é legítimo ou uma armadilha'. Havia dois lados do meu cérebro. Um deles dizia que isso parece legítimo."

Poitras escreveu: "Não sei se você existe mesmo, se é maluco ou se está tentando me armar uma cilada."

Snowden respondeu: "Não vou lhe perguntar nada. Só vou lhe contar coisas."

Poitras perguntou se Snowden vira sua ficha, detalhando suas detenções ao entrar nos EUA. Ele disse que não havia visto. Mas explicou que a "escolhera" por conta do assédio que havia vivenciado. As agências de segurança tinham capacidade de rastrear e monitorar "qualquer um", não apenas Poitras – fora das fronteiras americanas, pelas ruas e cidades, disse ele. "Aposto que você não gosta desse sistema. Só você pode contar essa história."

Poitras estava até mais paranoica que Snowden, durante esse período inicial. Continuava desconfiando de uma trama do governo contra ela. Enquanto isso, no Havaí, Snowden tomava precauções extremas. Nunca fazia contato de casa ou do escritório. "Ele deixou claro que, para ele, era difícil se comunicar. Ia a outro local para fazê-lo. Não o fazia através de suas redes habituais. Criou um tipo de disfarce", conta Poitras.

Os e-mails continuavam a chegar. Era um por semana. Geralmente vinham nos fins de semana, quando Snowden podia dar uma escapada. O tom era sério, embora houvesse momentos de humor. Em determinada altura, Snowden aconselhou Poitras a colocar seu celular no congelador. "Ele é um escritor incrível. Seus e-mails eram bons. Tudo que eu lia parecia saído de um livro de suspense", relembra. Snowden estava empenhado em manter uma correspondência regular, mas, claramente, encontrava dificuldades para achar um local seguro para digitar. Deixava transparecer pouca coisa. Não havia detalhes pessoais.

Então, Snowden mandou uma bomba. Disse que estava de posse da Política Presidencial com a Diretiva 20, um documento de sigilo absoluto, com 18 páginas, expedido em outubro de 2012. O documento dizia que Obama havia secretamente pedido aos seus funcionários sêniores da segurança nacional e da inteligência que elaborassem uma lista de alvos potenciais para ataques cibernéticos americanos no exterior. Não de defesa, mas de ataque. A agência estava colocando escuta em cabos de fibra ótica, interceptando pontos de telefonia e grampeando em escala global, disse ele. Podia provar tudo. "Quase desmaiei", conta Poitras.

A essa altura, a cineasta buscou contatos de confiança que talvez pudessem ajudá-la a autenticar essas alegações. Em Nova York, consultou a ACLU (American Civil Liberties Union União de Liberdade Civil Americana). Durante um jantar em West Village, conversou com Barton Gellman, do *Washington Post*. Gellman, especialista em segurança nacional, achou que a fonte parecia real. Mas foi ligeiramente reservado. Enquanto isso, a fonte deixou claro que queria Greenwald a bordo.

De volta a Berlim, Poitras se deslocava com extrema cautela. Era razoável supor que a embaixada americana em Berlim a tivesse sob alguma forma de vigilância. Em relação ao seu documentário mais recente, Poitras estivera em contato com Julian Assange, *bête noire* de Washington, que, desde o verão de 2012, estivera entocado na embaixada equatoriana em Londres. Devido às companhias que mantinha e por muitos outros motivos, ela era uma pessoa do interesse das forças americanas de segurança e podia ter certeza de que quaisquer meios convencionais de comunicação seriam monitorados. Telefone não dava; e-mail era inseguro. Como entraria em contato com Greenwald sobre seu correspondente misterioso?

Teria de encontrá-lo pessoalmente. No fim de março, ela voltou aos Estados Unidos. De lá, mandou uma mensagem a Greenwald, sugerindo que se encontrassem sem qualquer equipamento eletrônico.

Greenwald já estava programado para voar até Nova York para palestrar no CAIR (Council on American Islamic Relations), organização muçulmana de direitos civis. Os dois se encontraram no lobby do hotel de Greenwald, o Marriott, em Yonkers – um local improvável, "horrendo" –, para o que seria o primeiro passo do vazamento mais importante da história da espionagem americana.

Poitras mostrou a Greenwald dois e-mails. Não sabia que a fonte desconhecida já tinha tentado contatar o próprio Greenwald. Será que ele era real? Ou um impostor, tentando pegá-la numa cilada?

Poitras estava empolgada, nervosa e buscando confirmação. "Não havia detalhes nos e-mails. A fonte não se identificava. Não dizia onde trabalhava", conta Greenwald.

Em lugar de fatos, os e-mails mostravam um manifesto pessoal radical – um modelo intelectual pelo qual Snowden estava preparado para vazar material confidencial e para suportar as consequências que essa atitude divisora de águas inevitavelmente traria. "Filosoficamente, isso era o que ele queria alcançar e o motivo pelo qual estava disposto a correr esses riscos", diz Greenwald. A fonte parecia verdadeira: "De alguma forma, Laura e eu instintivamente sentimos que havia um fervor autêntico naquilo. Nós percebemos que os e-mails eram verdadeiros. (O tom) era inteligente e sofisticado, não desconexo ou maluco."

Uma imagem ia se formando – a de um indivíduo inteligente, politicamente astuto, racional, que vinha trabalhando em um plano há algum tempo. A fonte estava se revelando, estágio a estágio. Os jornalistas precisavam esperar por cada episódio. "Ele estava falando como se estivesse assumindo um risco imenso, sobre revelações muito sérias", conta Greenwald. "Não parecia frívolo ou delirante."

Conversando com Poitras, Greenwald montou um caminho próprio para seguir em frente. Para que a história tivesse impacto, as pessoas tinham que se importar, argumentou Greenwald. Elas só se importariam se a fonte pudesse oferecer uma prova convincente da ilegalidade – do comportamento errado da NSA, que ia muito além de qualquer mandado democrático. A melhor forma de fazer isso seria estando de posse dos documentos de segurança nacional: sem eles, seria difícil sacudir essas questões.

A fonte se comportou de forma inesperada. Poitras presumira que ele procuraria se manter anônimo. Afinal, se apresentar seria fazer a lei cair sobre sua cabeça. "Eu não vou limpar os metadados. Espero que você pinte um alvo em minhas costas e diga ao mundo que fiz isso sozinho."

Em outro e-mail, Snowden disse que "a parte difícil" de levantar os documentos já tinha terminado, mas uma nova fase perigosa estava começando. "Dava para sentir o risco", conta Poitras. "Estava muito preocupado com o envolvimento de seus amigos e familiares. Não queria se manter anônimo. Não queria que outras pessoas se prejudicassem."

Aparentemente, Snowden sabia que era provável que suas ações resultassem em sua ida para a prisão. Alertou: "Vocês precisam administrar suas expectativas. Em determinada altura, eu não estarei acessível."

Uma vez que um relacionamento de confiança havia sido estabelecido, Poitras disse à fonte que gostaria de entrevistá-lo. Ela disse a Snowden que ele precisava articular o "motivo" para estar assumindo esse risco. Isso era importante.

Snowden não havia pensado em dar uma entrevista. Mas era uma boa ideia: seu objetivo era levar os documentos ao mundo. Tivera a visão do vazamento desses documentos há quatro anos, segundo disse. Em determinada altura, havia pensado em entregá-los a Assange. Acabou rejeitando a ideia. O website do WikiLeaks estava fora do ar e Assange estava sob vigilância, preso numa embaixada estrangeira. Mesmo com as habilidades de segurança de Assange, Snowden sabia que seria difícil chegar até ele.

Até o final da primavera de 2013, a ideia de um encontro conclusivo estava no ar.

"Preciso de seis a oito semanas para me preparar para fazer isso", escreveu Snowden.

O que exatamente significava "isso" ainda era provocadoramente incerto. Poitras regressou a Berlim. Greenwald voltou ao Rio. Ele seguiu com sua vida. A fonte obscura era interessante. Mas – como frequentemente acontece com pistas jornalísticas – o "isso" poderia ser menos atraente do que parecia, uma falsa dica, como tantas no jornalismo. "Não fiquei fantasiando a respeito. Ele podia ser uma farsa", diz Greenwald. À medida que as semanas se passavam, parecia menos provável que algo fosse acontecer. "Eu quase não pensava no assunto. Não estava nem um pouco focado nisso."

Em meados de abril, Greenwald recebeu um e-mail de Poitras. A mensagem dizia que ele esperasse uma entrega pela FedEx. Nenhum dos dois havia se comunicado muito nesse ínterim; Greenwald ainda não tinha obtido a criptografia. Mas o pacote da FedEx sinalizava que as coisas estavam caminhando e que, como Greenwald diz, "a águia havia pousado".

O pacote chegou; dentro, havia dois pen-drives. Em princípio, Greenwald achou que os pen-drives continham documentos secretos "envolvidos em criptografia de programas Linux". Na verdade, guardavam um kit de segurança, permitindo que Greenwald instalasse um programa básico de bate-papo criptografado.

Snowden havia novamente entrado em contato com Poitras: "Você deve vir. Vou encontrá-la. Mas é arriscado."

Esse era o próximo estágio do plano deles. Snowden pretendia vazar um documento, de fato. O arquivo revelaria a parceria entre a NSA e um gigante das corporações de internet em um programa secreto intitulado PRISM. "Haverá fortes ataques cardíacos por causa disso", afirmou Snowden.

Snowden não queria que Poitras fosse diretamente envolvida; em vez disso, pediu que ela recomendasse outros jornalistas que pudessem publicar, sem atribuir isso a ele. Queria ampliar mais a rede.

Poitras pegou novamente um voo até Nova York, para o que ela imaginou que seria um encontro com um burocrata sênior da espionagem. Poitras presumiu que isso naturalmente aconteceria em algum lugar da Costa Leste dos EUA – provavelmente Baltimore ou uma casa de campo em Maryland. Ela pediu um mínimo de metade do dia para filmar, idealmente um dia inteiro. A fonte então mandou um arquivo criptografado. Era o PowerPoint do PRISM. E um segundo documento. Foi uma surpresa total: "Seu ponto de destino será Hong Kong."

No dia seguinte, uma outra mensagem chegou para Poitras, na qual, pela primeira vez, a fonte dizia seu nome: "Edward Snowden."

O nome não significava nada; Poitras sabia que, se ela procurasse o nome de Snowden no Google, imediatamente alertaria a NSA. Havia um mapa anexado, um conjunto de protocolos com a forma através da qual eles se encontrariam e uma mensagem: "Esse sou eu. Isso é o que eles dirão sobre mim. Essa é a informação que eu tenho."

Snowden agora entrava em contato com Greenwald, usando seu novo canal criptografado. "Venho trabalhando com uma amiga sua... Nós precisamos conversar, urgentemente."

O delator finalmente tinha algo pelo qual ansiou por quase seis meses – uma conexão direta e segura com o escritor esquivo. A fonte evidentemente tinha familiaridade com o trabalho de Greenwald. Os dois trocaram mensagens. Snowden escreveu: "Você pode vir a Hong Kong?"

A exigência pareceu bizarra a Greenwald, e o deixou "bastante confuso": o que alguém que trabalhava para uma agência de segurança americana estaria fazendo em uma ex-colônia britânica, parte da China comunista e longe de Fort Meade? "Eu não entendi o que Hong Kong tinha a ver com isso", conta Greenwald. Seu instinto foi não fazer nada. À época, ele estava trabalhando em coisas que pareciam importantes; o prazo de entrega de um livro se aproximava. "Eu meio que parei, ligeiramente", diz.

Snowden tentou novamente, via Poitras, implorando a ela que Greenwald voasse até Hong Kong "com urgência".

Sentado sozinho em seu quarto do hotel chinês, esperando ser exposto a qualquer momento, Snowden estava ficando frenético. Até aquele ponto, seu plano de escapar com uma provisão de material ultrassecreto da NSA e do GCHQ havia dado certo com uma facilidade impressionante. Aquela que deveria ter sido a parte difícil. Mas a parte fácil – passar o conteúdo aos jornalistas solidários – estava provando ser algo capcioso.

Greenwald entrou em contato com Snowden via chat. "Eu gostaria de ter uma ideia mais substancial de por que devo ir e por que isso vale a pena para mim?"

Ao longo das duas horas seguintes, Snowden explicou a Greenwald como ele poderia ativar o sistema Tails, uma das formas de comunicação mais seguras, que utiliza a rede Tor, para tornar dados anônimos. A tarefa acabou sendo realizada.

Então, Snowden escreveu, num bate-papo que só pode ser chamado de insípido: "Eu vou lhe mandar alguns documentos."

O pacote bem-vindo de Snowden tinha cerca de vinte documentos oriundos dos santuários internos da NSA, a maioria com carimbo de "Top Secret". Dentre eles, estavam os slides do PRISM. Havia arquivos que preenchiam as lacunas do STELLAR WIND, principal caso de estudo da impunidade em alto escalão, contida no livro mais recente de Greenwald.

Era simplesmente um tesouro – uma coleção extraordinária de dados. Com uma olhada, dava a entender que a NSA tinha enganado o Congresso quanto à natureza de suas atividades de espionagem doméstica e, muito provavelmente, também mentira. Greenwald: "Eu sempre equiparo as coisas com o comportamento canino. Snowden estava me tratando como um cachorro e colocando um biscoito diante do meu nariz. Estava me mostrando programas altamente secretos da NSA. Era inacreditável. Não existem vazamentos na NSA. Aquilo já era suficiente para me deixar sem ar."

Snowden foi esperto o suficiente para indicar que isso era apenas o começo – e que ele estava de posse de um número enorme de segredos. Greenwald agora compreendia. Pegou o telefone e ligou para Janine Gibson, editora do *Guardian* nos EUA, em Nova York. Disse que era urgente. Quando Greenwald começou a explicar sobre os documentos da NSA, Gibson o calou, dizendo: "Eu não acho que devemos discutir isso ao telefone." Ela sugeriu que ele fosse a Nova York.

Dois dias depois, sexta-feira, dia 31 de maio, Greenwald pegou um voo do Aeroporto Internacional do Galeão, no Rio, para o Aeroporto JFK, indo diretamente à sede do *Guardian*, no SoHo. Ele sentou no escritório de Gibson. Disse que uma viagem até Hong Kong possibilitaria que o *Guardian* descobrisse mais sobre a fonte misteriosa.

A fonte poderia ajudar a interpretar documentos vazados. Muitos deles eram técnicos – referindo-se a programas, técnicas de interceptação, métodos, coisas de que praticamente ninguém fora da NSA tinha conhecimento. A maioria não estava escrita em linguagem humana, mas em um tipo estranho de dicionário compreensível somente aos iniciados. Algumas coisas não faziam qualquer sentido, eram tão compreensíveis quanto antigos pergaminhos assírios.

"Esse negócio era muito sério. Era o mais empolgante que se podia imaginar", conta Greenwald. "Snowden tinha escolhido documentos que me deixaram totalmente impressionado. Isso funcionou com todos do *Guardian*. Alguns eram estarrecedores. O que nós tínhamos era só uma pontinha do iceberg."

Stuart Millar, vice-editor do *Guardian* nos EUA, entrou na discussão. Ambos os executivos sentiram que o manifesto de Snowden parecia um tanto extenuado. Em termos solenes, a fonte estava falando de sua filosofia pessoal e da jornada cataclísmica sem volta na qual ele estava embarcando. Em retrospectiva, o tom de Snowden era compreensível: afinal, ele estava prestes a se tornar o homem mais procurado do mundo.

Contudo, para a equipe do *Guardian*, havia uma percepção de que eles podiam estar entrando numa viagem muito difícil – estavam prestes a despertar a ira da NSA, do FBI, da CIA, da Casa Branca, do Departamento de Estado e, provavelmente, de muitos outros departamentos tão secretos que nem existiam oficialmente.

Gibson e Millar concordaram que a única forma de estabelecer as credenciais da fonte seria encontrá-la pessoalmente. Greenwald pegaria um voo de 16 horas para Hong Kong no dia seguinte. Poitras também iria, mas de forma independente. Gibson ordenou um terceiro membro para a equipe, o veterano do *Guardian*, correspondente de Washington, Ewen MacAskill. MacAskill, um escocês de 61 anos, repórter político, era experiente e profissional. Era calmo. Era infalivelmente modesto. Todos gostavam dele.

Menos Poitras. Ela ficou extremamente aborrecida. Do jeito que via, uma pessoa a mais talvez assustasse a fonte, que já estava nervosa. A presença de MacAskill talvez o afastasse e até estragasse a operação toda. "Ela insistiu para que não acontecesse", conta Greenwald. "Pirou completamente." Greenwald tentou mediar, sem sucesso. Na noite da viagem, Poitras e Greenwald brigaram pela primeira vez na vida. A tensão era grande. A essa altura, Greenwald estava pensando em MacAskill como o representante corporativo do *Guardian* – como o cara cauteloso e insípido. Mais tarde, descobriria que o escocês era o mais radical dos três, pronto para publicar muito do que fosse interesse do público.

No Aeroporto JFK, o trio desarmonioso embarcou no voo da Cathay Pacific. Poitras sentou na traseira do avião. Ela estava custeando sua própria viagem. Greenwald e MacAskill, com as despesas pagas pelo *Guardian*, estavam mais à frente, na Econômica Premium. "Detesto viajar de econômica!", diz Greenwald, frisando que tinha dormido pouco desde sua chegada do Brasil, 48 horas antes.

Conforme o voo CX831 ganhou velocidade na pista e decolou, houve uma sensação de libertação. No ar não tem internet – ou, pelo menos, não havia em junho de 2013. Aquele era um espaço onde, naquela data, nem mesmo a onipresente NSA conseguiria penetrar. Assim que se apagaram os sinais luminosos de apertar cintos, Poitras se reuniu com Greenwald na Econômica Premium: havia um lugar vago na frente de sua poltrona. Ela levou um presente que ambos estavam ávidos para abrir: um pen-drive. Snowden tinha mandado entregar, em segurança, uma segunda carga de documentos secretos da NSA. Esse segundo conjunto de dados era bem maior que o "pacote inicial de boas-vindas". Continha quatro mil itens.

Pelo restante da jornada, Greenwald leu o segundo conteúdo. Dormir era impossível. Ele estava pasmo: "Não tirei os olhos da tela, nem por um segundo. A adrenalina era extrema." De tempos em tempos, enquanto outros passageiros cochilavam, Poitras vinha de sua poltrona, na traseira, e sorria para Greenwald. "Nós tagarelávamos e dávamos risadinhas, como se fôssemos crianças de escola. Estávamos gritando, nos abraçando e dançando, de um lado para o outro", conta ele. "Eu estava incentivando a bagunça dela." As comemorações dos dois despertaram alguns passageiros vizinhos; eles nem ligaram.

Tudo tinha começado como uma aposta. Mas, agora, o material estava começando a se tornar o furo dos furos. O que Snowden revelou parecia, cada vez mais, uma cortina drasticamente aberta, desnudando a natureza das coisas. Quando a aeronave pousou, as luzes de Hong Kong piscavam abaixo e, pela primeira vez, houve uma sensação de certeza. Greenwald não tinha mais dúvidas. Snowden era real. Sua informação era real. Tudo era real.

4

Palácio do Quebra-Cabeça

Agência de Segurança Nacional, Fort Meade, Maryland 2001–2010

"Esses recursos poderiam ser revertidos contra o povo norte-americano a qualquer momento, e nenhum cidadão teria qualquer resquício de privacidade, tais são as capacidades de monitorar tudo: conversas telefônicas, telegramas, não importa. Não haveria lugar para se esconder."

SENADOR FRANK CHURCH

A origem da vigilância em massa dos usuários de internet de todo o mundo pode ser claramente identificada. Tudo começou em 11 de setembro de 2001, o dia das atrocidades terroristas que incutiram medo e fúria generalizados nos Estados Unidos. Ao longo da década seguinte surgiu, tanto nos EUA quanto no Reino Unido, uma nova vontade política de invadir a privacidade individual. Ao mesmo tempo, a evolução tecnológica a que se assistiu tornou as escutas em massa algo muito mais viável.

A intrincada teia da internet tornou-se secretamente o que Julian Assange viria a chamar, sem muito exagero, de "a maior máquina de espionagem que o mundo já viu". Mas, antes do aparecimento de Edward Snowden, apenas uma pequena parte da verdade havia sido revelada.

A NSA – maior e mais secreta agência de inteligência dos Estados Unidos – falhou em advertir previamente quanto aos planos da Al--Qaeda de realizar um ataque surpresa contra as Torres Gêmeas em

Nova York. Michael Hayden, um obscuro general da Força Aérea, dirigia a agência na época.

George Tenet, diretor da CIA e chefe nominal de todas as 16 agências de inteligência, tinha por conta disso uma pergunta para Hayden. Na verdade, o questionamento vinha do então vice-presidente Dick Cheney, com Tenet apenas de mensageiro. A dúvida era simples: poderia Hayden ter feito mais? Tenet e Cheney se perguntavam se o general poderia ter sido mais agressivo no uso dos extraordinários recursos da NSA de filtrar enorme quantidade de comunicações eletrônicas, coletar informações de telefonia e usá-las contra os terroristas.

Por cinco décadas, desde a sua fundação em 1952, a NSA acumulou conhecimentos técnicos e matemáticos quase míticos. Tanto que, na década de 1970, o senador reformista Frank Church havia advertido que a NSA tinha o poder de "tornar absoluta a tirania nos Estados Unidos".

Seus vizinhos em Maryland incluem uma série de instalações militares norte-americanas secretas ou confidenciais, como Fort Detrick, casa do programa norte-americano de armas biológicas, e Edgewood Arsenal, local onde os EUA desenvolviam armas químicas. Mas a NSA era a mais secreta do bando. Seu orçamento e seu pessoal também são segredo de Estado.

A missão da NSA é coletar sinais de inteligência ao redor do mundo. Isso significa qualquer coisa eletrônica: rádio, micro-ondas, informações de satélite interceptadas. E comunicações da internet. Esse monitoramento clandestino é feito sem que o alvo descubra. A agência tem estações de interceptação em todo o mundo – em bases militares norte-americanas, embaixadas e outros lugares.

Seus recursos são impulsionados por um acordo único de partilha de inteligência conhecido como "Cinco Olhos", que remonta ao período logo após a Segunda Guerra Mundial. Sob o Cinco Olhos, a NSA compartilha o produto de sua inteligência com outros quatro países anglófonos: Reino Unido, Canadá, Austrália e Nova Zelândia. Na teoria, esses aliados não se espionam uns aos outros. Coisa que, na prática, fazem.

Legalmente, a NSA não pode fazer simplesmente o que bem entende. A quarta emenda da Constituição norte-americana proíbe buscas e apreensões não justificadas contra cidadãos americanos. Revistas que incluem interceptações de comunicação, são legais somente contra um suspeito específico, apoiadas por uma "causa provável" e mediante emissão de um mandado judicial.

Essas salvaguardas não são simples restrições irrelevantes ou antiquadas. Na década de 1970, o presidente Nixon demonstrou como seria possível abusar de tal poder, ao ordenar que a NSA grampeasse os telefones de vários compatriotas dos quais ele não gostava, por meio do infame programa MINARET. Alvos domésticos ilegais da NSA incluíam alguns senadores, o boxeador Muhammad Ali, o escritor Benjamin Spock, a atriz Jane Fonda, os ativistas negros Whitney Young e Martin Luther King, além de outros críticos da malfadada Guerra do Vietnã.

O escândalo MINARET deu origem à FISA (Lei de Vigilância de Inteligência Estrangeira), uma lei seminal de 1978. Segundo ela, a NSA deveria se manter afastada de comunicações dentro dos EUA ou que envolvessem norte-americanos, a menos que tivesse um mandado.

A vida era mais fácil para seus parceiros menores do GCHQ britânico, que não estavam subjugados a nenhuma Constituição escrita e que podiam pressionar ministros do governo para lhes dar o que quisessem sob uma confortável cobertura britânica de sigilo. O RIPA (Regulamento de Atos de Poderes Investigatórios, do ano 2000) em breve seria "interpretado" para dar ao GCHQ carta branca legal para realizar vigilância em massa em pleno solo britânico e passar os resultados para a NSA – contanto que um dos lados da comunicação interceptada estivesse baseado no exterior.

O GCHQ, inclusive, ostentava internamente, em documentos que mais tarde seriam revelados: "Temos um regime de supervisão leve se comparado com o dos EUA."

Isso certamente foi verdade em 2001. Ao longo das 72 horas após os devastadores ataques do 11 de Setembro, Hayden já havia levado a agência para além dos limites de suas competências legais em vigor.

No meio da emergência, Hayden secretamente permitiu que sua agência identificasse conversas telefônicas internacionais entre números sabidamente ligados a terroristas e telefones nos Estados Unidos. A "Mission Creep" ocorreu rapidamente: em duas semanas, a NSA também foi liberada para fornecer ao FBI qualquer número de telefone dos EUA que tivesse entrado em contato com o Afeganistão. A história interna da NSA viria a chamar esse episódio de "um uso mais agressivo" de poderes por parte de Hayden do que o tolerado por seus antecessores.

E foi assim, sob questionamento de Cheney e Tenet, que em 2001 Hayden teve que dar uma resposta que seus superiores achariam insatisfatória: o que mais você pode fazer? Nada. Nada mais pode ser feito dentro das competências existentes da NSA.

Mais tarde, Tenet ligou para Hayden para ter uma atualização: o que você *poderia fazer* se tivesse mais autorização legal?

Como ficou provado, a NSA poderia fazer uma infinidade de coisas.

Antes dos ataques do 11 de Setembro, a NSA já vinha trabalhando em um experimento, que teve que abandonar por conta das restrições legais da FISA. A ideia era realizar algo chamado de "encadeamento de contatos" nos registros de comunicações – metadados – que recebia. O encadeamento de contatos é um processo de estabelecimento de conexões entre remetentes e destinatários e seus contatos. Executado de forma rigorosa, estabelece um mapa de conexões entre as pessoas que não envolve de fato a escuta de seus telefonemas ou leitura do conteúdo de seus e-mails. Muito antes da existência do Facebook, a NSA estava brincando com o que a rede social mais tarde apresentaria como um "gráfico social".

Mas havia um problema. O ramo de regulações do Departamento de Justiça determinou, em 1999, que metadados estavam sob cobertura da definição de vigilância eletrônica da FISA. Isso significava que o encadeamento de contatos era permitido para comunicações que ocorressem fora dos EUA, mas, se envolvessem norte-americanos, a NSA estaria infringindo a lei.

Deixando a questão ainda mais complexa, mesmo transmissões de comunicações eletrônicas entre estrangeiros no exterior poderiam transitar pelos EUA, uma vez que os dados se dividem em "pacotes" digitais, em vez de viajar de um ponto a outro através de uma linha telefônica. A FISA protege o trânsito dentro dos EUA. No entanto, é dessa forma que cada vez mais as telecomunicações globais ocorrem.

Havia, contudo, uma avenida aberta para Hayden, Tenet, Cheney e George W. Bush nos dias que se seguiram ao 11 de Setembro. Eles poderiam ir ao Congresso, que estava sedento por guerra, pedir mais poder por meio de uma emenda à FISA. O Congresso estava generosamente cedendo mais autoridade executiva enquanto as Torres Gêmeas e o Pentágono ainda fumegavam. No início de outubro, representantes aprovaram por grande maioria o Patriotic Act, concedendo aos agentes federais mais autoridade para conduzir investigações em casos de terrorismo. Eles certamente também aprovariam uma alteração na regulamentação da FISA.

Mas o governo Bush decidiu não pedir mais poder abertamente. Em vez disso, a Casa Branca simplesmente instruiu Hayden a seguir em frente, aumentando a vigilância em segredo. A história oficial da NSA arrisca um palpite do porquê. "Evidências sugerem que os funcionários do governo temiam que o debate público em torno de quaisquer alterações à FISA comprometeriam fontes e métodos de inteligência."

Então, a NSA de Hayden começou a preparar um novo programa, que seria mantido em sigilo absoluto, transgredindo as fronteiras tradicionais da agência. O programa tinha quatro alvos operacionais: comunicações e metadados telefônicos, comunicações (como e-mails e pesquisas na web) e metadados de internet. A NSA recolheria o máximo que pudesse. O encadeamento de contatos de estrangeiros para os norte-americanos estava de volta, e a agência poderia bisbilhotar essas comunicações mesmo que elas estivessem apenas passando pelos EUA. O programa recebeu o elegante codinome de STELLAR WIND. Em 4 de outubro de 2001, o STELLAR WIND começou – o codinome oficial passaria a ser utilizado no dia 31 do mesmo mês, Dia das Bruxas – graças a uma autorização assinada pelo presidente Bush e um investimento inicial de 25 milhões de dólares.

Poucas pessoas sabiam sobre o STELLAR WIND. Hayden manteve a diretiva de Bush em um cofre. O principal advogado da NSA sabia – juntamente com cerca de 90 funcionários que implementaram o programa – e o declarou legal. Mas não houve homologação judicial inicial; até janeiro de 2002, o chefe do tribunal secreto da FISA nem sequer tinha ouvido falar da iniciativa, e seus colegas, com exceção de um, não saberiam do assunto por mais quatro anos. Mesmo o auditor interno da NSA, o inspetor-geral, não iria aprender nada sobre o STELLAR WIND até agosto de 2002, quase um ano após o início do programa.

Assim como a maioria dos membros do Congresso. O conhecimento inicial foi limitado aos mais importantes democratas e republicanos pertencentes aos comitês de inteligência do Senado e da Câmara. Em janeiro, a NSA incluiu o democrata Ken Inouye e o republicano Ted Stevens, líderes do Comitê de Apropriações do Senado, que presidem as finanças da casa. Demoraria até janeiro de 2007 para que 60 pessoas dentro do Capitólio fossem apresentadas aos detalhes do STELLAR WIND, de um universo de 525 legisladores norte-americanos.

Mas, desde o início, o STELLAR WIND parece ter contado com o apoio entusiástico das principais empresas de telefonia e provedores de serviços de internet. Isso viria a ser crucial. Ao contrário da antiga União Soviética ou da China moderna, o governo dos EUA não possui ou opera cabos e conectores de fibra ótica de internet, seja das partes que passam por dentro ou por fora dos EUA. Se a NSA esperava ter acesso a registros de telefone e e-mail, a cooperação dessas empresas era essencial.

A história interna da NSA registra que "parceiros do setor privado" não identificados começaram a fornecer para a agência conteúdo de telefone e internet do exterior em outubro de 2001, primeiro mês do programa, e metadados de telefone e internet de dentro dos EUA a partir do mês seguinte.

Era tremendo o volume de tráfego de comunicações que as empresas abriram para a NSA. A infraestrutura controlada por três dos "parceiros corporativos", como a NSA se referia às empresas, representava estimados 81 por cento das chamadas internacionais em trânsito nos EUA. Parceria estreita e secreta com empresas de telecomunicação não é novidade para a agência; na verdade, é como a NSA tem operado desde a sua criação. Essas relações de longa data, juntamente com o sentimento patriótico de um povo ferido após o 11 de Setembro, providenciaram uma audiência receptiva por parte das empresas. Dois desses "três parceiros corporativos", por exemplo, entraram em contato com a NSA antes mesmo do STELLAR WIND começar e perguntaram oficialmente: "O que podemos fazer para ajudar?"

Nos dois anos seguintes pelo menos mais três empresas de telecomunicações se aproximariam para dar apoio ao STELLAR WIND – embora tensões tenham começado a surgir. A demanda por estes dados adicionais não ocorreu graças a uma ordem judicial. Se tratou de um pedido unilateral da NSA, com nada mais do que um aviso oficial do procurador-geral, John Ashcroft – que periodicamente renovava o programa –, para sustentá-la, e ele não era juiz. Uma dessas três empresas fornecia apenas o "mínimo" suporte para a agência. As outras duas estavam ainda mais hesitantes. Uma, da qual a NSA queria o fornecimento de conteúdo de e-mail, contrariou a agência devido a "preocupações de responsabilidade corporativa", de acordo com registros internos da NSA. Outra queria trazer advogados externos para verificar a legalidade da demanda. A NSA retirou a solicitação, considerando o risco de exposição muito grande.

Houve também mal-estar dentro do Departamento de Justiça sobre a legalidade do programa. Comentou-se que James Comey, procurador-geral adjunto, teria se recusado a assinar as renovações durante a doença de Ashcroft, seu chefe. Não apenas Hayden, chefe da NSA, mas também o próprio presidente Bush estavam pessoalmente envolvidos em tentativas de pressionar o *New York Times* a omitir um vazamento sobre o programa em 2004. "A administração

Bush nos enganou ativamente ao alegar que nunca restou dúvida de que as operações de escutas telefônicas eram legais", disse Eric Lichtblau, que juntamente com Risen foi um dos autores da subsequente exposição do escândalo no jornal.

Enquanto isso, em dezembro de 2005, o pior pesadelo da NSA se tornou realidade. "BUSH DEIXA OS EUA ESPIONAREM TELEFONEMAS SEM AUTORIZAÇÃO JUDICIAL", dizia a manchete de primeira página no *New York Times*. A história cobria apenas uma pequena parcela do panorama. Era focada nas interceptações de chamadas telefônicas internacionais e no tráfego de e-mail de cidadãos norte-americanos por parte da NSA, sem revelar a enorme obtenção de metadados que, na prática, forneciam à agência uma rede social de todos dentro dos EUA e os seus laços com o exterior.

Enquanto reclamava do *New York Times*, Bush apresentou publicamente uma vigorosa defesa do programa como um dos maiores sucessos de inteligência após o 11 de Setembro. Com perspicácia, Bush, sobre o STELLAR WIND, confirmou apenas a existência daquilo que o jornal havia informado e deu-lhe um novo nome politicamente poderoso, que colocaria seus críticos na defensiva: o Programa de Vigilância Terrorista.

Tal como aconteceu com quase todos os elementos da política de segurança nacional de Bush, o furor subsequente foi amplamente partidário e previsível: os republicanos saíram em defesa da vigilância como necessária para impedir o terrorismo. E os democratas prontamente a denunciaram como uma atrocidade constitucional.

Em outubro de 2001, a política liberal Nancy Pelosi, líder minoritária da Câmara californiana e tática parlamentar, era a representante democrata no Comitê de Inteligência da Câmara, participando dos briefings iniciais de Hayden. Oficiais e aliados do governo Bush, farejando hipocrisia e oportunismo, acusaram Pelosi de abandonar um programa que tinha salvaguardado em segredo.

Pelosi revidou. Tornou pública uma carta que escreveu para Hayden dias após o STELLAR WIND entrar em operação, expressando inquietude: "Até eu entender melhor a análise jurídica da suficiência de autoridade que subjaz a sua decisão sobre a forma adequada de proceder sobre o assunto, vou continuar a me preocupar."

Pelosi não foi a única pessoalmente afetada pelas revelações. No momento em que o *New York Times* publicou a história, Vito Potenza tinha um problema em mãos. Como conselheiro-geral da NSA, uma das responsabilidades de Potenza era interagir com as empresas de telecomunicações e provedores de serviços de internet, para tranquilizá-los de que sua cooperação era legal. Mas esse era um acordo fácil de manter em segredo. Agora que a mídia tinha publicado a história, as empresas de telecomunicações se preocupavam com as consequências e com sua exposição legal. Mas também não cogitavam encerrar o acordo com a NSA.

Um dos provedores de serviços apresentou uma solução potencial para Potenza: não solicite que forneçamos os metadados telefônicos; obrigue-nos a fazê-lo. "O provedor preferia ser obrigado a fazê-lo por meio de uma ordem judicial", observavam os registros internos da NSA.

Dessa forma, durante os primeiros meses de 2006, os advogados do Departamento de Justiça e da NSA trabalharam em conjunto para criar uma autorização legal secreta para a coleta de metadados de telefones nacionais que resistisse ao escrutínio do tribunal igualmente secreto da FISA, agora informado sobre o STELLARWIND. A resposta foi a chamada "prestação de registros de negócios" do Patriotic Act, em seu agora infame artigo 215.

Nos termos do artigo 215, aprovado após o 11 de Setembro e desde então contestado pelos defensores das liberdades civis, o governo tinha o poder de obrigar empresas a entregarem itens "relevantes" para uma investigação de terrorismo que estivesse "em curso". Enquadrar coleta de metadados em massa dentro desse tipo de exigência legal foi complicado. Era questionável considerar que os registros telefônicos de todos os norte-americanos representassem qualquer relevância para a investigação real em curso. Os metadados seriam como um conjunto de informações do que ocorreu antes de uma investigação, criando condições para estabelecer linhas de investigação.

No entanto, o recém-informado tribunal FISA se mostrou receptivo. "Existem motivos razoáveis para crer que as coisas tangíveis procuradas são relevantes para as investigações de ameaças [...] sendo conduzidas pelo FBI", escreveu o juiz Michael Howard do tribunal da FISA em 24 de maio de 2006, em uma decisão confidencial, concedendo a ordem judicial que as empresas queriam.

Keith Alexander, o próximo diretor da NSA, descreveria esse relacionamento com empresas de telecomunicações e provedores de serviços de internet durante uma controversa audiência do Comitê de Inteligência da Câmara, em 29 de outubro de 2013: "Nós pedimos ajuda à indústria. Pedimos? Ok, mais precisamente, obrigamos a indústria a nos ajudar desta maneira por ordem judicial."

Talvez tivesse sido mais preciso dizer que a "indústria" forçou Alexander a obrigar a indústria por ordem judicial.

O governo então preparou mais coberturas legais para si por meio do contestado FAA (Projeto de Lei de Emenda à FISA). A FAA sancionava e tornava legal qualquer intercepção de comunicações entre um norte-americano e um estrangeiro. O estrangeiro não precisava ser suspeito de terrorismo: bastava ser "razoavelmente" suspeito de ter valor de inteligência estrangeira. Ele nem mesmo precisava estar no exterior: bastava haver "razoável" suspeita de ele estar no exterior durante o momento de interceptação. Aprovações vinham do tribunal da FISA a granel, anualmente.

Em uma das mais importantes disposições do projeto de lei, a FAA concedeu imunidade legal explícita a qualquer empresa de telecomunicações que participasse da vigilância em massa. A imunidade era tanto retroativa quanto prospectiva. Essencialmente, nenhum parceiro privado da NSA jamais enfrentaria acusações criminais ou danos financeiros.

A FAA foi aprovada em meados de 2008, no meio do calor da corrida presidencial. Foi um tremendo sucesso para a NSA. O que tinha começado como um segredo ilegal, controlado totalmente pelo Poder Executivo, ganhava agora a aprovação explícita do Congresso, sem que muitos de seus membros compreendessem seu significado. Havia um termo novo no léxico da NSA: "702", uma referência ao texto legal da FISA que a FAA havia mudado e que agora seria fonte de grande parte do material ostensivamente coletado pela NSA relacionado com o terrorismo no exterior.

Defensores das liberdades civis lamentaram a derrota na disputa que tanto haviam contestado. A coleta de comunicações em grande escala se seguiria, e a ACLU advertiu que, inevitavelmente, parte desses dados seria de americanos sem qualquer suspeita individual e sem nenhuma maneira de contestar legalmente a sua ocorrência. Lembrava os "mandados gerais" emitidos pelas autoridades coloniais britânicas – buscas e apreensões injustificadas que haviam provocado a Revolução Americana e criação da própria Constituição.

Na Câmara dos Deputados, onde a FAA foi aprovada em junho por uma margem de 293-129, a esmagadora maioria dos votos contrários foi de democratas. Mas os democratas no Comitê de Inteligência tenderam a votar a favor. Entre eles estavam a veterana Jane Harman e sua antecessora Nancy Pelosi, agora presidente da Câmara. Parecia que ela tinha superado suas reservas anteriores.

No Senado, o projeto de lei foi aprovado por uma margem confortável de 69-28. Todos os votos dissidentes foram de democratas. Mas o mais notável foi ver alguns deles se alinhando com a NSA. Um deles foi Dianne Feinstein, que se tornaria presidente do Comitê de Inteligência do ano seguinte. Outro foi Jay Rockefeller, que ocupava o cargo na época – e que havia denunciado ao *New York Times* essas mesmas atividades de vigilância.

O terceiro era a esperança liberal do início do século XXI, um senador em primeiro mandato pelo estado de Illinois e professor de Direito Constitucional. Barack Obama, em discurso para a sua nascente campanha presidencial em 2007, prometeu: "Nada mais de escutas telefônicas ilegais de cidadãos americanos. Nada mais de Cartas de Segurança Nacional para espionar cidadãos americanos que não são suspeitos de um crime. Nada mais de rastreamento de cidadãos que não fazem nada além de protestar contra uma guerra equivocada. Nada mais de ignorar a lei quando ela for inconveniente."

Obama, pré-candidato democrata e logo presidente dos EUA, votou a favor da FAA em 9 de julho de 2008.

Com a aprovação da FAA, a controvérsia política sobre vigilância sem mandado tornou-se obsoleta, o foco das atenções já se dedicava aos seus desdobramentos. Durante a administração de Obama, periodicamente ocorreriam votações sobre vigilância – como aconteceu com a renovação do Patriotic Act e da própria FAA –, mas relativamente poucos prestavam atenção. Obama não pagou nenhum preço político por qualquer uma das atividades de vigilância em massa presididas por ele.

Uma razão para tal é que a aprovação da FAA trouxe de volta grande parte do véu de segredos que pairavam sobre as atividades da NSA de coleta de dados em massa. Enquanto alguns fissurados conheciam o nome STELLAR WIND, não havia nenhuma prova pública de que a NSA acumulava secretamente metadados de telefone de todos os americanos. Não havia nenhuma prova pública de que a NSA tinha entrado em acordo com cada provedor de serviço de internet relevante, no âmbito de um programa chamado PRISM, que começava a decolar.

Houve, no entanto, uma advertência. Em 2011, em entrevista ao repórter da *WIRED*, Spencer Ackerman – que logo se tornaria editor de segurança nacional do *Guardian* –, e em um discurso pouco antes de uma votação crucial sobre o Patriotic Act, o senador Ron Wyden, democrata do Oregon que participou do Comitê de Inteligência, deu a entender que o governo fazia em segredo uma interpretação do Patriot Act tão diferente do texto original que esta se tornava uma nova lei – que o Congresso não havia aprovado.

"Estamos chegando a uma brecha entre o que o público pensa que a lei diz e o que o governo norte-americano acha que ela secretamente diz", disse Wyden. "Quando você tem esse tipo de brecha, vai ter um problema em suas mãos." Wyden acrescentou que o povo norte-americano ficaria surpreso e horrorizado se visse a discrepância. Mas Wyden, sob juramento de proteger informações confidenciais, se recusou a dizer exatamente o que aquilo significava.

Apesar de todas as suspeitas e controvérsias, os fatos em desenvolvimento acerca dos maiores e mais intrusivos programas nacionais e internacionais de vigilância dos EUA foram, dessa maneira, impedidos de chegar ao público norte-americano, em nome de quem estavam sendo realizados. O material que Edward Snowden carregava em seus laptops quando embarcou em um avião para Hong Kong em 2013 era altamente explosivo.

5

O homem no quarto

Mira Hotel, Nathan Road, Hong Kong
terça-feira, 4 de junho de 2013

MACASKILL: "O que você acha que irá lhe acontecer?"
SNOWDEN: "Nada de bom."

Ewen MacAskill não era nenhum estranho em Hong Kong. Mas durante suas viagens à então colônia britânica, no começo dos anos 1980, seu nome era "Yuan Mai". Esse era oficialmente o codinome chinês que usava enquanto escrevia para o *China Daily*. Naquela época, o jovem MacAskill vivia em Pequim. Era, pelo menos em teoria, membro da unidade de propaganda do Partido Comunista chinês. Na realidade, estava subordinado ao respeitado jornal escocês *Scotsman*, de Edimburgo. Havia avistado ali uma possibilidade para um jornalista que falasse inglês.

Trabalhar para o *China Daily* era menos estressante do que podia parecer, já que qualquer menção política era um tabu. O papel de MacAskill era ser mentor dos jornalistas do periódico. A esperança era que produzissem um jornal moderno, de língua inglesa. Havia histórias charmosas a serem contadas, ao longo do caminho. Assim como histórias obrigatórias sobre a produção de grãos no Tibet, MacAskill entrevistou o irmão do último imperador da China e o primeiro alpinista a subir o monte Everest pelo lado chinês. Escreveu sobre um físico nuclear que, em sua maturidade – talvez por arrependimento –, elaborou brinquedos de parques para crianças.

"As pessoas ainda usavam os ternos de Mao, andando de bicicleta", relembra MacAskill. Era um mundo exótico para um jovem escocês que cresceu em conjuntos habitacionais da fria Glasgow.

MacAskill tinha se tornado um dos mais respeitados jornalistas do *Guardian*. A Fleet Street podia ser notória por grampos telefônicos, subterfúgios e outros tipos de pequenas traições, mas MacAskill era um dos caras que andava na linha. Em uma carreira altamente considerada, nunca fez nada insidioso. Era um dos poucos a quem a sátira de Humbert Wolfe não se aplicava:

> Não se pode esperar subornar ou dobrar,
> Graças a Deus! O jornalista britânico.
> Contudo, saber o que o homem fará,
> Sem ser subornado, chance não haverá.

A integridade de MacAskill talvez venha dos pais escoceses, que pertenciam à Igreja Presbiteriana Livre. O pequeno grupo sectário tinha uma visão descompromissada em relação ao pecado. Os verões em família eram passados na ilha de Harris, refúgio calvinista resistente reforçado pela crença evangélica. Um rapaz da classe operária, no fim dos anos 1950, MacAskill aprendeu que os domingos eram para a igreja. Dança, música e fornicação eram proibidos. Mentir obviamente era errado.

Aos 15 anos, MacAskill descobriu os livros. Tornou-se ateu. Parou de frequentar a igreja. (A brecha veio num domingo, quando o pastor dedicou um sermão inteiro à perversidade dos cabelos compridos; MacAskill era o único adolescente cabeludo da congregação. Os Beatles estavam ficando cada vez mais cabeludos e as barbas vicejavam.) Ele conseguiu uma vaga na Universidade de Glasgow para estudar História. "Isso transformou a minha vida", conta. Lá, percebeu que os alunos que haviam sido educados em colégios particulares não eram mais inteligentes que ele; que as divisões sociais intratáveis do Reino Unido pós-guerra eram mais porosas do que imaginava.

Depois da universidade, MacAskill ingressou no *Glasgow Herald*. Como trainee. Eram os anos 1970. No período do jornalismo da velha escola, quando os repórteres do *Herald* eram reis, em lugar dos colunistas, que hoje são os astros da mídia popular, existia uma cultura de grandes bebedores. Os repórteres que não estavam trabalhando nas matérias iam para o Ross, um bar que ficava próximo, numa rua escura, de paralelepípedos. Se uma história surgisse e você precisasse de um repórter, tinha que ir até o bar.

MacAskill floresceu no *Herald*, mas também tinha o que os alemães chamavam de *Fernweh*, um desejo de estar distante. Em 1978-79, passou dois anos treinando jornalistas na remota Papua Nova Guiné. Depois da China passou para o *Scotsman*, e depois para Londres, como correspondente político desse mesmo jornal. Em 1996, ele se candidatou à mesma função, no *Guardian*. Antes de sua entrevista com Rusbridger, MacAskill estava nervoso; depois, o editor lhe disse: "Essa foi a pior entrevista que já fiz na vida."

Contudo, ele conseguiu. MacAskill cobriu a vitória esmagadora de Tony Blair nas eleições de 1997 e, em 2000, se tornou editor diplomático, cobrindo o Iraque e a Intifada, entre Israel e Palestina. Em 2007, mudou-se para Washington. Em princípio, sua visão de Obama era positiva, "até que é um bom presidente". Nos últimos tempos, a busca pesada pelos jornalistas e suas fontes confidenciais o deixou desiludido. O relacionamento entre o Executivo e o Quarto Poder estava ficando mais sombrio e cruel, seu campo de batalha era o controle da informação digital.

Então, Janine Gibson, editora americana do *Guardian*, certamente podia confiar em MacAskill para ter conselhos imperturbáveis e honestos. Ele agora tinha uma tarefa desafiadora: verificar se o misterioso "delator da NSA", de Greenwald, era para valer. Na segunda-feira, 3 de junho, ficou entocado no quarto do Hotel W, em Kowloon, enquanto sua dupla de companheiros freelance saiu para encontrar a suposta fonte da espionagem pela primeira vez.

MacAskill saiu durante o dia, para pegar o metrô até a ilha de Hong Kong, revisitando velhos locais que frequentara. Estava quente e úmido. Mais tarde, naquela noite, Greenwald voltou com as novidades – Snowden era plausível, apesar de ridiculamente jovem. Ele tinha concordado em encontrar MacAskill. Eles pegaram um táxi de volta até o Mira Hotel na manhã seguinte. Passaram pela entrada de ônix e encontram Poitras no lobby. Ela os levou até lá em cima, ao quarto 1014.

Dentro do 1014, MacAskill viu alguém sentado na cama. O jovem estava vestido informalmente, de camiseta branca, jeans e tênis. Eles apertaram as mãos e MacAskill disse: "Ewen MacAskill, do *Guardian*. Prazer em conhecê-lo." Esse era Snowden. Suas condições de vida estavam bem apertadas. Havia uma cama, um banheiro; uma mala pequena no chão. Uma TV grande estava ligada, com o som baixo. Através da janela de Snowden dava para ver o Kowloon Park; mães e pais passeavam com seus filhos, por uma faixa de gramado; estava garoando, o céu estava feio e pesado.

Havia restos de almoço na mesa. Quando deixou o Havaí, Snowden claramente não levou muita coisa com ele. Havia quatro laptops, com uma maleta rija para o maior deles. Tinha trazido apenas um livro: *Angler – The Shadow Presidency of Dick Cheney,* de Barton Gellman, do *Washington Post.* O livro contava a história de como o vice-presidente Cheney secretamente realizara "programas especiais" após o 11 de Setembro, o caso STELLAR WIND parcialmente exposto pelo *New York Times.*

O capítulo 6, já bem folheado por Snowden, dizia: "O governo americano estava fazendo uma varredura em e-mails, faxes e ligações telefônicas realizadas por seus próprios cidadãos, em seu próprio país [...] Dados transacionais, como logs telefônicos e títulos de e-mails, eram coletados aos bilhões [...] Analistas raramente encontravam informação sequer remotamente pertinente a uma ameaça terrorista."

O encontro com MacAskill foi suave, até que ele pegou seu iPhone. Perguntou a Snowden se ele se importaria que a entrevista fosse gravada e se podia tirar algumas fotos. Snowden sacudiu os braços, alarmado, como se tivesse sido cutucado com uma vareta elétrica. "Foi como se eu tivesse convidado a NSA para entrar em seu quarto", conta MacAskill. O jovem técnico explicou que a agência de espionagem era capaz de transformar um celular em um microfone e dispositivo de rastreamento; trazê-lo para dentro do quarto tinha sido um erro elementar na segurança operacional, ou op-sec. MacAskill saiu e jogou o telefone lá fora.

As próprias precauções de Snowden eram notáveis. Ele empilhava travesseiros junto à porta, para impedir que alguém ficasse ouvindo do lado de fora do corredor; os travesseiros estavam empilhados em duas meias colunas, em ambos os lados, e no chão, de um lado ao outro. Quando inseria senhas no computador, colocava um capuz na cabeça e acima do laptop – um tipo de cobertura gigante –, para que as senhas não pudessem ser capturadas por câmeras escondidas. Ele era extremamente relutante em se separar de seus laptops.

Nas três ocasiões em que deixou o quarto, Snowden aplicou um truque clássico, adaptado para seus arredores asiáticos. Colocava um copo de água atrás da porta, ao lado de um lenço de papel. O papel tinha uma mancha de molho shoyo, com um desenho específico. Se caísse água no lenço de papel, isso mudaria o desenho.

Snowden não estava sofrendo de paranoia. Sabia com o que estava lidando. Durante sua estadia em Kowloon, tinha esperado uma batida na porta a qualquer momento – uma invasão durante a qual seria arrastado. Ele explicou: "Eu poderia ser rendido pela CIA. Poderia ter gente vindo atrás de mim – ou terceiros, parceiros deles. Eles trabalham estreitamente com inúmeras nações. Ou poderiam pagar as tríades, ou quaisquer agentes. Temos uma estação da CIA logo adiante, na rua, no consulado (dos EUA), em Hong Kong. Tenho certeza de que ficarão muito ocupados durante a semana que vem. Esse é um temor com o qual terei de viver, pelo resto da minha vida, independentemente do quanto ela dure."

Confidenciou a MacAskill que um de seus amigos tinha participado de uma operação de rendição da CIA na Itália. Era quase certo que isso tenha sido o rapto do clérigo muçulmano Abu Omar, em 2003, que foi levado em plena luz do dia, em Milão, colocado num voo que partiu da base local americana e, em seguida, torturado. Em 2009, um juiz italiano condenou por sequestro Robert Seldon Lady, chefe da estação milanesa da CIA, e outros 22 americanos que faziam parte da operação.

Mais tarde, Lady admitiu: "Claro que foi uma operação ilegal. Mas esse é nosso trabalho. Estamos em guerra contra o terrorismo."

Snowden se sentia extremamente vulnerável até a publicação da primeira história da imensa coletânea de metadados americanos da empresa Verizon (uma vez que surgiram artigos baseados em suas revelações sobre a NSA, a busca por ele esquentou, mas ele sentiu que a publicidade também lhe ofereceria uma medida de proteção). Antes da publicação, também havia riscos para os jornalistas, obviamente. O que lhes aconteceria, se fossem pegos com material secreto?

Com Poitras filmando e Snowden sentado na cama, MacAskill começou uma entrevista formal. Ele tinha pedido que durasse de uma hora e meia a duas horas. As perguntas de Greenwald, no dia anterior, haviam sido as de um litigante verbalmente bombardeando uma testemunha duvidosa; o momento de revelação veio quando Snowden falou de quadrinhos e jogos.

MacAskill, em contraste, foi metódico e jornalístico, com seu estilo que complementava o de Greenwald. Ele perguntou a Snowden o básico. Podia mostrar o passaporte, dar o número de seu seguro social e carteira de habilitação? Qual era seu último endereço? Qual era seu salário?

Snowden explicou que seu pagamento e moradia no Havaí, antes de seu ingresso na Booz Allen Hamilton, como analista de infraestrutura, chegava a 200 mil dólares anuais (ele aceitou uma redução de salário para entrar na Booz. MacAskill associou seu antigo salário e o atual, levando algumas pessoas a erroneamente acusarem Snowden de exagerar sua renda).

Snowden já esperava encontrar ceticismo. Trouxera consigo, de Kunia, um monte de documentos. "Ele possuía uma quantidade ridícula de identificação", conta Greenwald.

MacAskill fez uma série de perguntas de follow-up. Como ele havia se envolvido com o trabalho de inteligência? Em que ano havia ingressado na CIA? Ele contou a MacAskill sobre suas postagens do exterior, feitas na Suíça e no Japão, e de sua missão mais recente, no Havaí. Qual era sua identificação na CIA? Snowden também revelou isso. E o mais desconcertante: por que estava em Hong Kong? Snowden disse que o lugar era famoso pela liberdade, apesar da República Popular da China, e tinha a tradição da liberdade de expressão. Era "realmente trágico" que ele, como americano, tivesse que ser obrigado a ir parar lá, disse.

E quando foi que tomou a decisão fatídica de se tornar um delator?

"Você vê coisas que podem ser perturbadoras. Quando vê tudo, percebe que algumas dessas coisas são abusivas. A sensação do mal proceder vai se acumulando. Não houve uma manhã em que eu acordei e decidi 'é agora'. Foi um processo natural."

Snowden disse que não tinha votado em Obama, em 2008, mas que "acreditava" em suas promessas (votou em um "terceiro candidato", disse, fazendo referência ao libertário Ron Paul). Tinha a intenção de "revelar" o que havia descoberto, mas decidiu esperar e ver o que aconteceria após a eleição de Obama. Segundo Snowden, o que aconteceu foi profundamente desanimador. "Ele continuou com as políticas de seu predecessor."

Tudo isso fazia sentido. Mas parte do currículo de Snowden era ligeiramente estranha. Ele disse que não tinha estado na universidade, mas frequentado o *community college* de Maryland. Isso chamou a atenção de MacAskill – como poderia alguém tão inteligente quanto Snowden chegar a um posto tão alto, com tanta rapidez, sem um diploma? Em sua carreira de espião, Snowden parecia ter trabalhado praticamente para todo mundo, em um período de tempo incrivelmente curto: a NSA, CIA e DIA (Defense Intelligence Agency), ou como terceirizado, ou diretamente empregado.

Snowden então mencionou que tinha passado por um treinamento básico, para ingressar nas forças especiais americanas, mas teve que abandonar o plano quando quebrou as pernas. "Eu pensei, Cristo, isso parece meio fantasioso", admite MacAskill. "A história era uma aventura *Boy's Own*."

No entanto, aos poucos, MacAskill se convenceu de que o relato da vida de Snowden era verdadeiro, apesar de improvável e de momentos até pitorescos. Ele prosseguiu para uma questão essencial:

"O que está fazendo é crime. Você provavelmente vai para a cadeia pelo resto da sua vida. Por que está fazendo isso? Realmente vale a pena?"

A resposta de Snowden foi convincente para o indagador: "Já vimos criminalidade suficiente por parte do governo. É uma hipocrisia fazer essa alegação contra mim. Eles estreitaram a esfera pública de influência." Reconhecia que provavelmente "nada de bom" aconteceria com ele. Mas disse que não se arrependia de sua decisão, nem queria viver em um mundo "onde tudo que faço e digo é gravado". Segundo Snowden explicou, "a NSA construiu uma infraestrutura que lhe permite interceptar praticamente tudo. Com essa capacidade, a vasta maioria das comunicações humanas é automaticamente ingerida". As agências federais haviam confiscado a internet, disse. Eles a haviam transformado em uma máquina para espionar populações inteiras.

MacAskill já tinha conhecido pessoas que vazaram informações, em seus tempos como correspondente da Câmara dos Comuns britânica. A grande maioria era de políticos. Alguns vazaram informações por motivos de ambição; outros, por vingança; muitos tinham queixas, se sentiam desprezados, ou tinham perdido uma promoção. O motivo geralmente era bem básico. Mas Snowden era diferente. "Ele tinha um senso de idealismo. Foi um ato de patriotismo", conta MacAskill.

Snowden enfatizou sua crença primordial de que a internet deve ser livre. Um de seus laptops pretos trazia um indicador de sua posição: um adesivo do Electronic Freedom Forum, um grupo americano que faz campanha pela transparência na internet. O adesivo dizia: "Eu apoio direitos on-line." Outro adesivo era do roteador anônimo Tor, que é usado para disfarçar a origem de mensagens de internet.

Como correspondente de Washington, MacAskill entendia um pouco do fervor de Snowden. O escocês tinha feito a cobertura da campanha de Obama em 2008. Reconhecia que, para Snowden e outros americanos, a Constituição americana é especial: ela consagra as liberdades básicas. Snowden acreditava que o ataque escondido do governo americano à Constituição era o equivalente a um ataque de ocupação territorial – uma invasão terrível e ilegítima. Via seus próprios atos em termos explicitamente patriotas. Via seu vazamento não como uma atitude de traição, mas como um corretivo necessário para um sistema de espionagem que se tornara disfuncional.

"Os Estados Unidos são essencialmente um bom país", sustentava. "Temos gente boa, com bons valores. Mas as estruturas existentes de poder estão trabalhando com suas finalidades próprias para estender sua capacidade à custa da liberdade de todos os públicos."

Em seguida, críticos viriam a acusar Snowden de narcisismo, alegando que foi o desejo de atenção que o fez despejar os segredos da NSA. MacAskill formou outra impressão, de um indivíduo acanhado e muito mais à vontade diante de seu laptop do que sob os holofotes. "Ele foi pessoal e amável. Seu instinto é ser amistoso. É realmente tímido", conta. "Muita gente está sugerindo que ele estava em busca de status de celebridade. Não está." Quando MacAskill tirou algumas fotos de Snowden, ele ficou visivelmente constrangido. Na verdade, Snowden se mostrava mais feliz quando falava dos detalhes técnicos de vigilância. "Ele tem um lado realmente nerd. Sente-se à vontade com computadores. Esse é o seu mundo."

Greenwald e MacAskill eram dois matutos na internet, que sabiam pouco sobre a forma como a rede realmente funcionava (embora as habilidades técnicas de Poitras fossem formidáveis). Os dois homens tiveram dificuldade para entender o sentido dos slides da PRISM. Snowden explicou tudo através de diagramas complexos. Explicou sobre acrônimos, rotas, técnicas de interceptação. Não foi condescendente, mas paciente e articulado, conta MacAskill sobre as explicações dos codinomes dos programas da NSA. Para quem é de fora, tudo parecia um bolo doido, um alfabeto impenetrável.

Por ser britânico, MacAskill perguntou, quase numa reflexão tardia, se havia um papel do Reino Unido nessa coleta maciça de dados. Para ele, isso não parecia provável. A imagem benevolente que a maioria dos britânicos tem dos membros do GCHQ é de cientistas de paletós de tweed, baforando cachimbos, desvendando códigos nazistas de guerra e jogando xadrez.

MacAskill sabia que o GCHQ tinha um antigo relacionamento no compartilhamento de dados de espionagem com os EUA, mas ficou perplexo com a resposta veemente de Snowden. Ele disse: "O GCHQ é pior que a NSA. É ainda mais intrusivo."

Foi outra informação sensacional.

Cada vez que MacAskill e Greenwald iam visitar Snowden, esperavam que ele tivesse partido, que tivesse sido preso, transferido para uma sinistra prisão moderna.

No dia seguinte, quarta-feira, 5 de junho, Snowden ainda estava no Mira Hotel. Essa era a boa notícia. Ninguém o pegara. A má notícia era que a NSA e a polícia haviam ido visitar sua namorada, na casa deles, no Havaí.

A ausência de Snowden no trabalho tinha sido notada e este era um procedimento automático quando o pessoal da NSA não aparecia. Snowden estava calmo como sempre, mas indignado com o tratamento dispensado a Lindsay Mills. Achou que a polícia a intimidara.

Até então, havia falado muito pouco sobre sua vida pessoal; seu foco era a história e o que ela dizia sobre o estado americano de vigilância. Sua mãe, Wendy, trabalhava como atendente na corte distrital, em Baltimore. Desde que ele desaparecera, em 20 de maio, vinha tentando entrar em contato com o filho. Tinha percebido que havia algo errado.

Agora estava agonizando. "Minha família não sabe o que está acontecendo. Meu maior medo é que eles persigam minha família, meus amigos, minha parceira. Qualquer um com quem eu tenha um relacionamento." Ele admitiu: "Isso me faz ficar acordado, à noite."

A visita noturna da NSA não chegou a ser surpresa. E como agora o tinham no radar, as probabilidades de Snowden ter seu esconderijo de Hong Kong descoberto pareciam bem maiores. Afinal, havia extraído milhares de documentos secretos da agência. MacAskill sentia compaixão por Snowden. Era um jovem em apuros. Seu futuro parecia sombrio. Snowden tinha quase a mesma idade dos filhos de MacAskill. “Eu não gostaria de ver um dos meus filhos nessa encrenca”, conta ele.

Mas a CIA ainda não o encontrara. Esse era um dos aspectos mais espantosos do caso Snowden: por que as autoridades americanas não o cercaram antes? Uma vez que detectaram sua ausência, poderiam ter rastreado os registros de voos, mostrando que ele havia fugido para Hong Kong. Isso seria relativamente fácil. Snowden tinha dado entrada no Mira Hotel, com diária de 330 dólares, usando seu próprio nome. Ele estava até pagando a conta com seu cartão de crédito pessoal, agora com o limite quase estourado, o que era outra fonte de preocupação para ele: Snowden temia que seus perseguidores pudessem bloquear seu cartão.

Uma das explicações era que os EUA estivessem relutantes em atuar na China comunista. Outra era que as autoridades americanas fossem menos onipotentes do que pareciam. Essa visão – de inaptidão burocrática, em lugar de um impasse China-EUA – parecia a explicação mais provável, diante das tentativas subsequentes da Casa Branca de extraditar Snowden de Hong Kong.

A experiência de voar ao outro lado do mundo, conhecer Snowden e depois trabalhar em um conjunto de histórias extraordinárias criou um laço estreito entre os três jornalistas, que eram uma mistura bem variada: um polêmico gay americano, uma intensa cineasta indicada ao Oscar e um repórter profissional e alpinista britânico, que dizia “aye”, em lugar de “yes”, exatamente como o astro Scottie, de *Star Trek*. De algo emocionante e incerto, nasceu uma camaradagem. Os três sentiam que estavam envolvidos numa aventura pública de alta importância e grande risco. MacAskill havia escalado o Matterhorn, o Mont Blanc e o Jungfrau. Sua calma agora era muito vantajosa.

A antipatia anterior que Poitras sentira por MacAskill havia desaparecido. Ela se afeiçoou muito a ele. “Ewen se entrosou à equipe de forma perfeita e instantânea”, conta Greenwald. Rusbridger passou a chamar o trio de parceiros profissionais de “lovefest”.

Naquela noite, Greenwald rapidamente rascunhou uma história sobre a Verizon. Os documentos secretos de Snowden mostravam que a NSA estava sigilosamente coletando todo tipo de registro das maiores empresas de telecomunicações dos EUA. O trio tinha a intenção de que essa história fosse apenas a primeira de uma série de revelações sísmicas. Mas temiam que o tempo não estivesse a seu favor. MacAskill e Greenwald discutiram o texto até bem tarde. Ficaram sentados no quarto de Greenwald, no Hotel W, com vista para a enseada e as colinas do continente chinês. A vista mostrava os arranha-céus da ilha de Hong Kong e a ponte rumo ao aeroporto – uma visão movimentada da cidade cintilante.

Greenwald trabalhava em seu laptop, depois o passava para MacAskill, que digitava em seu computador e devolvia os artigos a Greenwald, em pen-drives; os pen-drives passavam de um lado para outro. Nada era passado por e-mail. Os jornalistas perderam a noção da hora. MacAskill foi deitar um pouco. Quando levantou, Greenwald ainda estava trabalhando. Snowden disse a Peter Maass, do *New York Times*: "Fiquei particularmente impressionado com a capacidade de Glenn de trabalhar sem dormir durante dias a fio." (Na verdade, Greenwald despencava durante as tardes.)

Eles mandaram a versão final da história para Janine Gibson, em Nova York. Seu surgimento certamente daria início a um rebuliço imprevisto e sem precedentes.

Mas agora a questão era: será que o *Guardian* estava realmente preparado para publicá-la?

6

Furo!

Escritório norte-americano do jornal *The Guardian*, SoHo, Nova York Junho de 2013

HIGGINS: "Você pode fugir, mas eles vão publicar?"
TURNER: "Eles vão publicar."
Três Dias do Condor, 1975

Por mais de uma década, Spencer Ackerman, de 33 anos, cobriu os passos da segurança nacional dos EUA. Ele vinha construindo uma rede de contatos, trocando ideias com senadores e seguindo de perto as políticas pós-11 de Setembro dos governos Bush e Obama. Isso podia ser frustrante. É verdade que em 2005 o *New York Times* havia revelado a existência do programa STELLAR WIND, uma das muitas faces da política de vigilância sem mandado do presidente Bush. Mas esse vazamento era bastante incomum, um feixe de luz proveniente de um mundo obscuro e de outra forma impenetrável. (O *New York Times* havia "sentado" sobre a história por um ano. O jornal se viu forçado a publicá-la somente após o repórter James Risen anunciar que pretendia escrever um livro sobre o assunto.)

Ackerman vinha de Nova York e era uma figura incontrolável, propenso a realizar flexões durante momentos de elevado estresse. Estava perto da cidade, na sua faculdade em New Jersey, quando os aviões se chocaram contra as Torres Gêmeas – tinha, então, 21 anos. "Foi uma grande história", comenta, explicando seu interesse na segurança nacional. Trabalhava inicialmente para a revista *The New Republic*, depois para a *WIRED*, e no "Danger Room", seu blog de segurança nacional, dedicava grande parte da sua energia para investigar os programas de vigilância da NSA. Havia muitas evidências. Mas poucos fatos. E a NSA trabalhava silenciosamente, tão inalcançável quanto monges mudos da Ordem dos Cartuxos.

Em 2011, Ackerman recebeu um telefonema do escritório de Ron Wyden, senador democrata do estado do Oregon e um dos maiores críticos da política de vigilância do governo. Durante uma entrevista em seu escritório – que não podia divulgar informações confidenciais –, Wyden deu a entender que estava profundamente preocupado com o Patriot Act, então prestes a ser renovado pelo Congresso. Mais especificamente, o senador dizia que o Poder Executivo tinha desenvolvido uma interpretação jurídica em drástico desacordo com o que de fato estava escrito na lei. Convenientemente, o governo havia tornado sua própria interpretação confidencial. Assim, ninguém poderia contestá-lo. Wyden insinuou que a Casa Branca estava usando malabarismos retóricos para esconder a escala de seus programas de coleta de dados.

O que estava acontecendo? Em uma postagem para o blog da *WIRED*, Ackerman especulou que o governo estaria interceptando uma quantidade enorme de informação de cidadãos comuns. Mas a NSA rejeitou categoricamente insinuações de que estivesse espionado norte-americanos. Em 2012, o general Alexander fez uma improvável aparição na DefCon, uma das maiores convenções de hackers do mundo, que ocorre anualmente em Las Vegas desde 1993. Era a primeira vez que um oficial de primeiro escalão da espionagem visitava a convenção. Trocando seu uniforme de general impecavelmente engomado por uma camiseta amarrotada e calça jeans, Alexander era uma presença incongruente no palco. Assegurou ao público que a agência de forma alguma mantinha arquivos" ou "dossiês" sobre "milhões ou centenas de milhões de norte-americanos".

Era uma mentira descarada? Ou uma evasão semântica na qual "arquivos" significava algo diferente de, digamos, coleta em massa de registros telefônicos? Para Ackerman e outros jornalistas de segurança nacional, essas eram peças de um tentador e gigantesco quebra-cabeça. O Patriot Act do pós-11 de Setembro fornecia as pontas. Mas a imagem completa ainda não estava clara. Oficiais do governo poderiam muito bem estar usando uma mistura de tribunais secretos, cortinas de fumaça e confidencialidade para afastar pedidos legítimos de informação. Mas não havia nenhuma prova. E já que dificilmente alguma informação vazava da NSA, parecia haver pouca perspectiva de que a verdadeira extensão da vigilância do governo fosse revelada em breve.

No final de maio, Ackerman, um prolífico usuário do Twitter, deixou seu emprego na *WIRED*. Uma oportunidade surgiu com uma nova posição, a de editor de segurança nacional dos EUA no *Guardian*. O trabalho seria realizado no escritório do jornal na capital norte-americana em Farragut Square, a apenas três quarteirões de distância da Casa Branca de Obama. Janine Gibson, editora-chefe do jornal nos EUA, pediu que Ackerman fosse primeiro a Nova York. Disse que gostaria que ele passasse por uma semana de "orientação". Não estava totalmente claro o que "orientação" significava. No entanto, com vontade de impressionar e cheio de ideias, Ackerman viajou para Nova York e se apresentou ao novo serviço.

Sua data de início, 3 de junho de 2013, uma segunda-feira, acabou por ser excepcionalmente fortuita.

Ackerman chegou ao sexto andar no número 536 da Broadway. Comparado com o *New York Times*, por exemplo, o escritório norte-americano do *Guardian* no SoHo é pequeno e discreto – um grande salão aberto em forma de um "L" invertido com alguns computadores, salas de reunião, e uma cozinha abastecida com chá, biscoitos e uma máquina de café. Na parede há retratos em preto e branco tirados por Jane Brown, fotógrafa mundialmente famosa do *Observer* (jornal britânico parceiro do *Guardian*). O retrato do magnata da mídia Rupert Murdoch quando jovem já esteve pendurado no escritório do editor; a irônica foto desapareceria mais tarde para dar lugar às primeiras páginas do *Guardian* emolduradas com os furos da NSA.

Abaixo está o burburinho da Broadway: boutiques, cafés, turistas. A cinco minutos a pé pela Spring Street está o Mother's Ruin, o bar preferido do pessoal, caracterizado por seu teto de estuque de cor creme.

O *Guardian* dos EUA é, talvez, uma visão de como a mídia será assim que os jornais impressos seguirem o exemplo dos dinossauros. É uma operação exclusivamente digital, executada por uma equipe editorial de 31 funcionários e um orçamento apertado de 5 milhões de dólares. (O *New York Times*, por outro lado, tem 1.150 funcionários apenas no departamento de notícias.) Cerca de metade dos seus jornalistas são norte-americanos, em sua maioria jovens e nativos digitais. Muitos têm tatuagens despontando na altura da manga; um mais ousado possui o braço inteiro tatuado. A missão, como Gibson aponta, é ser uma versão do *Guardian* londrino inteiramente produzida nos EUA, oferecendo uma voz dissonante sobre o mundo.

Desde a sua fundação, em julho de 2011, o público norte-americano vinha crescendo. Mesmo assim, os invasores britânicos pareciam estar muito abaixo na cadeia alimentar de Washington para competir com gigantes da informação como o *NYT*, o *Washington Post* ou o *Wall Street Journal*. (A piada interna era que, em 2012, no jantar anual de imprensa da Casa Branca, o *Guardian* dos EUA tinha recebido apenas dois convites: um ao lado dos banheiros e outro junto ao aparador de pratos.)

Como os eventos da semana ilustrariam dramaticamente, não fazer parte do clube de Washington tinha suas vantagens. Gibson explicou a situação com franqueza: "De qualquer maneira, ninguém atende os nossos telefonemas. Portanto, não temos literalmente nada a perder em termos de acesso a fontes."

O *Guardian* tinha o terceiro maior site entre os jornais do mundo, bem antes de surgir Edward Snowden. Mas a Casa Branca aparentemente não fazia muita ideia do que se tratava – um jornal, um panfleto, um blog? – nem a respeito da natureza inovadora de sua editora britânica, Janine Gibson.

Ackerman acabou nunca tendo a tal "orientação" que Gibson lhe prometera. Por várias horas ficou apenas observando enquanto Gibson e Stuart Millar, seu vice-editor, ficavam trancafiados no escritório dela. A porta permanecia firmemente fechada. Ocasionalmente ela surgia, atravessando rapidamente toda a redação antes de desaparecer novamente atrás do vidro fosco. Millar, um escocês de 41 anos que se mudou de Londres para Nova York em 2011, coloca a cena da seguinte forma: "Toda vez que a gente saía para ir ao banheiro ou pegar um copo de água, era como se suricatos emergissem das mesas, balançando a cabeça e trocando sinais de alarme." Estava claro que uma grande matéria era iminente.

No almoço, Gibson finalmente chamou Ackerman para se juntar a ela e a Millar: os três viraram a esquina na Lafayette Street rumo ao Ed's Lobster Bar. O restaurante estava lotado, os três se espremeram entre os outros clientes para pedir sanduíches de lagosta. Ackerman tentou puxar papo, só para ser interrompido pelos dois britânicos. Sua editora, então, deixou a bomba cair. Disse a ele: "Não há orientação. Temos uma boa história e precisamos que você esteja envolvido nela." Gibson revelou o que de fato estava acontecendo – um informante escondido em outro país não identificado estava trabalhando com Greenwald e MacAskill. Eles estavam preparando matérias sobre... vigilância da NSA. Puta merda!

Ackerman ficou atordoado. "Fiquei em silêncio por um tempo", diz. E acrescenta: "Eu venho escrevendo sobre essas coisas, programas de vigilância sem mandado, por sete anos. Estava mergulhado de cabeça nisso."

Gibson informou-o sobre os slides do PRISM e sobre a ordem judicial secreta que obrigava a Verizon a entregar os registros telefônicos de todos os seus clientes norte-americanos. Ackerman agarrou a cabeça entre as mãos e começou a balançar para cima e para baixo, murmurando "Ah, merda! Ah, merda!", antes de recuperar a compostura.

Ele ficou animado em comprovar que suas suspeitas de longa data estavam corretas: a administração Obama secretamente dava continuidade e até mesmo havia ampliado as práticas de vigilância da era Bush. Ackerman perguntou a Gibson se o nome STELLAR WIND significava algo para ela. E significava. "Pássaros cantavam. Borboletas voavam", lembra, sonhador. "Era tudo o que eu vinha tentando comprovar por sete anos." Ele continuou: "Pensei que a baleia branca estivesse vindo para a ponta do meu arpão. Logo descobri que era um baleal de histórias."

As implicações eram enormes. A ordem judicial secreta da Verizon datava de 25 de abril de 2013 e forçava uma das maiores empresas de telecomunicação dos EUA a entregar à NSA os registros telefônicos de milhões de seus clientes norte-americanos. A Verizon estava fornecendo detalhes privados em uma "base diária, recorrente". Estava dando à NSA informações sobre todas as chamadas em seus sistemas, tanto em território americano quanto entre os EUA e outros países. Era uma evidência sensacional de que a NSA praticava uma "pesca de arrasto", recolhendo registros de milhões de cidadãos norte-americanos independentemente de terem cometido ou não algum crime ou de estarem envolvidos com terrorismo.

O documento vinha do tribunal da FISA. Assinado pelo juiz Roger Vinson, dava autoridade ilimitada ao governo dos EUA para coletar metadados de telefone por um prazo de 90 dias. O período havia terminado em 19 de julho. "Foi a coisa mais empolgante que eu já testemunhei. Ninguém não autorizado havia visto uma ordem judicial da FISA", diz Ackerman. "Nem em minhas fantasias mais delirantes e conspiratórias eu achei que eles [o governo] fariam algo do gênero." Seria essa solicitação de três meses um caso isolado? Havia outras ordens judiciais semelhantes? Não existia resposta para isso. Snowden tinha fornecido um documento recente. Mas a suspeita era de que a NSA obrigava outras importantes companhias de telefonia celular a compartilhar seus dados da mesma forma.

No escritório de Nova York, Gibson elaborou um plano cuidadoso, composto por três componentes básicos: procurar aconselhamento legal; elaborar uma estratégia para abordar a Casa Branca; obter um rascunho da matéria dos repórteres em Hong Kong. A NSA parecia até então desconhecer o tsunami que estava prestes a tragá-la. Ironicamente, o próprio *Guardian* começava a operar como uma clássica agência de inteligência – trabalhando em segredo, com células compartimentadas e comunicações criptografadas. E-mails e conversas em linhas abertas estavam fora de questão. Gibson desenhou um cronograma preliminar em um quadro branco. (Mais tarde, esse quadro foi intitulado "The Legend of the Phoenix", em menção a "Get Lucky", da dupla francesa de música eletrônica Daft Punk, hit daquele verão.)

Apenas um pequeno grupo tinha conhecimento do projeto Snowden, que ia fundo no coração dos segredos de Estado dos EUA. Jornalistas são fofoqueiros incorrigíveis por natureza. Nesta situação, toda a informação era rigidamente controlada como em uma célula leninista. A maior parte da equipe não fazia ideia da montanha-russa jornalística na qual seus colegas estavam se metendo.

O jornal pretendia publicar primeiro a história da Verizon. De todos os milhares de documentos, estes eram os de mais fácil compreensão. "Era inequívoco, cristalino", diz Millar. Em seguida, viria uma matéria sobre o projeto de internet de codinome PRISM. Depois, a revelação de que os EUA estavam ativamente engajados em ciberguerra. Por último, se o jornal conseguisse chegar tão longe, a verdade por trás do codinome BOUNDLESS INFORMANT (informante sem limites).

A tarefa só havia se tornado possível pelo fato de os jornalistas que trabalhavam no furo estarem espalhados ao redor do mundo – em Hong Kong, nos EUA e no Reino Unido. Ackerman foi enviado de volta para Washington. Pediram-lhe que se preparasse para entrar em contato com a Verizon. E, quando chegasse o momento, que contatasse a Casa Branca. Em Londres, Alan Rusbridger, editor-chefe do *Guardian*, se dirigiu para o aeroporto com o editor de diplomacia Julian Borger, para pegar o próximo voo disponível para Nova York.

Para Janine Gibson, ex-editora do site do jornal (guardian.co.uk), eles estavam embarcando em uma viagem tensa. Poderia um erro colocar tudo a perder? Havia vários problemas. "Ninguém jamais tinha visto esses documentos. Os do tribunal da FISA eram tão secretos que não havia nada com o que compará-los", diz. Ela pensava inquieta se o texto da ordem judicial não seria bom demais para ser verdade – possivelmente uma fraude.

Um dos maiores problemas era a Lei de Espionagem dos EUA. O regime regulatório norte-americano era mais flexível do que o seu análogo britânico. Do outro lado do Atlântico, na sede do *Guardian*, o governo poderia simplesmente emitir um mandado de segurança – uma mordaça legal para impedir a publicação. Mas, mesmo nos EUA, o lar da primeira emenda, as potenciais consequências da publicação de material confidencial superdelicado da NSA eram graves. Este era o maior vazamento de inteligência de todos os tempos.

Parecia bem possível que o governo dos EUA buscasse uma intimação. E montasse um grande júri. O objetivo seria forçar o *Guardian* a revelar a identidade de sua fonte. Millar e Gibson reuniram-se com dois dos melhores advogados especializados em mídia – primeiro David Korzenick e mais tarde David Schulz. A dupla ajudou a esboçar um caminho a ser seguido.

A Lei de Espionagem era uma peça curiosa de legislação escrita durante a Primeira Guerra Mundial. Tornava crime "providenciar, transmitir ou comunicar" material de inteligência dos EUA a um governo estrangeiro. O estatuto era bastante vago. Não ficava claro, por exemplo, se a lei se aplicava ou não a jornalistas que pudessem publicar matérias sobre segurança nacional. A jurisprudência também não era de grande ajuda; havia pouquíssimos precedentes para um processo deste tipo.

Havia alguns motivos para otimismo. Primeiro porque, durante seus 96 anos, a Lei de Espionagem nunca tinha sido usada contra uma empresa de notícias. Parecia improvável que essa administração quisesse se tornar a primeira. Segundo, o contexto político era propício. A Casa Branca encontrava-se em meio a um fogo cruzado por conta do que críticos acreditavam ser uma perseguição constante a jornalistas investigativos. O Departamento de Justiça havia obtido os registros telefônicos de repórteres trabalhando para a Associated Press que tinham escrito sobre um plano da Al-Qaeda que tinha falhado – uma espantosa intrusão em uma operação jornalística. Em outro inquérito vazado, o alvo havia sido um repórter da Fox News. Após protestos, o procurador-geral Eric Holder disse ao Congresso que seu departamento não processaria jornalistas por praticar jornalismo.

No entanto, era importante para o *Guardian* demonstrar que estava se comportando com responsabilidade. O jornal precisava mostrar que tinha tomado todas as medidas sensatas para evitar danos à segurança nacional dos EUA. E que estava publicando apenas o material que revelava as linhas gerais das políticas de vigilância do governo e que não prejudicava detalhes operacionais. O teste era: será que ao abrigo da primeira emenda o público tem o verdadeiro direito de saber? O único objetivo do jornal era permitir que ocorresse o debate pelo qual Snowden e críticos persistentes no Senado, como Wyden e seu colega do Comitê de Inteligência, Mark Udall, ansiavam.

O episódio se desenrolava em alta velocidade. MacAskill, do *Guardian*, digitou um texto de quatro palavras, em Hong Kong dizendo: "A Guinness é boa." Esta frase cifrada significava que estava convencido de que Snowden era de fato genuíno. Gibson decidiu dar à NSA uma janela de quatro horas para comentar, de modo que a agência tivesse a chance de desmentir o vazamento. Pelos padrões britânicos o prazo era justo – tempo suficiente para fazer alguns telefonemas e definir uma linha de resposta. Mas do ponto de vista de Washington, onde as relações jornalistas-governo eram relaxadas e, por vezes, pareciam um *country club*, isto era simplesmente ultrajante.

Aquela quarta-feira foi oficialmente o primeiro dia de Ackerman, e ele começou seu trabalho no escritório da capital norte-americana. Cumprimentou seu novo colega, Dan Roberts, chefe da sucursal de Washington do *Guardian*, mas não podia revelar nada de sua missão surreal. Por volta das 13 horas, entrou em contato com a Verizon. Então ligou para Caitlin Hayden, na Casa Branca. Hayden era a principal porta-voz do Conselho de Segurança Nacional (NSC), um poderoso órgão encarregado de coordenar a segurança nacional dos

EUA e sua estratégia de política externa, liderado pelo próprio presidente. Hayden não atendeu.

Ackerman enviou um e-mail urgente. Na linha de assunto: "precisamos conversar o mais rápido possível":

> "Oi Caitlin,
>
> Acabei de deixar uma mensagem de voz – naquela que 'espero' que seja sua caixa de mensagens. Estou agora no *Guardian* e preciso conversar com você com urgência para uma matéria sobre as atividades de vigilância dos EUA. Acho que é melhor falar por telefone... Por favor, ligue assim que puder."

Hayden estava ocupada. Coincidentemente, foi o dia em que a Casa Branca anunciou que a embaixadora Susan Rice se tornaria braço direito de Obama na segurança nacional, diretora do Conselho de Segurança Nacional. Hayden respondeu dizendo que entraria em contato em uma hora. No meio da tarde, ela ligou. Ackerman contou o que o *Guardian* tinha – um documento secreto do tribunal da FISA – e o que pretendiam fazer: publicá-lo, no mesmo dia, às 16h30. "Caitlin ficou extremamente aborrecida", disse Ackerman.

Após o choque inicial, ela profissionalmente anotou todos os detalhes. Prometeu "levar o assunto para o seu pessoal". O humor desse pessoal deve ter ficado bem confuso – o que exatamente era esse *The Guardian* e de quem esses britânicos intrometidos tinham obtido o vazamento?

Às 16 horas, Hayden enviou um e-mail e disse que a Casa Branca gostaria que ele conversasse "o mais rápido possível" com os órgãos competentes, o Departamento de Justiça e a NSA. Ackerman ligou para o Departamento de Justiça e falou com Judy Emmel, a assessora de imprensa da NSA. Emmel não demonstrou nenhuma reação. "Meu coração estava disparado", disse Ackerman.

Seguindo a instrução de Gibson, Ackerman agora enviava um e-mail a Hayden dizendo que sua editora o havia autorizado a esticar o prazo "até 17h15".

Hayden então entrou em contato direto com Gibson, da própria Casa Branca. Ela tinha uma proposta – uma teleconferência às 17h15. A Casa Branca convocou suas principais armas. A equipe incluía o vice-diretor do FBI, Sean M. Joyce, um nativo de Boston com um currículo calcado na ação – investigação contra o narcotráfico colombiano, oficial de contraterrorismo, adido legal em Praga. Joyce havia sido responsável por 75 missões do FBI em território norte-americano e no exterior, combatendo a criminalidade e as ameaças à segurança nacional. Estava agora incumbido de comandar o setor de liderança do FBI.

Com um currículo também impressionante havia Chris Inglis, vice-diretor da NSA. Inglis era um homem que interagia com os jornalistas tão raramente que era considerado por muitos como uma entidade mítica, um unicórnio. A carreira de Inglis era ilustre. Formado em Engenharia Mecânica e Ciência da Computação, cresceu rapidamente na NSA. Antes de se tornar o civil número dois do general Alexander, ocupou entre 2003 e 2006 o posto de oficial superior de ligação dos EUA (SUSLO), em Londres, maior cargo de inteligência dos EUA em contato direto com o GCHQ e a inteligência britânica. Era de se presumir que durante sua passagem por Londres tivesse conhecido o *Guardian*.

Por fim, havia Robert S. Litt – conhecido como Bob –, conselheiro-geral do Escritório do Diretor de Inteligência Nacional. Graduado em Harvard e Yale, Litt sabia como o tribunal da FISA trabalhava por conta de seus seis anos no Departamento de Justiça, em meados e no final da década de 1990. Litt era inteligente, simpático, volúvel, dramático, legalista e propenso a floreios retóricos. "Ele sabe o que faz. É esperto. O mais inteligente do grupo", na opinião de Ackerman.

No lado do *Guardian* estavam Janine Gibson e Stuart Millar, dois jornalistas britânicos, sentados no pequeno escritório de Gibson, com seu sofá barato e vista inexpressiva para a Broadway. Ackerman falaria direto de Washington, mas eles pareciam ter poucas chances – um bando de forasteiros peitando um leviatã de Washington.

Ao colocar em campo pesos pesados, a Casa Branca contava que talvez pudesse convencer – ou, se necessário, intimidar – o *Guar-*

dian a adiar a publicação da matéria sobre a Verizon por alguns dias e, quem sabe, para sempre. Era uma estratégia racional. Mas partia de alguns pressupostos. A Casa Branca levava em conta estar no controle da situação. E talvez tenha subestimado Gibson. "É nesses momentos que você vê de que seus editores são feitos", observa Ackerman.

O tom geral das representações oficiais – todos como "pano de fundo", é claro – era de que a matéria sobre a Verizon estava longe de ser imparcial; ela era enganosa e imprecisa. Mas os cabeças da administração estavam dispostos a se sentar com os jornalistas e explicar o panorama completo. Em essência, a oferta era um convite para que Gibson fosse à Casa Branca para uma conversa.

Esse tipo de jogada já havia funcionado com publicações norte-americanas no passado, principalmente com o *New York Times*, em 2004, quando o jornal descobriu os programas de vigilância sem mandado do presidente Bush. Após o "bate-papo", ficaria claro que o *Guardian* se sentiria menos empolgado com a publicação. O subtexto era: vocês, britânicos, realmente não entendem como as coisas funcionam por aqui. "Eu acho que eles pensaram que poderiam me enrolar", diz Gibson.

A agenda dela era diferente. Sob seu ponto de vista, esse encontro era uma oportunidade razoável para debater preocupações "específicas" sobre segurança nacional. Contou a Bob e companhia que acreditava que havia um interesse público esmagador em revelar a ordem judicial secreta. A ordem, segundo ela, era muito generalista, sem detalhes operacionais, fatos ou descobertas. Era difícil ver um caso *prima facie* que pudesse ser prejudicado pela publicação. Mas estava aberta para ouvir suas preocupações.

Os homens estavam acostumados a resolver problemas à sua própria maneira e pareciam perplexos com a desenvoltura de Gibson. Mesmo em momentos mais tensos como esse, o tom da editora era cordial e informal – uma mistura que deixava o interlocutor desarmado. Em seu posto anterior como editora de mídia do *Guardian*, Gibson tinha lidado com muitas pessoas que tentaram se impor pelo peso de suas credenciais. Esse grupo incluía o barulhento âncora da CNN, Piers Morgan, e o primeiro-ministro britânico, David Cameron –, na época um mero relações-públicas da Carlton, um canal de TV sem muito destaque.

À medida que a pressão aumentava, Gibson sentia seu sotaque se tornar cada vez mais formalmente britânico. "Comecei a soar como a Mary Poppins", brinca. Millar, entretanto, pesquisou no Google sobre "DNI", "Bob Litt", "Chris Inglis" e "Sean M. Joyce". Quais eram exatamente suas origens? Direto de Washington, Ackerman estava impressionado com o desempenho de Gibson; ele enviava animadas palavras de encorajamento pelo chat do Gmail.

Após 20 minutos de conversa, a Casa Branca saiu frustrada. O diálogo caminhava em círculos. Litt e Inglis se recusavam a abordar quaisquer questões específicas sob a premissa de que a mera "discussão" do documento secreto da Verizon ao telefone configuraria um crime. Finalmente, alguém da equipe não conseguiu mais se segurar. Perdendo a paciência e rosnando com um sotaque carregado, como se fosse o protagonista de um seriado policial, ele gritou: "Vocês não precisam publicar isso! Nenhuma organização de notícias séria publicaria!"

Gibson engrossou o tom; o toque de graça e a leveza de mais cedo desapareceram. Friamente, ela respondeu: "Com todo o respeito, nós tomamos as decisões sobre o que publicamos."

"Era um 'Como você se atreve a falar assim conosco?'", comenta Millar. E acrescenta: "Ficou claro que o governo não ofereceria nada de substancial. Nós íamos publicar. A bola estava em jogo."

A equipe da Casa Branca indicou que levaria a questão a instâncias superiores. Gibson respondeu que o editor-chefe do jornal – do outro lado do Atlântico – não estava disponível. Ela disse: "Eu tenho a decisão final." Sem mais argumentos, o grupo encerrou a conferência: "Parece que chegamos a um impasse que não podemos superar."

Gibson resistira às tentativas do governo de dissuadi-la, mantendo a frieza enquanto se valia do que estava previsto na lei. Ackerman diz: "Ela não cedeu. Era como o junco." Acrescenta: "O governo Obama levou um bom tempo para se acostumar à ideia de que eles não estavam no controle da situação, ela estava... Quantas vezes eles têm de lidar com pessoas que não fazem parte do seu clube?"

A conversa demonstrou as diferenças culturais entre os jornais de cada lado do Atlântico. Nos EUA, três grandes jornais desfrutam de um virtual monopólio. Com pouca concorrência, estão livres para perseguir notícias em um ritmo ainda cavalheiresco, a seu bel-prazer. A cultura política também é diferente, com a imprensa em geral deferente com relação ao presidente. Se alguém faz uma pergunta difícil ao presidente, isso por si só vira notícia.

No Reino Unido, por outro lado, o cenário da mídia era bastante diferente. Em Londres, havia 12 títulos de alcance nacional em um estado de batalha extenuante e permanente pela sobrevivência, uma luta darwiniana até a morte. A rivalidade se acirrou ainda mais com o declínio da circulação de jornais impressos. Se você tivesse um furo, publicava. Se não o fizesse, alguém mais o faria. Era uma luta impiedosa, na qual o vencedor pisa na cabeça do adversário.

As autoridades norte-americanas agora tentavam exercer pressão no Reino Unido. O MI5, serviço britânico de segurança interna, entrou em contato com Nick Hopkins, editor de segurança, na sede do *Guardian*, em Londres; agentes do FBI também ligaram para o número dois do jornal, o vice-editor Paul Johnson. (O vice-diretor do FBI, Sean M. Joyce, começou dizendo: "Olá Paul, tudo bem hoje? Conversamos com a sra. Gibson. Sentimos que não tivemos muito progresso...") Foram infrutíferas as tentativas de contatar Rusbridger pessoalmente. O editor-chefe ainda estava em um avião. Havia deixado claro que essa era uma questão para Gibson resolver.

Nesse momento, as autoridades federais estavam mais chateadas que irritadas. Ainda assim, na capital norte-americana, Ackerman estava ficando nervoso. Ele se perguntava se agentes armados e mascarados estariam aguardando-o do lado de fora de seu apartamento em Dupont Circle, prontos para levá-lo para longe e para interrogá-lo em uma cela escura. Ele argumentou: "Tínhamos acabado de sair de uma ligação com três homens extremamente poderosos e extremamente descontentes, um dos quais era o subchefe do FBI."

Longe dali, em Hong Kong, Snowden e Greenwald permaneciam inquietos; estavam céticos quanto ao *Guardian* ter a ousadia de enfiar o dedo na ferida para publicar. Greenwald sinalizou que estava pronto e disposto a autopublicar o furo ou levá-lo para outro lugar, caso o *Guardian* hesitasse. O tempo estava se esgotando. E Snowden poderia ser descoberto a qualquer momento.

Logo após as 19 horas, o *Guardian* dos EUA foi em frente e publicou a história. Qualquer que fosse a base de comparação, era um furo extraordinário, mas seria apenas o primeiro de muitos.

O artigo, com assinatura de Greenwald, começava assim: "A Agência de Segurança Nacional está recolhendo os registros telefônicos de milhões de clientes norte-americanos da Verizon, uma das maiores empresas de telecomunicações dos Estados Unidos, sob uma ordem judicial ultrassecreta emitida em abril."

Apesar do fracasso de sua teleconferência, a Casa Branca nunca deve ter realmente acreditado que o *Guardian* teria a ousadia de publicar a ordem judicial secreta. Poucos minutos após a história ir ao ar, Hayden enviou uma mensagem a Ackerman, perguntando: "Vocês vão em frente?"

Correndo atrás do prejuízo. Desta forma podem-se caracterizar as ações da Casa Branca nos dias seguintes. Altos funcionários ficaram incrédulos com a velocidade vertiginosa da publicação. A NSA devia estar buscando de onde tinha vindo o vazamento, mas não estava ciente de que o *Guardian* possuía não apenas um documento ultrassecreto, mas milhares. Gibson diz: "Estávamos nos movendo em alta velocidade. Sabíamos que tínhamos uma janela muito limitada para publicar as histórias antes que começasse uma caçada humana."

Snowden havia declarado que as revelações sobre a Verizon detonariam uma tempestade pública. Gibson e Millar não estavam tão convencidos: era uma boa história, com certeza, mas o quão longe iria? As tarefas do dia terminaram, Ackerman foi jantar com sua esposa Mandy em um restaurante coreano e pediu uma grande e merecida cerveja. Abriu a recém-publicada matéria da Verizon em seu iPhone e a mostrou a Mandy. "Puta merda", exclamou ela. Ackerman checou o Twitter: de repente o furo do *Guardian* estava em toda parte. "Estava se tornando uma avalanche rapidamente", diz. Ele olhou ao redor. Será que os dois homens sentados na mesa ao lado eram do FBI?

A paranoia era compreensível. A partir de agora o *Guardian* seria alvo do intenso escrutínio da NSA. De uma hora para a outra, o mundo parecia um lugar diferente. O nervosismo pairava no ar. As bases legais utilizadas pela NSA para espionar os jornalistas no exercício de seu trabalho que, em teoria, deveriam estar protegidos pela primeira emenda, não estavam claras. Mas estava evidente que qualquer privacidade eletrônica de que houvessem gozado havia desaparecido a essa altura. Às 19h50, Millar saiu correndo do escritório, pegou o metrô e voltou para sua casa no Brooklyn; era aniversário de 5 anos de seus filhos gêmeos e queria vê-los antes que fossem para a cama. (Millar disse à filha: "Eu não queria perder o seu aniversário, querida." Ela respondeu: "Você já perdeu meu aniversário, papai.")

Millar voltou ao trabalho depois de apenas 20 minutos e descobriu que operários misteriosamente quebravam a calçada bem em frente ao escritório do *Guardian* na Broadway – uma atividade estranha para uma quarta-feira à noite. Com eficiência, eles trocaram o calçamento. Mais operários apareceram do lado de fora da casa de Gibson no Brooklyn. As equipes de construção também começaram a trabalhar fazendo muito barulho do lado de fora do escritório do *Guardian* na capital. Em pouco tempo, todos os membros da equipe que trabalhavam no caso Snowden presenciaram momentos incomuns semelhantes – "taxistas" que não sabiam direito o caminho e se esqueciam de cobrar a corrida, "limpadores de janelas" que permaneciam tempo demais junto à sala da editora-chefe.

Nos dias seguintes, laptops do *Guardian* pararam de funcionar repetidas vezes. Gibson em especial teve bastante azar. Sua mera presença tinha um efeito desastroso sobre a tecnologia. Muitas vezes, seus chats criptografados com Greenwald travavam, aumentando os temores de estarem sendo hackeados. Ela colou um post-it em uma máquina suspeita. Dizia: "Interceptada! Não use." Tendo vislumbrado os documentos de Snowden, estava claro que a NSA poderia "interceptar" praticamente qualquer coisa, em outras palavras, inserir-se no meio de uma conversa entre duas partes e desviar dados privados. Todos os envolvidos no caso Snowden passaram de novatos a especialistas em criptografia. "Muito rapidamente, tivemos que melhorar bastante nossas habilidades de espionagem", diz Gibson.

Naquela noite, jornalistas com olhos embaçados de sono começaram a dar forma à próxima matéria exclusiva sobre o PRISM. À meia-noite, Rusbridger e Borger chegaram; no avião, Rusbridger havia se debruçado sobre a legislação norte-americana e da Lei de Espionagem. Na manhã seguinte, no metrô rumo à estação Spring Street, a mais próxima do escritório de Nova York, os dois perderam sua parada. Correram até as escadas e mergulharam no trem que seguia no sentido oposto. "Isso vai despistá-los", brincou Rusbridger. O clima era de euforia enquanto Rusbridger lia o rascunho da matéria sobre o PRISM.

Essa também foi uma matéria notável. A NSA alegava ter acesso secreto e direto aos sistemas do Google, do Facebook, da Apple e de outras gigantes da internet dos EUA. No âmbito do programa, anteriormente não revelado, analistas foram capazes de coletar o conteúdo de e-mails, históricos de busca, chats ao vivo e transferências de arquivos. O *Guardian* teve acesso a uma apresentação em PowerPoint de 41 slides, classificada como "ultrassecreta", que não poderia ser mostrada mesmo a aliados estrangeiros. Aparentemente, era usada para treinar analistas. O documento informava haver "coleta de dados diretamente dos servidores" de grandes provedores de serviços dos EUA. O Vale do Silício negaria isso veementemente.

À medida que a equipe chegava para trabalhar, na manhã seguinte, ainda havia difíceis decisões editoriais para serem tomadas. Quantos dos slides o *Guardian* deveria publicar, se é que deveria publicar algum? Vários forneciam detalhes de operações de inteligência no exterior nunca divulgadas. Não havia interesse público em sua exposição. Também era importante – de forma legal e também por questão de franqueza – contatar as empresas norte-americanas de tecnologia para saber sua reação. A tarefa foi atribuída a Dominic Rushe, repórter de negócios do *Guardian* dos EUA. E ainda havia a Casa Branca. O PRISM era um segredo ainda maior do que a história que envolvia a Verizon. Quanto aviso prévio deveria ser fornecido à Casa Branca antes da publicação?

Gibson pegou o telefone para outra conversa difícil. Do outro lado da linha estavam Bob Litt e o assessor de imprensa do diretor de inteligência nacional, Shawn Turner; outras agências de segurança foram envolvidas na história. Gibson explicou que essa era mais uma oportunidade para a Casa Branca abordar preocupações específicas sobre a segurança nacional. Perguntaram a ela, em tom jocoso e amigável: "Poderia nos enviar uma cópia da sua matéria para que possamos dar uma olhada para você?" Talvez valesse a tentativa. Gibson respondeu: "Não faremos isso."

Havia problemas com muitos dos slides. A questão era que a cópia da apresentação de PowerPoint em posse do *Guardian* e a da Casa Branca não eram exatamente iguais; as cores eram diferentes. Em um ponto, Gibson comentou: "Eu realmente sinto muito. Só que é inerentemente cômico quando você diz 'caixa roxa'." De um lado a risada do *Guardian*, do outro a perplexidade da Casa Branca. Era mais um episódio de choque de culturas.

Sem surpreender, a NSA foi contra a publicação de qualquer dos slides; a semana ruim da agência estava se transformando em um desastre completo. Gibson, no entanto, insistiu que o *Guardian* deveria divulgar as datas em que Microsoft, Yahoo e outras gigantes da tecnologia aparentemente se inscreveram no agressivo programa PRISM – esse slide era crucial. "Precisamos publicar isso. Esse é o ponto essencial", disse, ressaltando: "Retiramos qualquer aspecto operacional."

Aparentemente, a equipe de Obama ainda não havia compreendido por completo que eles tinham perdido de forma inequívoca o controle sobre um grande lote de material ultrassecreto da NSA. Como Gibson coloca, ao refletir sobre a inflexibilidade das autoridades norte-americanas: "Eu não conseguia entender qual era o 'ou então' em questão." O *Guardian* decidiu que publicaria apenas três dos 41 slides, uma abordagem conservadora. Avisaram à Casa Branca que a história seria publicada às 18 horas. Poucos minutos antes, o *Washington Post*, que estava sentado sobre um material similar, publicou a sua própria versão sobre a história do PRISM. A suspeita imediata era de que alguém dentro da administração tinha avisado o *Post*. No entanto, faltava um elemento crucial no artigo do *Post*: as berrantes negações do Facebook e de outras empresas de serem cúmplices da vigilância da NSA.

No meio da tarde, Gibson, Rusbridger e os outros se reuniram na grande sala de reuniões no final do escritório. A área tinha sido apelidada debochadamente de "Cronut". Uma referência à sede em forma de rosquinha do GCHQ, na Inglaterra, e para a última moda gastronômica do SoHo: cronuts, a mistura de croissant e donut. Vários jovens estagiários liquidavam seus cronuts em uma mesa próxima; estavam escrevendo uma matéria especial. Cronut talvez não fosse o trocadilho mais engraçado do mundo. Mas, nestes tempos febris, ele colou.

O clima estava agitado – duas matérias de enorme repercussão, Snowden ainda em jogo, uma espécie de processo de engajamento com a Casa Branca. Após uma sucessão de longos dias seguidos por noites úmidas, o ambiente de trabalho se assemelhava a um dormitório estudantil zoneado. Caixas de pizza sujas enchiam as mesas; havia copos de papel e outros detritos. Alguém derrubou um cappuccino. Esta foi a deixa para Rusbridger – ele alcançou o jornal mais próximo, começou teatralmente a limpar o café, e declarou: "Estamos literalmente limpando o chão com o *New York Times*."

As revelações de Snowden estavam se tornando um dilúvio. Na sexta-feira de manhã o *Guardian* publicou uma diretiva política presidencial de 18 páginas, datada de outubro de 2012 – o documento que Snowden havia revelado a Poitras. Mostrava que Obama ordenara seus funcionários a elaborar uma lista de potenciais alvos no exterior para uma ofensiva de ciberataques norte-americanos. Como outros programas ultrassecretos, a política tinha sua própria sigla – OCEO, abreviatura em inglês para Operação de Ciberefeitos Ofensivos. A diretiva prometia "capacidades únicas e não convencionais para avançar com os objetivos nacionais dos Estados Unidos em todo o mundo, com pouco ou nenhum alarde ao adversário ou alvo". Os efeitos em potencial, vangloriava-se, variavam "do sutil ao severamente prejudicial".

A história era um duplo constrangimento para a Casa Branca. Primeiro, os EUA haviam reclamado insistentemente de ciberataques invasivos e prejudiciais partidos de Pequim, dirigidos contra a infraestrutura militar norte-americana, o Pentágono e outros alvos. Essas queixas agora pareciam distintamente hipócritas; os EUA estavam fazendo exatamente o mesmo. Segundo, e mais pungente, Obama devia se encontrar mais tarde naquele dia com o presidente chinês Xi Jinping em uma cúpula na Califórnia. Pequim já havia reagido às críticas dos EUA. Altos funcionários alegavam ter "montanhas" de evidências de ciberataques norte-americanos, tão graves quanto os supostamente realizados pelos arrojados hackers chineses.

Conforme o dia se desenrolava, ficava claro que os vazamentos haviam chamado a atenção presidencial. Obama disse que os programas da NSA ajudavam a defender os EUA contra ataques terroristas. Acrescentou que era impossível ter 100 por cento de segurança e 100 por cento de privacidade: "Nós atingimos o equilíbrio certo."

Rusbridger e Gibson assistiam a Obama pela televisão: a imensidão do que o *Guardian* havia iniciado estava dando resultado. Gibson diz: "De repente, ele estava falando sobre nós. Nós sentimos: 'Puta merda.' Agora não tem volta."

Gibson ligou para Hayden novamente para avisá-la que outra história estava a caminho, desta vez sobre o BOUNDLESS INFORMANT. O programa ultrassecreto permite que a NSA mapeie, país por país, a volumosa quantidade de informação que recolhe a partir de redes de computadores e de telefonia. Usando metadados próprios da NSA, a ferramenta fornece um retrato de onde estão concentradas as onipresentes atividades de espionagem da agência – principalmente Irã, Paquistão e Jordânia. Isto veio de um slide contendo um "mapa de calor global" vazado por Snowden. Revelava que, em março de 2013, a agência recolheu avassaladores 97 bilhões de pontos de dados de inteligência a partir de redes de computadores em todo o mundo.

Gibson se lançou em sua rotina legalista, convidando a Casa Branca para se pronunciar sobre suas mais recentes preocupações. "Eu só vou fazer minha parte", disse a Hayden animadamente. Hayden respondeu: "Por favor, não." Desde o NSC, houve, talvez, uma aceitação relutante de que o *Guardian* se comportava de forma responsável. O tom era cordial. Naquela noite, o próprio Inglis ligou. O assunto era o BOUNDLESS INFORMANT. A resposta do vice-chefe da NSA para Gibson foi uma palestra de meia hora sobre como funcionava a internet – um tutorial paternalista. Ainda assim, Gibson observa: "Eles mudaram para uma posição onde tentavam criar um envolvimento conosco."

Como a maioria dos arquivos de Snowden, os documentos sobre o BOUNDLESS INFORMANT eram altamente especializados e nada fáceis de analisar. O plano era publicar mais tarde, na sexta-feira. Com os jornalistas reunidos a sua volta, Rusbridger leu o rascunho da matéria em voz alta, linha por linha.

Ele parou várias vezes.

"Eu não entendi isso muito bem", disse Millar.

Rapidamente perceberam que era necessário mais trabalho. Em Hong Kong, Greenwald partiu em busca de mais documentos que pudessem ajudar. Ele encontrou vários, e a matéria foi então reescrita e publicada na manhã seguinte. Gibson disse que o pessoal não envolvido no caso Snowden estava liberado para folgar o fim de semana. Mas praticamente todos os jornalistas foram para o escritório. Queriam testemunhar o desfecho extraordinário de uma semana extraordinária.

Edward Snowden declarou então sua intenção de ir a público. Propunha revelar sua identidade para o mundo.

7

O homem mais procurado do planeta

Mira Hotel, Nathan Road, Hong Kong
quarta-feira, 5 de junho de 2013

"Se eu fosse um espião chinês, por que não teria voado direto a Pequim? A essa altura poderia estar morando num palácio, afagando uma fênix."

EDWARD SNOWDEN

Eram cerca de 15 horas, quando o *Guardian* publicou as primeiras histórias de Snowden sobre a NSA. Ao regressarem ao quarto de hotel em Hong Kong na manhã seguinte, os três repórteres encontraram o delator em êxtase.

Sua revelação estava sendo transmitida pela CNN, no auge do noticiário. Snowden tinha aumentado o volume da TV. Wolf Blitzer, âncora da CNN, estava sentado diante de um painel de três autoridades: eles discutiam a possível identidade da fonte misteriosa do *Guardian*. Quem era responsável pelos vazamentos? Alguém da Casa Branca, talvez? Um desafeto geral? Era um momento de ligeira ironia. "Foi engraçado vê-los especulando quanto a quem poderia ter feito o vazamento, quando estávamos sentados ao lado dessa pessoa", conta MacAskill.

A reação do público surpreendeu até Snowden. As postagens na internet foram solidamente de apoio; o movimento "Restore the Fourth Amendment" (Restauração da Quarta Emenda), já popular, estava ganhando impulso. A rápida publicação foi boa para seu relacionamento com o *Guardian*: demonstrou a Snowden que o jornal estava agindo de boa-fé. Durante todo o tempo, seu objetivo era instigar o debate; ele sentiu que a história da Verizon estava conseguindo isso, causando um grande furor.

MacAskill ficou imaginando se o delator ficaria presunçoso, empolgado, ou se sentiria o centro dos acontecimentos mundiais. Snowden ficou notavelmente impassível; ouvia à CNN atentamente. Parecia compreender a enormidade do que havia acontecido. A partir dali, não tinha volta. Agora, se retornasse voando para casa, no Havaí, seria detido e preso. A sua vida jamais seria a mesma.

Então, o que viria a seguir, especificamente? O cenário mais provável para ele, segundo calculava, era ser preso em Hong Kong pela polícia chinesa. Haveria uma disputa legal. Possivelmente por alguns meses. Talvez até um ano. Ao fim disso, seria mandado de volta aos EUA. E depois... bem, décadas e décadas na cadeia.

Snowden havia entregado uma quantidade gigantesca de material em pen-drives. Isso incluía não apenas arquivos internos da NSA, mas também material britânico do GCHQ, que teria sido confiado pelos britânicos aos colegas americanos.

"Quantos documentos britânicos há nesses pen-drives?", perguntou MacAskill.

Snowden disse: "Cerca de 50 mil a 60 mil."

Ele refletira durante meses sobre o planejamento de seu acordo com a mídia. Foi minucioso. Quis uma série de condições para entregar o material. Insistiu que os documentos da NSA/GCHQ que revelassem espionagem fossem destinados aos alvos dessa vigilância. Achava que a mídia de Hong Kong deveria ter a informação relativa à espionagem a Hong Kong, o material brasileiro deveria ir à mídia brasileira e assim por diante. Foi categórico nesse ponto. Se, por outro lado, o material caísse em mãos de terceiros, adversários como russos ou chineses, isso o deixaria aberto às acusações de que não passava de um desertor, ou agente estrangeiro, algo que não era verdade.

Snowden estava alerta à possibilidade de que os serviços estrangeiros de inteligência buscariam seus arquivos, e estava determinado a evitar isso. Como espião, uma de suas funções havia sido defender os segredos americanos do ataque dos chineses. Ele sabia da capacidade dos inimigos dos EUA. Snowden deixou claro, repetidamente, que não queria prejudicar as operações americanas de inteligência no exterior.

"Eu tive acesso a listas de qualquer pessoa que trabalhasse para a NSA. Toda a comunidade da inteligência e os recursos de operações sigilosas ao redor do mundo. As localizações de cada estação que nós temos, todas as suas missões... se eu simplesmente quisesse prejudicar os EUA, poderia ter apagado o sistema de vigilância numa tarde. Essa nunca foi a minha intenção", disse.

Colocou as coisas em termos ainda mais intensos quando, em seguida, foi acusado de "traidor" – "Pergunte a você mesmo: se eu fosse um espião chinês, por que não teria voado diretamente para Pequim? A essa altura poderia estar morando num palácio, afagando uma fênix."

Durante os dias de relato em Hong Kong, Snowden disse que os cidadãos de países que reconheciam denúncias e relatos de interesse público tinham o direito de saber o que estava se passando. Queria que o *Guardian* e outros parceiros da mídia filtrassem qualquer coisa que fosse operacional e pudesse prejudicar as atividades legítimas de inteligência. Essas eram suas condições. Todas aceitas.

Precauções técnicas foram tomadas. Os arquivos estavam em cartões de memória. Foram fortemente criptografados, com senhas múltiplas. Não havia ninguém que soubesse todas as senhas para acessar um arquivo.

Os jornalistas americanos freelances abordados por Snowden agora estavam de posse de um imenso tesouro de material secreto. As revelações do WikiLeaks, publicadas pelo *Guardian*, em Londres, em 2010, foram de transmissões diplomáticas e *logs* de guerra do Afeganistão e do Iraque, que vazaram através do soldado americano Chelsea Manning. Alguns – apenas 6 por cento – eram secretos, em um nível relativamente moderado. Os arquivos de Snowden eram de outro nível. Eles eram "altamente secretos" ou mais. Houve, anteriormente, uma deserção melodramática de espiões educados em

Cambridge para a Moscou soviética – Burgess, Maclean e Philby. Mas jamais houve um vazamento de documentos dessa magnitude.

Snowden, geralmente, usava apenas uma camiseta informal em seu quarto, porém, naquela quinta-feira, 6 de junho, Greenwald organizou uma troca. Snowden vestiu uma camisa cinza bem-passada. Trocou sua posição habitual, sentado na cama, para uma cadeira, com um espelho atrás. Isso fez com que o quarto não parecesse tão pequeno e apertado.

Snowden estava prestes a gravar sua primeira entrevista pública. Seria o momento em que se apresentaria ao mundo e confessaria – ou melhor, orgulhosamente assumiria – ser a fonte por trás dos vazamentos da NSA. Disse a Greenwald: "Não tenho intenção alguma de esconder quem sou, porque sei que não fiz nada de errado."

Foi uma atitude contraintuitiva, algo que Snowden analisou por um bom tempo. Seus motivos impressionaram seus parceiros jornalistas. Primeiro, disse a MacAskill que vira de perto o impacto desastroso em colegas de pessoas que vazaram informações e procuraram manter fontes anônimas. Tinha testemunhado as "terríveis consequências de pessoas sob suspeita". Disse que não queria fazer seus colegas passarem por esse calvário.

Segundo, tinha consciência das capacidades técnicas vorazes da NSA; seria apenas uma questão de tempo até que eles o rastreassem. Durante todo o tempo, seu plano era se revelar após as primeiras histórias. No entanto, não significava que Snowden desejasse imitar Chelsea Manning, cuja prisão, em 2010, e o tratamento áspero posterior havia acompanhado atentamente. Snowden disse: "Manning foi um delator clássico. Foi inspirado pelo bem público." Como resultado, Manning enfrentaria a corte marcial em Fort Meade, ao lado da sede da NSA – uma corte que em breve viria a condenar o jovem soldado a 35 anos de prisão.

Snowden deu a entender que Manning havia provado ser impossível que um delator obtivesse um julgamento justo nos EUA. Um longo período encarcerado também impediria o debate público que Snowden queria.

Poitras vinha filmando Snowden desde o primeiro encontro; sua câmera tivera um efeito de imagem congelada nas primeiras interações, mas agora Snowden concordara em falar diretamente para sua lente. Era, segundo suas próprias palavras, "uma fonte virgem". Snowden, anteriormente, evitara qualquer contato com repórteres e a mídia. Até evitava mostrar o rosto no blog da namorada, mas também estava profundamente ciente do quanto estava em jogo. Aceitou que o mais importante seria o veredito do público. Nesse contexto, uma entrevista ajudaria a formular as percepções.

Greenwald sentou-se de frente para Snowden. Ele fazia as perguntas. Como advogado e repórter experiente, Greenwald ficava à vontade com entrevistas televisivas. Mas a postura do entrevistado na tela seria uma incógnita.

Snowden, no entanto, teve um desempenho notável para um novato na mídia, com respostas fluentes e um relato convincente do que o motivara a dar um passo tão radical. Mais importante, parecia eminentemente são.

Quando lhe foi perguntado por que havia decidido ser um delator, Snowden disse que tivera dificuldades dentro do sistema antes de finalmente concluir que não tinha alternativa a não ser sair dele: "Quando se está em uma posição de acesso privilegiado, como um administrador de sistema para esse tipo de agência de inteligência comunitária, você fica exposto a muito mais informação, em escala bem mais ampla do que um funcionário comum."

O que ele vira o "perturbara" profundamente. "Mesmo que não esteja fazendo nada de errado, você está sendo observado e gravado", disse ao *Guardian*. "A capacidade de armazenamento desses sistemas aumenta consistentemente, a cada ano, em tal magnitude que estão chegando ao ponto... de você não precisar ter feito nada de errado. Você pode simplesmente ter caído sob suspeita de alguém, até por um telefonema feito por engano. Então, podem usar esse sistema para rastrear cada decisão que você já tomou, cada amigo com quem já discutiu algo. E atacá-lo com base nesse tipo de suspeita de uma vida inocente, pintando qualquer um no contexto como malfeitor."

Como forma de explicar sua decisão de delatar, com todas as consequências previsíveis pelo restante de sua vida, acrescentou: "Você percebe que esse é o mundo que ajudou a criar e vai piorar a cada próxima geração, que irá estender as capacidades desse tipo de arquitetura de opressão."

MacAskill, que observava atento enquanto Poitras filmava, achou que Snowden se saiu ainda melhor diante da câmera do que pessoalmente.

Para os três jornalistas, aquelas noites e dias em Hong Kong se fundiram: foi uma sucessão de períodos exaustivos de trabalho, movidos a empolgação, adrenalina e paranoia.

No Mira, Poitras logo pôde mostrar a edição de seu vídeo aos outros dois. Tinha transformado a entrevista de Snowden em uma bela tomada de 17 minutos, começando com uma cena da enseada de Hong Kong e um céu aveludado. O título dizia simplesmente: "Delator PRISM." Eles discutiram sobre possíveis cortes e Poitras acabou resumindo a entrevista para 12 minutos e meio, liberando uma segunda entrevista depois.

"Eu me sentia como se tivesse sido jogado no meio de um filme de espionagem", conta MacAskill. Como é que eles poderiam enviar o material com segurança para Nova York e Londres?

Conversando com o editor do *Guardian*, via bate-papo criptografado, MacAskill disse que o grupo precisava de ajuda técnica. David Blishen, editor de sistemas do *Guardian*, era o homem que tinha habilidades que poucos jornalistas possuíam. Ele também compreendia o funcionamento do processo editorial. Durante a investigação do WikiLeaks, Blishen ajudou a coordenar a redação dos nomes de fontes que haviam falado com diplomatas americanos e talvez estivessem em risco, se expostos em países como Afeganistão, Iraque ou Bielorrúsia (esse foi um exercício importante, porém inútil;

no verão de 2011, seis meses depois que as primeiras histórias surgiram sobre as transmissões diplomáticas americanas, Julian Assange liberou a compilação inteira de documentos não formatados).

Blishen foi convocado, seguiu até o aeroporto e chegou a Hong Kong no dia seguinte. Para ele, também, a viagem foi nostálgica. Havia nascido na então colônia, em 1972; seu pai, oficial britânico, estivera alocado ali. Quando MacAskill se reuniu com ele para o café da manhã, os dois falaram sobre os jornais escoceses nos quais ambos haviam trabalhado. “Eu nem imaginava por que estava ali”, disse Blishen. “Ewen não deixou transparecer nada.” Depois, MacAskill disse a Blishen que deixasse seu celular na recepção do hotel e propôs que dessem uma volta. Já do lado de fora, MacAskill lhe deu um cartão de memória e um pequeno chip. O cartão não parecia grande coisa. Embora fosse bem grande, tinha 32 gigabytes.

Blishen precisava transmitir o vídeo de Snowden ao *Guardian*, em Nova York. Mas primeiro assistiu ao vídeo e ficou impressionado: “Ele (Snowden) é bem-articulado. Parecia ter princípios. Com Assange e Manning, as pessoas podiam questionar se eles eram racionais. Ed parecia completamente normal e plausível.” Pegando a versão editada, entrou num táxi e voltou ao seu hotel, no centro.

O motorista perguntou a Blishen, em um tom de inglês cantando: “Quer ver as garotas? São baratas. Muito bonitas. Gosta de garotas asiáticas?”

Blishen precisava ir rapidamente para seu quarto. Deixou clara a sua falta de interesse. O motorista pensou por um momento. Seu rosto se iluminou: “Ah, você gosta de meninos! Meninos! Como eu?” Blishen respondeu, cauteloso: “Eu sou muito chato. Só quero ir para o meu hotel.” O motorista persistiu: “O que você quer fazer no seu hotel?” Embora fossem apenas 19h30, Blishen disse ao motorista que queria dormir. “Fui o passageiro mais monótono que ele já teve.”

De volta ao Lan Kwai Fong Hotel, Blishen passou uma mensagem criptografada para James Ball, do *Guardian*, em Nova York. Ele anexou o vídeo através de uma conexão segura dentro de uma pasta criptografada. Enviou a senha separadamente. O desastre veio a seguir. A equipe do *Guardian* não conseguiu abrir o arquivo. O tempo estava se esgotando. No fim das contas, o arquivo com o vídeo teve que ser reenviado, sem criptografia, e potencialmente exposto aos hackers da NSA, embora através de uma conexão segura. Para alívio de todos, chegou intacto.

Durante todo o tempo, Snowden deixara claro que planejava revelar sua identidade. No entanto, em Nova York, a gravação de Snowden efetivamente falando foi catártica. E tranquilizadora. "Nós ficamos totalmente estarrecidos. E o achamos calmo e plausível. Tudo nele transmitia credibilidade", conta Millar. Quando chegou o momento, com o vídeo pronto para ir ao ar, a atmosfera na redação era profundamente emotiva. "Foi um momento aterrorizante", acrescenta Gibson. A questão editorial permanecia: isso era o certo a fazer? Novamente, Snowden fazia suas próprias escolhas estratégicas – lançando mão de suas cartas, cada vez mais limitadas, à sua maneira.

Havia cinco pessoas na sala, incluindo Rusbridger. O vídeo foi transmitido por volta de 15 horas, horário local. "Foi como a explosão de uma bomba. Há alguns momentos de silêncio depois que uma bomba explode, quando nada acontece", conta Rusbridger. Os monitores de TV eram colocados em canais diferentes; durante quase uma hora, eles transmitiam notícias anteriormente gravadas, do noticiário de domingo. Então, às 16 horas, a história explodiu. Todas as emissoras mostravam a imagem de Snowden. A CNN transmitiu o vídeo na íntegra, com 12 minutos.

Eram 3 horas da madrugada em Hong Kong quando o vídeo foi postado on-line. O Twitter instantaneamente "bombou". Foi a matéria mais vista da história do *Guardian*.

"É algo raro, que uma fonte se mostre em público dessa forma. Então nós sabíamos que seria grandioso", relembra MacAskill. "A coreografia de várias histórias grandes que precederam o vídeo foi algo magnífico."

Em um momento, Snowden era conhecido apenas pelos amigos, por sua família e alguns colegas. Subitamente, tornou-se um fenômeno mundial, não apenas um indivíduo com um farol luminoso para todo o tipo de visões a respeito do Estado, as fronteiras de privacidade e segurança, como também para todas as condições modernas.

Snowden encarou isso tudo com sangue-frio e bom humor. Sentado no quarto 1014, conversava com Greenwald e MacAskill pela internet, e brincava sobre sua aparição e os comentários que provocou on-line. Foi a primeira vez que assistiu ao vídeo (Poitras já lhe enviara, mas ele havia tido problemas com a conexão e não pôde acessá-lo). Havia uma conclusão inescapável: agora a identidade de Snowden estava exposta e ele se tornara o homem mais procurado do planeta.

A caçada já tinha começado. Greenwald, em uma de suas inúmeras entrevistas de TV, havia sido citado pela CNN como "Glenn Greenwald, de Hong Kong" – uma pista bem grande, para todos que assistiam, quanto à localização da fonte do *Guardian*. A mídia chinesa local e os jornalistas internacionais agora estudavam cada enquadramento do vídeo, em busca de pistas. Inicialmente foram enganados pela tomada de abertura de Poitras, que a filmou no Hotel W. Presumiam que Snowden também estivesse lá. Mas um picareta aventureiro usou o Twitter para identificar o Mira, por conta de suas luminárias.

Na segunda-feira, 10 de junho, Snowden estava arrumando suas coisas para deixar o hotel enquanto Poitras o filmava pela última vez. Ela sentia um instinto protetor em relação a ele, já que o conhecia há mais tempo e acreditara nele desde o começo. Deu-lhe um abraço. "Não sabia o que ele planejava naquele momento. Não fazia ideia de qual seria seu próximo passo", conta ela.

Snowden sumiu.

No W Hotel, MacAskill saiu para tomar uma xícara de café e comprar um terno. Tinha levado roupa suficiente para uma missão de dois dias. Uma equipe da CNN o cercou na porta. Quando voltou da Marks and Spencer, encontrou uma cena de caos. Equipes e jornalistas de televisão circulavam pelo lobby. Não apenas isso, mas a gerência disse que agora o hotel estava "cheio" e pediu que fossem embora. Eles escaparam pelo elevador de serviço até um táxi que os aguardava e foram para o Sheraton. Até a noite, os embusteiros já os haviam encontrado novamente. Antes de dormir, MacAskill empilhou cadeiras diante da porta. Isso talvez lhe desse um alerta, caso alguém viesse atrás dele.

Dois dias se passaram. Greenwald, MacAskill e Poitras marcaram o fim da viagem com vinho e queijo no quarto de Poitras, olhando a enseada. MacAskill desmoronou, exausto. Nas primeiras horas da madrugada, Poitras ligou com notícias alarmantes. Snowden tinha enviado uma mensagem dizendo que estava em perigo. Dava pistas de que estava prestes a ser preso e terminou de forma agourenta: "Adeus." MacAskill ligou para os advogados de Snowden, em Hong Kong, que estavam lidando com o caso. Ninguém atendeu. Ligou para a delegacia de polícia. Secretária eletrônica. Duas horas depois, um dos advogados ligou de volta, dizendo que Snowden estava bem. Os detalhes eram vagos, mas parecia que Snowden sobrevivera, por pouco.

Quanto tempo ainda resistiria antes que os EUA o pegassem?

8

Todos os sinais o tempo todo

Bude, norte da Cornualha, Inglaterra
2007 em diante

"Temos os cérebros; eles têm o dinheiro.
É uma colaboração que tem funcionado muito bem."

SIR DAVID OMAND, ex-diretor do GCHQ

Ela pode ser vista a quilômetros de distância, de sua posição no topo da falésia. Espetacularmente exposta no "pé" geográfico da Cornualha, que se projeta Atlântico adentro, a estação de espionagem é impossível de ser escondida. Algumas das antenas parabólicas do gigantesco conjunto possuem trinta metros de diâmetro. Estão dispostas em torno de um domo branco que lembra uma bola de golfe, como objetos votivos postos diante de um deus sem rosto. Uma cerca de alta segurança circunda o complexo. A cada poucos metros há câmeras de vigilância. Uma placa na entrada diz: "GCHQ Bude." Há guardas. Visitantes não são bem-vindos.

Perto do portão frontal está Cleave Crescent, um vilarejo de aparência simplória composto por casas geminadas, cercado por um vale arborizado, com freixos e vários outros tipos de arbustos. Da trilha na costa tem-se uma vista deslumbrante: ondas quebrando violentamente, um mar de cor cinza-aço, e os estratos rochosos irregulares em Lower Sharpnose Point. Há gaivotas e, por vezes, um gavião pairando sobre um promontório castigado pelo vento.

Um dos arquivos mais encantadores retirados por Snowden do repositório da intranet do GCHQ é a resenha de uma viagem para Bude realizada por um grupo de estagiários de espionagem. Eles fizeram um passeio completo. Foram autorizados a espreitar para dentro do domo do radar, subir no disco de uma das maiores antenas, apelidada Ocean Breeze, e examinar minuciosamente as demais. No caminho de volta pararam para um sorvete e molharam os pés no Atlântico. O relato da viagem faz referência ao papel original de Bude – fornecer "Comsat para a máquina da SIGINT". Em outras palavras, alimentar as inteligências britânica e norte-americana com comunicações por satélite interceptadas.

Essa dramática paisagem da costa do Reino Unido há muito tem sido utilizada para vigilância. Oficiais aduaneiros do século XVIII procuravam por contrabandistas. O vigário vitoriano Robert Stephen Hawker construiu para si uma cabana de madeira para poder avistar navios naufragados. Ele e seus paroquianos iam até os penhascos buscar os corpos dos marinheiros afogados. Durante a Segunda Guerra Mundial, uma base militar foi construída, chamada Cleave Camp; há ainda uma casamata fantasmagórica de onde artilheiros a defendiam contra invasões nazistas.

O GCHQ instalou, em um terreno do governo na localidade, um posto no final dos anos 1960, a fim de escutar as ligações de satélites comerciais da estação de Goonhilly Downs na península Lizard, 100 quilômetros estrada abaixo. Goonhilly realizava muito do tráfego telefônico internacional, mas tornou-se obsoleta e fechou em 2008.

No entanto, Bude está agora no centro de um novo projeto secreto altamente ambicioso, desenvolvido pelo governo do Reino Unido. Seus frutos são entregues aos mandachuvas norte-americanos em Londres. O programa é tão delicado que sua exposição por Edward Snowden conduziu oficiais britânicos a acessos de fúria e ansiedade. O sonho desses oficiais é "controlar a internet". Essa expressão usada por eles era ao que Snowden se referia quando contou aos perplexos jornalistas, em Hong Kong, que o GCHQ britânico era pior e mais intrusivo que a própria NSA.

Bude em si é um pequeno balneário, popular entre surfistas e banhistas. Tem um campo de golfe, uma rua principal com lojas que vendem caranguejos frescos, uma piscina ao ar livre e uma loja da

Sainsbury. Mas seu papel mais importante é invisível. No final da estrada está Widemouth Bay. Poucos dos turistas que mergulham em suas águas revigorantes sabem o que a praia esconde: os imensos cabos submarinos de telecomunicações que partem da Costa Leste dos EUA e emergem ali. Eles são chamados de Apollo North, TAT-8, TAT-14 e Yellow/Atlantic Crossing-2, também conhecido como AC-2. Outros cabos transatlânticos chegam a terra perto de Land's End. Com milhares de quilômetros de comprimento, os cabos de fibra ótica são operados por grandes empresas de telecomunicações privadas, muitas vezes em consórcios.

Os pontos de desembarque desses cabos submarinos são tão importantes que o Departamento de Segurança Interna norte-americano os considera como infraestrutura nacional crítica (de acordo com mensagens diplomáticas dos EUA vazadas). No novo mundo das comunicações regidas pela internet, a posição da Grã-Bretanha na ponta oriental do Atlântico a torna um eixo central. Aproximadamente 25 por cento do tráfego mundial da internet hoje atravessa o território britânico por esses cabos, no caminho entre os EUA e a Europa, África e todos os pontos do Oriente. A maior parte do tráfego restante parte ou chega a pontos dentro dos EUA. Então o Reino Unido e os EUA abrigam a maior parcela dos crescentes fluxos de dados do planeta.

Levando em conta seu histórico, não é de surpreender que as duas agências de espionagem quisessem dar um jeito de interceptar informações de todos esses cabos submarinos. Com as mudanças tecnológicas, as duas organizações já haviam captado sucessivamente sinais de rádio, seguidos por feixes de micro-ondas e, por fim, links de satélite. Era então lógico agora buscar um modo de invadir a enxurrada de dados de internet e telefone que viajavam pelos modernos sistemas de fibra ótica.

O Reino Unido do pós-guerra ganhou seu espaço no consórcio de espionagem eletrônica chamado "Cinco Olhos" – ao lado dos EUA, Austrália, Canadá e Nova Zelândia – fornecendo acesso a uma rede mundial de escuta com estações em Chipre, Ceilão, Hong

Kong, África do Sul, Diego Garcia, Ilha de Ascensão e em estados clientes no Oriente Médio, como Omã. Mas, com a perda de seu império, parte de seus privilégios se evaporara.

O Reino Unido também deu aos EUA duas estações de satélites no próprio território britânico – Menwith Hill (conhecido como MHS), no extremo sul de Yorkshire Dales, e Croughton, que lida com as comunicações da CIA. Mas os ingleses sempre o fizeram esperando compensação financeira. Como foi dito com otimismo por sir David Omand, ex-chefe do GCHQ: "Nós temos os cérebros; eles têm o dinheiro."

Graças a Snowden sabemos, ao menos parcialmente, até que ponto essa relação se estende. Entre 2009 e 2012, o governo dos EUA pagou ao GCHQ pelo menos 100 milhões de libras. Em 2009, a NSA deu 22,9 milhões de libras ao GCHQ. No ano seguinte, os pagamentos da NSA subiram para 39,9 milhões de libras. Isso incluía quatro milhões de libras para apoiar o trabalho do GCHQ junto às forças da Otan no Afeganistão e 17,2 milhões para "controlar a internet". A NSA pagou outros 15,5 milhões para a modernização do GCHQ em Bude. O gesto "protegeu o orçamento geral (do GCHQ)", em um momento de austeridade da coalizão formada pelo governo do primeiro-ministro britânico David Cameron. Em 2011/2012, a NSA deu mais 34,7 milhões de libras para o GCHQ.

Autoridades britânicas indicam que as somas são minúsculas. "Em uma aliança de sessenta anos em nada surpreende que haja projetos conjuntos em que recursos e conhecimentos sejam agrupados", diz um porta-voz do Gabinete do Governo britânico. Mas o dinheiro deixa a NSA em posição de poder cobrar por resultados. Em um documento de 2010, o GCHQ reconhece que Fort Meade havia levantado "uma série de questões com relação ao alcance das expectativas mínimas da NSA". E dizia que o GCHQ "ainda permanece aquém dos requisitos da NSA".

O temor de desagradar os EUA está sempre à espreita. Um documento interno avisa: "As demandas da NSA não são estáticas e manter uma relação de 'equiparação' continuará sendo um desafio no futuro próximo." O maior medo do Reino Unido, diz outro documento, é que "o reconhecimento norte-americano da [...] parceria diminua, levando a uma perda de acesso e/ou redução de investimento [...] para o Reino Unido".

Em outras palavras, os britânicos precisavam continuar dando duro e demonstrando seu valor. Tinham apenas um décimo do tamanho de seus parceiros norte-americanos. Se ficassem para trás tecnologicamente, a poderosa NSA poderia cessar seu compartilhamento de inteligência, e a capacidade britânica de lutar em uma categoria acima do seu peso poderia ser vergonhosa.

Foi nesse contexto que o diretor do GCHQ encarregado de "controlar a internet" escreveu o rascunho de um novo projeto britânico, em 19 de maio de 2009. Ele afirmou que a agência vinha lutando com as mudanças na tecnologia: "Está se tornando cada vez mais difícil para o GCHQ adquirir a rica fonte de tráfego necessária para permitir o nosso apoio a parceiros dentro do HMG [Governo de Sua Majestade], nas Forças Armadas e no exterior." Mas uma nova descoberta estava em vista, dizia. Experimentos vinham sendo feitos há dois anos em Bude, e tinham finalmente sido coroados com sucesso.

O problema não era tanto acessar os cabos da internet – tanto os EUA quanto o Reino Unido poderiam fazer isso. Era encontrar um método de leitura e análise da enxurrada de dados dentro dos cabos, uma vez que eles passavam correndo a uma velocidade de ao menos 10 gigabytes por segundo.

O feito do GCHQ foi desenvolver um meio de construir um gigantesco buffer de internet computadorizado. O buffer poderia armazenar o tráfego. Analistas e mineradores de dados seriam então capazes de, retrospectivamente, vasculhar através desse vasto conjunto de material digital. O conteúdo completo, como mensagens de e-mail, poderia ser mantido à disposição por três dias, e os metadados menos volumosos, como contatos de e-mail e linhas de assunto, por até trinta dias. Material desinteressante como downloads de filmes por *torrent* seriam filtrados.

A partir desse resíduo, as agências de espionagem poderiam, com sorte, recolher inteligência utilizável sobre alvos de interesse. O sistema era um análogo gigantesco a um desses serviços de TV que possibilitam que você volte e assista a qualquer transmissão que tenha perdido anteriormente.

Vários dos cabos principais de fibra ótica transatlânticos alcançavam a costa perto de Bude. Portanto, poderiam ser interceptados por um custo relativamente baixo e seus dados desviados por uma curta distância até o RPC-1 – um novo "Centro de Processamento Regional" secretamente construído no local por um consórcio de empresas privadas liderado pela Lockheed Martin, em parceria com a Detica, subsidiária da BAE Systems, e a empresa de software Logica. O processo de extração furtiva de dados tinha sua própria sigla: SSE, abreviatura em inglês de exploração de fonte especial.

Em março de 2010, os analistas da NSA foram autorizados a ter algum acesso preliminar ao projeto Bude, funcionando inicialmente sob codinome TINT, depois batizado TEMPORA. Era descrito como uma "iniciativa conjunta de pesquisa do GCHQ/NSA". De forma única, "permite análise retrospectiva" do tráfego de internet.

Logo o GCHQ começou a se vangloriar de suas grandes realizações. "Estamos começando a 'controlar a internet'. E nossa capacidade atual é bastante impressionante." Um documento falava de 2 bilhões de usuários da internet no mundo, com mais de 400 milhões de usuários regulares do Facebook e um aumento de 600 por cento no tráfego de telefonia móvel comparado com o ano anterior. A agência acredita que era consequência desses desenvolvimentos. Um memorando afirmava que o Reino Unido possuía agora o "maior acesso à internet dos 'Cinco Olhos'".

Mas nem tudo estava perfeito. O memorando observava que prestadores de serviço norte-americanos estavam se mudando para Malásia e Índia, e a NSA estava "comprando imóveis naqueles locais", em uma corrida para manter-se por perto. "Não veremos esse tráfego atravessando o Reino Unido. Oh, céus", disse o autor, sugerindo que deveriam seguir o exemplo e "comprar instalações no exterior".

Mas o tom geral do relatório do GCHQ de meados de 2010 a 2011 era animador. Ele afirmava que, em um período de 24 horas, a agência tinha sido capaz de processar e armazenar "mais de 39 bilhões de eventos", "aumentando a nossa capacidade de produzir inteligência única sobre o uso de internet dos nossos alvos". Aparentemente, isso significava que o GCHQ havia conseguido coletar 39 bilhões de peças de informação em um único dia.

A NSA ficou impressionada com os esforços britânicos. Um relatório de 2011, chamado "Atividade de Colaboração Conjunta", dizia que o Reino Unido agora "produzia quantidades maiores de metadados que a NSA". Em maio de 2012, foi relatado que um segundo centro de buffering de internet havia sido construído em Cheltenham, dentro do vasto e moderno complexo circular a que seu pessoal de 6 mil funcionários geralmente se referia como "o donut". Um terceiro centro de processamento no exterior também foi planejado e construído com sucesso em um local no Oriente Médio. Todo o programa era capaz de coletar "uma enorme quantidade de dados!". Usando o TEMPORA, mais de "trezentos analistas do GCHQ e 250 da NSA" agora tinham acesso a "enormes quantidades de dados para apoiar sua missão de descobrir alvos".

Arquivos de Snowden mostram o quão próximo estava o pessoal das inteligências britânica e norte-americana. Enquanto trabalhava para a CIA, em Genebra, o próprio Snowden havia visitado Croughton, a base de comunicações da CIA localizada 50 quilômetros ao norte de Oxford, na rústica Northamptonshire. Escrevendo como TheTrueHOOHA, Snowden disse que ficou impressionado com o grande número de ovelhas pastando nos campos verdejantes das proximidades – uma clássica cena inglesa.

A NSA tinha seu braço operacional dentro do GCHQ em Cheltenham desde os anos 1950, assim como em Londres; funcionários do GCHQ trabalham no MHS. Com algum aviso prévio, outros funcionários do GCHQ de Cheltenham podem visitar o posto avançado norte-americano fortemente protegido.

A NSA mantém um alto oficial de ligação, conhecido como SUSLO, junto à comunidade de inteligência do Reino Unido; seu homólogo britânico operando em Washington sob cobertura diplomática é chamado SUKLO. Empregados do GCHQ em cargos menores estão distribuídos por praticamente todas as instalações da NSA; eles são chamados de "integrees". Há até mesmo um funcionário do GCHQ na base tropical da NSA no Havaí, onde trabalhou Snowden.

Normalmente, todo funcionário do GCHQ passa pelo menos uma temporada em uma instalação da NSA. A agência oferece um útil glossário da vida norte-americana para os britânicos, que fornece dicas sobre aluguel de carros e assinala diferenças no vocabulário dos dois países. Há reuniões conjuntas, cursos de formação, visitas de intercâmbio, oficinas de criptografia e jantares comemorativos. E, suspeita-se – apesar dos documentos de Snowden não dizerem nada sobre isso –, que existam improváveis romances interagências.

Este acordo de troca de informações remonta a 1947 e tem sido uma história de sucesso. Um documento fala de "outro bom exemplo da NSA e do GCHQ trabalhando bem juntos". A parceria anglo-americana SIGINT é muitas vezes próxima, em um nível pessoal, benéfica para ambas as partes e historicamente duradoura. Você pode chamá-la de casamento.

Os arquivos, por sua vez, oferecem uma visão rara do mundo de clausura da espionagem britânica. Os salários do pessoal do GCHQ podem ser baixos, mas a organização oferece aos seus linguistas e matemáticos muitas atividades de lazer: noites de quiz em pubs, vendas de bolos, viagens de Paris para a Disney e uma revista de quebra-cabeças interna chamado *Kryptos*. Ainda tem o seu próprio site de rede social, Spyspace. A principal desvantagem de uma carreira no GCHQ é a localização provincial da agência. "Esteja preparado para encontrar Gloucestershire em um mapa", diz um guia de recrutamento do GCHQ.

Um aspecto particularmente delicado do TEMPORA é o papel secreto representado por empresas de telecomunicações que possuem ou administram os cabos de fibra ótica. O GCHQ as chama de "parceiras de interceptação", com as quais a ligação é tratada por "equipes confidenciais de relacionamento". Entre essas parceiras estão algumas das principais empresas do mundo. A British Telecom, mais importante aliada de interceptação, recebeu o codinome "REMEDY", a Verizon Business "DACRON", e a Vodafone Cable "GERONTIC". Quatro provedores menores também têm codinomes. Em 2009, a Global Crossing era "PINNAGE", a Level 3 "LITTLE", a Viatel "VITREOUS" e a Interoute "STREETCAR".

Estas empresas ajudam a interceptar a maior parte dos links por cabo que chegam ao Reino Unido. Têm pontos de desembarque britânicos em Lowestoft, Pevensey Bay, Holyhead (que liga o Reino Unido à República da Irlanda), Whitesands Bay, Goonhilly e outras cidades do litoral.

Os nomes das empresas levam uma classificação superior a "ultrassecreto", como "Strap 2 ECI" – "informações excepcionalmente controladas". Sua exposição, presumivelmente, pode levar à insatisfação de seus clientes. Um documento vazado alerta para potenciais "consequências políticas de alto nível", caso a identidade das empresas se tornasse pública. Fontes de inteligência salientam que as empresas não têm escolha. Como nos EUA, elas podem alegar que foram obrigadas por lei.

Graças a essa cooperação empresarial, pelas quais as empresas de telecomunicações recebem substanciosas compensações financeiras pagas pelo contribuinte britânico, o GCHQ estava lidando com 600 milhões de "eventos telefônicos" por dia em 2012. Tinha acessado mais de duzentos cabos de fibra ótica que chegam ao Reino Unido. Era capaz de processar dados de pelo menos 46 deles ao mesmo tempo. Esta é uma quantidade realmente enorme – mais de 21 petabytes por dia –, o equivalente a enviar toda a informação contida na British Library 192 vezes a cada 24 horas.

No entanto, dentro do GCHQ ainda há o temor de que a organização fique para trás. Uma das equipes responsáveis pela gestão do TEMPORA estabelece a forma como a "missão" da agência cresceu.

Novas técnicas haviam dado ao GCHQ acesso a uma enorme quantidade de novos dados ou "luz" – e-mails, telefonemas e conversas do Skype. "Ao longo dos últimos cinco anos, o acesso do GCHQ à 'luz' teve um aumento de 7.000 por cento." A quantidade de material a ser analisado e processado aumentou em 3.000 por cento, dizia o documento – um número surpreendente. A agência estava "desbravando novos caminhos", mas também lutando para se manter. "A complexidade de nossa missão evoluiu ao ponto da capacidade de gestão existente não ser mais apta para o propósito."

Uma resenha interna para 2011/2012 também adverte: "Os dois principais riscos tecnológicos que o GCHQ terá de enfrentar no próximo ano são a propagação de criptografia generalizada na internet e a explosão no uso de smartphones como dispositivos de internet móvel. Ao longo do tempo, essas tecnologias podem ter um efeito significativo sobre nossa técnica de trabalho corrente."

A agência prevê que, até 2015, 90 por cento de todo o tráfego de internet virá de telefones celulares. Já havia 100 milhões de smartphones em todo o mundo em 2012. O celular era o "produto de consumo mais prolífico já inventado". O GCHQ estava lançando um novo projeto para "explorar dispositivos móveis", dizia o documento. Significava "passar a obter inteligência a partir de todas as funcionalidades extras que iPhones e BlackBerrys oferecem". A finalidade do GCHQ era "explorar qualquer telefone, em qualquer lugar, a qualquer hora".

O TEMPORA e projetos conexos podiam ser impressionantes. Mas ao inventá-los, as agências de espionagem dos EUA e do Reino Unido pareciam alheias a um panorama mais amplo: agora o Estado estava recolhendo indiscriminadamente comunicações de milhões de pessoas, sem seu conhecimento ou consentimento.

Em um passado remoto, espiões britânicos ligavam prendedores tipo jacaré em fios de cobre para escutar telefonemas de ladrões e bandidos ou terroristas republicanos irlandeses. Eram alvos únicos aprovados em mandados ministeriais individuais; bandidos identificáveis. Agora, porém, a NSA e o GCHQ estavam interceptando dados de todos em uma escala gigantesca. Isso incluía dados de uma maioria de pessoas totalmente inocente.

Oficiais britânicos insistem que não têm analistas suficientes para peneirar toda essa correspondência privada. Um deles contou ao *Guardian*: "A grande maioria dos dados é descartada sem ser olhada [...] simplesmente não temos os recursos." Complementou: "Se você acha que estamos lendo milhões de e-mails, a verdade é que não estamos. Não há nenhuma intenção em usar todo esse programa para olhar para o tráfego doméstico do Reino Unido – britânicos falando uns com os outros." O chefe do GCHQ, sir Ian Lobban, repete publicamente a analogia favorita dos espiões de um "grande palheiro de dados" contendo agulhas.

Palheiro este que, é claro, consiste nas comunicações de britânicos e estrangeiros. Varreduras em massa do GCHQ incluíam, entre outras coisas, o conteúdo de cabos que ligam centros de dados internacionais pertencentes ao Google e ao Yahoo e passam pelo território britânico.

Os espiões britânicos citam a obscura legislação do Reino Unido, datada de 2000, que permite o recolhimento de informações estrangeiras sem restrições. Dizem que a RIPA (Regulation of Investigatory Powers Act – Lei de Regulamentação de Poderes Investigatórios) lhes permite coletar em massa todas as comunicações de internet "externas". "Fazemos malabarismo para cumprir com seu espírito ao pé da letra", disse um deles. A interpretação, segundo alguns distorcida, da palavra "externas" faz com que do seu âmbito faça parte qualquer coisa interceptada de um cabo que tenha pelo menos uma extremidade ligada no exterior. Devido à forma como os links de internet funcionam, isso quer dizer que qualquer pessoa no Reino Unido, ao enviar um e-mail, muitas vezes está também conversando com o GCHQ. Não é algo que o cliente pagante comum, que assina os serviços da British Telecom e do Google, vá encontrar no seu contrato, mesmo nas letras mais miúdas.

Tanto britânicos quanto norte-americanos podem realizar pesquisas secretas dentro desse "palheiro" de dados em massa, por padrões de comportamento, por "encadeamento de contatos" de grupos de amigos e por indivíduos-alvo. Cartas secretas assinadas por secretários do exterior britânicos – a primeira do trabalhista David Miliband, de 2009, e depois do conservador William Hague – aparentemente autorizam consultas feitas com o objetivo de investigar intenções políticas estrangeiras, proliferação nuclear, terrorismo, criminalidade financeira grave e o "bem-estar econômico" do Reino Unido. Como isso é fiscalizado? Os advogados do governo vêm demonstrando que no caso britânico a palavra "terrorismo" é capaz de ser interpretada de forma muito ampla.

O pessoal do GCHQ se gaba quando tem sucesso no fornecimento de informações valiosas a seus parceiros dos EUA. Segundo eles, isso ocorreu em pelo menos duas ocasiões recentes: a primeira envolvia Umar Farouk Abdulmutallab, que em 2009 tentou explodir um avião com destino a Detroit carregando um artefato explosivo costurado em sua roupa de baixo. O segundo ocorreu cinco meses depois, quando Faizal Shahzad, um cidadão norte-americano de 30 anos de idade, nascido no Paquistão, tentou explodir um carro na Times Square, em Nova York.

A NSA ficou "contente" com as "contribuições únicas" do GCHQ contra as tentativas de atentado a norte-americanos. Não há nenhuma pista do quão precisas foram essas contribuições. Da sua parte, a NSA ajudou o GCHQ na investigação que se seguiu às devastadoras atrocidades de 7 de julho de 2005, em Londres. Aquele foi o pior ataque em Londres desde a Segunda Guerra Mundial. Quatro homens-bomba explodiram três trens do metrô e um ônibus, matando 52 pessoas.

Rotineiramente, o GCHQ nega a realização de espionagem contra cidadãos norte-americanos em nome da NSA, o que contornaria a regra dos "Cinco Olhos" de não espionagem mútua. E a NSA nega fornecer o mesmo favor aos britânicos no que se trata de coletar informações sobre cidadãos do Reino Unido.

Infelizmente, os documentos de Snowden parecem desmentir tais afirmações. Ele desenterrou memorandos da NSA de 2005 a 2007 que dão a entender que, por vezes, as duas agências têm como alvo os cidadãos do lado oposto do Atlântico. A NSA tem permissão de incluir britânicos em sua bases de dados de vigilância em massa "se for para o bem de ambas as nações". Além disso, há um procedimento detalhado no qual a NSA espiona cidadãos britânicos sem qualquer consentimento das autoridades do Reino Unido. "Em certas circunstâncias, pode ser aconselhável e permitido direcionar a atenção para pessoas e comunicações do aliado, de forma unilateral, quando for melhor para os EUA e necessário para a sua segurança nacional."

Então a alegação dos "Cinco Olhos" de que seus parceiros cavalheirescamente não se espionam uns aos outros parece simplesmente uma falácia. A ousadia dos informantes e dos jornalistas envolvidos em todas essas revelações consternadoras, e o subsequente alvoroço internacional, fizeram com que os mestres da espionagem de ambos os lados do Atlântico se enfurecessem. O próprio Snowden, Glenn Greenwald e os repórteres britânicos do *Guardian* em Londres estavam prestes a descobrir e a sentir os efeitos dessa raiva.

9

Você já se divertiu

Escritório do *Guardian*, Kings Place, Londres
Junho de 2013

"Dê-me a liberdade de saber, expressar e argumentar livremente, segundo a consciência, acima de todas as liberdades."

JOHN MILTON, *Areopagitica*

No terceiro andar da Kings Place, geralmente silencioso, um faxineiro desvia seu aspirador de pó de um grupo reunido em volta de um computador. Estava ocupado, cantarolando em espanhol ao passar, e pareceu não perceber a inquietação à sua frente.

Sob os olhos do vice-editor, Paul Johnson, um processo dolorosamente lento de organização e formatação estava se desenrolando ao longo da noite, não no trabalho habitual on-line, do *Guardian*, mas em um imenso HD externo LaCie, cor de laranja, um dos poucos itens não usados na área, capaz de armazenar uma enormidade de gigabytes. O conteúdo era de Snowden – milhares de documentos vazados e altamente secretos, fortemente criptografados.

Isso incluía mais de 50 mil arquivos pertencentes à inteligência britânica. O GCHQ tinha aparentemente exportado os arquivos para os EUA, permitindo que eles caíssem nas mãos desse terceirizado americano. Mas um dos motivos do nervosismo de Johnson era estar de posse desses documentos no Reino Unido, o que representava problemas legais assustadores.

O atual escritório do *Guardian*, em suas elegantes instalações envidraçadas, dá poucas pistas sobre sua origem não conformista, em Manchester, nos idos de 1821. Mas no saguão tem o busto de uma figura barbuda formidável; trata-se de C.P. Scott, lendário editor do jornal durante 57 anos e meio. Sua famosa máxima, "o comentário é livre, mas os fatos são sagrados", ainda é o princípio base do *Guardian*.

Inspirado pela determinação e firmeza de C.P. Scott, Alan Rusbridger, editor-chefe do jornal, já havia lidado com grandes vazamentos no passado, dos quais o WikiLeaks havia sido o mais recente e famoso. Mas esse era algo sem precedentes.

Jornalistas britânicos não desfrutam da mesma proteção a liberdade de expressão da qual gozam seus colegas americanos. Também há um forte entendimento cultural nos EUA quanto ao jornalismo possuir uma função-chave na sociedade. Embora isso eventualmente leve a um comportamento pré-concebido, também possibilitou a tradição de investigações que começou no Watergate, quando dois jovens jornalistas do *Washington Post* derrubaram o então presidente Nixon durante os anos 1970.

A Inglaterra, por outro lado, tem uma cultura repressiva de estado de sigilo. No exato momento em que Woodward e Bernstein estavam sendo aclamados em Washington por suas revelações sobre o Watergate, alguns jovens jornalistas escreviam no Reino Unido um artigo chamado "Os espiões". O artigo relatava pela primeira vez a mera existência do GCHQ como uma agência britânica de espionagem por rádio. Eles foram imediatamente presos e condenados no tribunal Old Bailey, sob o Official Secrets Act (Ato de Segredos Oficiais). Um deles, um cidadão americano chamado Mark Hosenball, foi deportado sem direito a julgamento, considerado uma "ameaça à segurança nacional britânica". Diante dessa história, o desafio de publicar documentos altamente secretos do GCHQ, em um jornal britânico, era algo de muito peso.

O Official Secrets Act foi aprovado em meio aos temores da espionagem alemã, em 1911, e atualizado em 1989, tornando o vazamento de informações da inteligência crime para funcionários britânicos. Mas a lei também tem cláusulas que potencialmente incriminam os jornalistas. O editor do *Guardian* poderia ser acusado, segundo elas, caso publicasse ou tentasse publicar os documentos da inteligência que chegaram às suas mãos através de Snowden e caso tal revelação fosse julgada "prejudicial". O único argumento de defesa seria o artigo publicado não ser de fato prejudicial, ou, ao menos, não intencionalmente. Portanto, uma investida da polícia já podia estar na esquina.

A simples posse dos arquivos de Snowden em Londres também poderia levar a uma ordem de prisão se o governo britânico soubesse da sua existência. Os arquivos eram, sem dúvida, altamente confidenciais e, embora fosse improvável que revelassem agentes disfarçados, ao estilo James Bond, certamente pertenciam ao governo. A segurança nacional estava em risco.

Sob a lei de confiança do Reino Unido, um juiz poderia ser persuadido a conceder ao governo uma medida cautelar, banindo qualquer publicação de tal material e exigindo a devolução dos arquivos. O jornal poderia recorrer judicialmente, alegando que o que estava sendo revelado era de interesse público. Contudo, na melhor das hipóteses, o caso envolveria Rusbridger em uma longa, incerta e custosa batalha judicial. Enquanto isso, o jornal ficaria impossibilitado de veicular qualquer conteúdo dos documentos. Uma medida cautelar seria, portanto, um desastre jornalístico.

No dia seguinte, refletindo junto com o proeminente jurista especializado em mídia Gavin Millar, Rusbridger considerou todas as suas opções legais. O caminho cem por cento seguro passaria por destruir, de vez, todos os arquivos do Reino Unido. Uma alternativa segura seria entregar os arquivos a um político de segurança e pedir a investigação de seu conteúdo – o destinatário óbvio seria o ex-secretário de assuntos estrangeiros, o conservador Malcolm Rifkind. Ele presidia o notoriamente fraco Comitê de Inteligência e Segurança Parlamentar, que supostamente deveria supervisionar órgãos como o GCHQ. Rifkind provavelmente devolveria os arquivos aos próprios espiões sem que nem sequer fossem lidos.

O conselho de Millar era uma coisa. Mas Rusbridger tinha de levar em conta as suas obrigações em relação a Snowden. Ele "tinha arriscado a própria vida para lançar mão desse troço", era o que sentia o editor. Além disso, tinha dado o material ao *Guardian* porque acreditava que o Congresso não era confiável. Os tribunais especiais americanos que lidavam com questões de espionagem se reuniam secretamente. Somente um jornal poderia começar o debate que ele queria. E isso não poderia acontecer se o público permanecesse desavisado em relação à extensão da vigilância do Estado, isenta de qualquer suspeita.

"De todos os dilemas éticos jornalísticos que se pode ter na vida, esse parecia um dos maiores", contou Rusbridger. Decidiu pedir a alguns funcionários de confiança que fizessem um estudo detalhado dos arquivos. O conjunto era de difícil manuseio. Alguns documentos eram obviamente delicados. Mas a maioria era confusa e corporativa: PowerPoints, slides de treinamento, relatórios gerenciais, diagramas de programas de extração de dados. Muito daquilo era obscuro, embora estivesse evidente que as capacidades técnicas do GCHQ e sua ambição desviada fossem muito expressivas. E que o "relacionamento especial" entre o GCHQ e sua organização parceira, a NSA, era surpreendentemente profundo.

A equipe do *Guardian* montou uma "pequena sala de guerra" e foi severa quanto à segurança. Um guarda foi posicionado no corredor, 24 horas por dia, para verificar identidades de uma lista bem limitada. Todos os telefones foram proibidos: uma fileira de BlackBerrys e smartphones ficava numa mesa do lado de fora, com post-its amarelos, com os nomes de seus donos. As janelas do bunker foram cobertas com papel. Todos os computadores eram novos. Nenhum deles jamais havia sido ligado à internet, ou a qualquer outra rede – precaução contra invasão ou ataques. Deveriam ficar isolados até o fim.

Múltiplas senhas eram necessárias para se logar; nenhum membro da equipe sabia mais de uma senha. O trabalho era escrito e salvo em pen-drives; nada entrava na rede. Em um canto, o ar-condicionado zunia baixinho. Também havia um triturador de papel. Sem luz natural e estritamente proibido ao pessoal de limpeza, o bunker logo se tornou abafado e com cheiro de bolor. "Aqui dentro o cheiro é igual ao do quarto de um garoto adolescente", disse um visitante. Em um quadro branco, havia um memorando de Rusbridger: "Edward

Snowden abordou o *Guardian* porque diz que as pessoas não fazem ideia da extensão daquilo que ele interpreta como estado de vigilância. Argumenta que a tecnologia ultrapassou a lei ou a capacidade de qualquer um – cidadãos, tribunais, imprensa ou Congresso – de ter uma visão significativa do que está acontecendo. Por isso estamos com esses documentos." O memorando acrescentava: "Devemos procurar material relevante para essas questões, que são de grande importância para o público. Não estamos engajados numa expedição de pesca."

A equipe que estava averiguando o material de Snowden era composta por jornalistas de alta confiança, incluindo Nick Hopkins, editor de defesa e segurança do *Guardian*, James Ball, editor de dados, e os veteranos Nick Davies e Julian Borger, que ficavam entre Londres e Nova York. Greenwald, no Brasil, era o repórter principal. MacAskill atuava nos EUA.

Ter o material era uma coisa, dar sentido a ele era outra. Em princípio, os repórteres não faziam a menor ideia do que significava "Strap 1" e "Strap 2". Só depois perceberam que essas classificações iam além de sigilo máximo. Greenwald tinha dado a MacAskill uma dica útil: procure por um programa chamado TEMPORA. Um dia a equipe ficou até meia-noite, regressando no dia seguinte às oito da manhã. O processo ficou mais fácil quando o TEMPORA os levou ao "Wiki" interno do GCHQ, que Snowden havia salvado. Estava praticamente todo escrito em inglês comum.

Logo a equipe descobriu os codinomes dos programas da NSA/GCHQ – SAMUEL PEPYS, BIG PIGGY, BAD WOLF. Os primeiros estágios de análise dos documentos foram pesados. "Os documentos eram seriamente técnicos, fantasticamente tediosos e profundamente brilhantes", contou Hopkins, que gritava: "O que significa QFD?" Alguém respondia: "Query-Focused Database" (consulta de banco de dados com foco). E o que é um "portador de 10gps?" Ou MUTANT BROTH? MUSCULAR? EGOTISTICAL GIRAFEE? E assim por diante.

Um dos primeiros choques revelados foi o fato de que o GCHQ havia grampeado chefes de Estado durante as duas últimas conferências do G20 realizadas em Londres, em 2009. O premiê Gordon Brown e o secretário de assuntos exteriores, David Miliband, aparentemente haviam autorizado a espionagem.

A agência havia montado falsos cafés locais, equipados com internet e programas com chaves de login. Isso permitiu que o GCHQ roubasse senhas dos membros da delegação para utilizá-las depois. O GCHQ também invadiu seus BlackBerrys para monitorar e-mails e ligações telefônicas. Uma equipe de 45 analistas acompanhava todas as conexões de quem ligava para quem durante a conferência. O ministro das Finanças da Turquia e outros 15 membros de sua delegação estavam entre os alvos. Isso obviamente não tinha absolutamente nada a ver com terrorismo.

O momento da descoberta do *Guardian* foi excitante. David Cameron estava prestes a ser anfitrião de mais uma conferência dos países do G8, às pitorescas margens do Lough Erne, nordeste irlandês. Os presidentes Obama e Putin estavam indo, além de outros chefes de Estado. Será que o GCHQ também iria grampeá-los?

Temendo uma medida cautelar a qualquer momento, Paul Johnson decidiu se apressar com uma edição para circular pelas ruas britânicas. No domingo, 16 de junho, ele rodou duzentos exemplares especiais no começo da noite. Mais trinta mil exemplares foram impressos às 21h15. Isso dificultaria que algum juiz expedisse uma ordem de "Parem as máquinas!", evitando a distribuição. Eles chegariam tarde demais.

Naquela noite, o telefone de Rusbridger tocou. Era Andrew Vallance, vice-marechal aposentado. Vallance administrava o sistema ímpar britânico "D-Notice", através do qual o governo discretamente desencorajava a mídia quanto à publicação de histórias que supostamente ameaçavam a segurança nacional.

Em 1993, como parte de uma tentativa de atuar com mais transparência, elas foram rebatizadas de Defence Advisory (DA) *notices* – notificações do Conselho de Defesa. Essa mudança pretendia refletir sobre o fato de que era uma decisão voluntária buscar o conselho do governo. "Voluntárias" ou não, as DA *notices* geralmente amortecem a cobertura da mídia. Vallance já tinha expedido uma notificação de "privativo e confidencial", não somente ao *Guardian*, mas também à BBC, à Sky e a outros veículos do Reino Unido. Em nome do GCHQ, as DA desencorajara-os a seguir o furo jornalístico sobre o PRISM, originalmente publicado pelo *Guardian EUA*. A mídia britânica concordou amplamente e mal cobriu a história. Agora ele deixava clara a sua preocupação, porque o *Guardian* não o consultara antes de contar ao mundo sobre a bisbilhotagem ao G20.

Era o início de uma batalha entre o governo britânico e o *Guardian*. Desde que o conservador David Cameron se tornara primeiro-ministro, em 2010, Rusbridger não chegara a passar meia hora com ele. "Não era um relacionamento amistoso ou construtivo", contou. Já no ano seguinte, enquanto Cameron era anfitrião dos líderes do G8, em Lough Erne, seu assessor de imprensa, Craig Oliver, escapou e ligou para Rusbridger. Com Oliver, um ex-editor da BBC, também estava sir Kim Darroch, diplomata sênior e consultor de segurança nacional do governo.

Fungando – ele estava gripado –, Oliver disse que a história do *Guardian* sobre o G20 colocava a segurança nacional "em risco não autorizado". Disse que os funcionários do governo estavam descontentes com as revelações sobre o G20 e alguns queriam colocar Rusbridger na cadeia. "Mas não faremos isso." Rusbridger disse que o *Guardian* estava lidando com o material do vazamento de Snowden com responsabilidade. Seu foco não se limitava a operações ou nomes, mas aos limites entre a segurança e a privacidade. Acrescentou que o jornal estava disposto a se engajar com a Downing Street em histórias futuras e ouvir quaisquer preocupações específicas quanto à segurança.

A matéria sobre o TEMPORA, a respeito dos feitos britânicos quanto à "Exploração Global das Telecomunicações", já estava a caminho. Como Rusbridger sabia, isso talvez provocasse ainda mais problemas para os espiões britânicos. Ele propôs a Oliver fazer uma conferência telefônica, na qual o *Guardian* detalharia antecipadamente a história do TEMPORA. O objetivo era evitar verdadeiros prejuízos à segurança nacional – e uma medida cautelar. Gibson utilizara a mesma abordagem nos EUA, ao lidar com a Casa Branca, e

Rusbridger teve um diálogo semelhante com o Departamento de Estado norte-americano, em 2010, antes da publicação de alguns textos do WikiLeaks. Oliver concordou que o governo queria uma "conversa delicada". Mas ao ser indagado quanto a possíveis injunções, recusou-se a dar qualquer garantia, dizendo vagamente: "Bem, se a história é grandiosa..."

O *Guardian* foi em frente e contou a sir Kim Darroch, consultor de segurança nacional, sobre o TEMPORA. Dois dias depois, o governo veio com uma resposta formal. Oliver disse, lamentoso: "As coisas estão se desenrolando em ritmo muito lento." Disse que o primeiro-ministro só ficara sabendo sobre Snowden recentemente, depois que Putin e outros convidados haviam partido. E que estava "preocupado". Oliver acrescentou: "Estamos trabalhando com a suposição de que você tem um bocado de material."

O resultado foi uma visita pessoal do emissário mais nobre de Cameron, o secretário de gabinete, sir Jeremy Heywood. Esse alto funcionário já havia sido consultor de três primeiros-ministros e três chanceleres. Confiante, urbano e inteligente, Heywood havia se formado em Oxford e Harvard e costumava ter tudo a seu modo.

Em um perfil de 2012, o *Mirror* descrevera Heywood como "a figura não eleita mais poderosa do Reino Unido... e você nunca terá ouvido falar dele". Heywood morava em grande estilo, em Clapham, sul de Londres (onde estava construindo uma adega e uma academia). Nick Pearce, ex-chefe da unidade de políticas de Downing Street, disse ao *Mirror* em tom brincalhão: "Se nós tivéssemos uma Constituição escrita nesse país, ela teria que dizer algo do tipo: 'Apesar do fato de que Jeremy Heywood sempre estará no centro do poder, somos cidadãos livres e iguais.'"

Foi um precedente infeliz a utilização de secretários de gabinete nesse tipo de missão. Em 1986, a então primeira-ministra Margaret Thatcher despachou sir Robert Armstrong para a Austrália, numa vã tentativa legal de conter os vazamentos da inteligência. O MI5 estava tentando impedir a publicação de *Spycatcher*, um livro de memórias de Peter Wright, um descontente ex-oficial da instituição.

No livro, Wright alegava que sir Roger Hollis, ex-diretor-geral do MI5, havia sido espião soviético e que o MI5 havia "grampeado e roubado", em seu caminho por Londres, fazendo escutas clandestinas em conferências na Comunidade Britânica. Houve ecos de que o GCHQ grampeara o G20.

A ação de Thatcher foi um fiasco. Armstrong foi ridicularizado, no mínimo por sua frase pretensiosa de que servidores civis às vezes "eram econômicos com a verdade". O livro de memórias de Wright vendeu centenas de milhares de cópias ao redor do mundo, no rastro dessa publicidade.

Às 8h30 de sexta-feira, 21 de junho, Heywood chegou ao escritório do *Guardian*, em Kings Place. "Ele estava claramente irritado", contou Johnson. O primeiro-ministro, seu vice, Nick Clegg, o secretário de assuntos exteriores, William Hague, o procurador-geral da República, além de outros do governo "estavam muito preocupados", disse sir Jeremy. (A referência ao , mas aiamm, Dominic Grieve, foi intencional; era ele quem decidiria qualquer acusação relativa ao Official Secrets Act.)

Heywood queria garantias de que as localizações das tropas no Afeganistão não fossem reveladas, nem "nossos agentes sob disfarce". "Certamente", concordou Rusbridger. O governo estava "grato" ao *Guardian* pela maneira sensata com que procedera até então, disse Heywood, mas publicações adicionais poderiam ajudar pedófilos e pôr em perigo os agentes MI5.

O editor disse que as revelações do *Guardian* sobre vigilância predominavam nos noticiários nos EUA e tinham acendido a centelha para um grande debate. Estavam todos preocupados, de Al Gore a Glenn Beck, de Mitt Romney à American Civil Liberties Union (ACLU – União Americana pelas Liberdades Civis). Tim Berners-Lee, fundador da internet, e Jim Sensenbrenner, congressista que elaborou o Patriot Act, também apoiavam. Até o presidente Barack Obama disse que acolhia o debate. "Esperamos que você tenha a mesma visão de Obama. É um bom debate", disse Rusbridger. Heywood respondeu: "Você já teve seu debate. O debate é tempestuoso. Vocês não precisam publicar mais matérias. Não podemos ter esse material caindo em domínio público em doses homeopáticas."

Ele deixou em aberto a ameaça de uma ação legal contra o *Guardian*. Disse que agora estava por conta do procurador-geral e da polícia decidirem se levariam as coisas "adiante". "Vocês estão de posse de material roubado", enfatizou.

Rusbridger explicou que a ação britânica seria inútil. Agora, o material de Snowden já existia fora da jurisdição britânica. Ele já ouvira falar de Greenwald? Greenwald morava no Brasil. Se o *Guardian* fosse reprimido, ele certamente se demitiria para prosseguir publicando. Heywood: "O primeiro-ministro se preocupa mais com o *Guardian* do que com um blogueiro americano. Vocês deveriam se sentir lisonjeados porque o primeiro-ministro os considera importantes."

O *Guardian* agora era alvo de poderes estrangeiros, prosseguiu ele. Talvez fosse infiltrado por agentes chineses. "Você sabe quantos funcionários chineses há em sua equipe?" Ele gesticulou para os flats modernos, visíveis da janela, do outro lado do Regent's Canal. O *Guardian* fica num cruzamento movimentado: de um lado, as estações King's Cross e St. Pancras; entre elas, um antigo pátio, que logo será a nova sede europeia do Google. No canal há barcas, galeirões e galinhas-d'água. Heywood apontou para os flats do outro lado e disse: "Eu me pergunto, onde está seu pessoal?" Era impossível dizer se estava brincando.

Nos bastidores, muita gente parecia estar furiosa com o *Guardian* e querendo tomar atitudes extremas. "E o que você sabe sobre Snowden? Muita gente no governo acredita que o jornal deveria ser fechado e que os chineses estão por trás disso."

Rusbridger respondeu que o material altamente secreto do GCHQ já estava compartilhado com... bem, milhares de americanos. Afinal, não havia sido o *Guardian* a espalhar o vazamento, mas os parceiros transatlânticos do GCHQ. Heywood revirou os olhos, como quem dizia: "Nem me fale." Mas insistiu que os procedimentos de veto do próprio Reino Unidos fossem rigorosos. "Escrever sobre isso não é de interesse público. Todo esse conteúdo é analisado pelo parlamento. Estamos pedindo que dominem seu entusiasmo."

Rusbridger educadamente lembrou sir Jeremy dos princípios básicos da liberdade de imprensa. Frisou que há mais de quarenta anos argumentos semelhantes haviam causado grandes batalhas entre o *New York Times* e os documentos do Pentágono. Os funcionários americanos afirmaram que era papel do Congresso debater a conduta da Guerra do Vietnã, não do Quarto Poder. O *NYT* havia publicado, de qualquer maneira. "Acha que agora é errado publicar?", Rusbridger perguntou ao alto funcionário.

O encontro foi inconclusivo. Para o governo, ele provou que o *Guardian* era obstinado. Para o *Guardian*, mostrou o que o governo estava disposto a provocar nos bastidores: tentar impedir o debate. As acusações de Heywood – vocês estão ajudando pedófilos e assim por diante – eram, por natureza, improváveis. E como ficaria claro mais tarde, o governo britânico não estava, de fato, tão ávido para utilizar todos os seus poderes legais draconianos. O motivo era provavelmente simples: eles temiam que Snowden e Greenwald tivessem algum tipo de política bombástica de segurança. Se o HMG (Her Majesty's Government – Governo de Sua Majestade) chamasse a polícia, talvez cada um dos documentos fosse mostrado on-line, ao estilo do WikiLeaks.

Oliver Robbins, posteriormente, deu pistas sobre o pensamento do governo ao dizer que, "contanto que o jornal demonstrasse colaboração, o engajamento era a melhor estratégia". Como compensação ao *Guardian* por ter um diálogo sobre uma história futura, os dois homens ofereceram instruções de alto nível. Depois dessas instruções, o *Guardian* publicou a história sobre o TEMPORA com algumas modificações.

A matéria foi ao ar no website do *Guardian* às 17h28. A reação foi instantânea. Houve uma onda de indignação pública. Um comentário dizia: "Quem deu a eles (GCHQ) permissão para nos espionar e entregar nossas informações particulares a um governo estrangeiro sem o nosso consentimento?"

Nick Hopkins, editor investigativo do *Guardian*, tinha contato com as agências de inteligência como parte de suas tarefas habituais. Após as revelações sobre o TEMPORA, Hopkins sugeriu uma reunião pacífica com um funcionário do GCHQ, para arejar as coisas. Ele respondeu: "Preferiria arrancar meus olhos a ser visto com você." Hopkins retrucou: "Se fizer isso, não vai poder ler nosso próximo furo." Outro funcionário do GCHQ sugeriu, com ironia, que ele deveria considerar a emigração para a Austrália.

Os jornalistas temiam que, se o jornal continuasse a publicar, talvez se envolvessem em sérios problemas legais. "Achei que, em algum momento, essa história ficaria impossível para nós", conta Rusbridger. Era preciso alguma estratégia política.

Em 2010, o *Guardian* fizera uma parceria bem-sucedida com o *New York Times* e outros veículos internacionais, incluindo o *Der Spiegel*, da Alemanha, para relatar o vazamento de conteúdo americano secreto no WikiLeaks.

Havia vantagens semelhantes na parceria de agora, principalmente com os americanos. O *Guardian* poderia se beneficiar da proteção da primeira emenda. E, se necessário, transferir a operação inteira para Nova York, onde a maior parte das histórias já vinha sendo escrita sob o comando de Gibson.

Rubsbridger entrou em contato com Paul Steiger, fundador do ProPublica, um website de notícias independente. O ProPublica, sem fins lucrativos, era conhecido pelo rigor; sua sala de imprensa havia ganhado dois prêmios Pulitzer. Uma pequena seleção de documentos altamente criptografados foi enviada a ele, via FedEx. O método simples, de pouca tecnologia, provou ser imperceptível e perfeitamente seguro. Jeff Larson, repórter de tecnologia do ProPublica, ingressou no bunker de Londres. Formado em ciência da computação, Larson entendia do assunto. Usando diagramas, ele conseguiu explicar os programas complexos de extração de dados da NSA – tarefa nada fácil.

Rusbridger vinha desenvolvendo um diálogo com Jill Abramson, editora-executiva do *New York Times*. Rusbridger conhecera seu predecessor, Bill Keller, e tinha um relacionamento amistoso com Abramson. Foi uma conversa estranha. Teoricamente, o *NYT* e o *Guardian* eram rivais. O *Guardian* acabara de invadir o território americano, tradicionalmente do *NYT*, ao publicar uma série de furos de alta importância sobre segurança nacional. Fazendo justiça ao *NYT*, prosseguira com a história da NSA, produzindo um conteúdo próprio notável.

Será que o *New York Times* estaria preparado para uma parceria com o *Guardian*, em relação aos arquivos de Snowden? Rusbridger disse com franqueza a Abramson que esse era um conteúdo extremamente quente. Não havia garantias de que o *NYT* pudesse ver o material. Haveria condições rigorosas quanto a sua utilização. "A temperatura (aqui no Reino Unido) está subindo", disse. Assim como ocorreu na parceria com o WikiLeaks, ambos os lados poderiam se beneficiar do acordo: o *NYT* tinha um pen-drive; o *Guardian* tinha a primeira emenda. Abramson concordou.

O que Snowden acharia desse acordo? Era improvável que ficasse satisfeito. Snowden tinha repetidamente censurado o *New York Times*. O jornal, segundo sua impressão, era próximo demais do poder americano.

No entanto, a alternativa era pior. O *Guardian* estava numa saia justa; a qualquer momento, a polícia poderia subir a escada e tomar o material de Snowden. Inevitavelmente, os especialistas fariam perícias detalhadas no disco rígido. O resultado poderia fortalecer a investigação criminal americana contra Snowden, a fonte.

Duas semanas se passaram, com o *Guardian* prosseguindo nas publicações. Para os que estavam no bunker, foi um período de muito estresse. Não podiam falar com amigos ou colegas, somente com os que pertenciam ao círculo de confiança. Então, na sexta-feira, 12 de julho, Heywood reapareceu, acompanhado por Craig Oliver, que estava usando uma camisa rosa de listrinhas. A mensagem era que o *Guardian* deveria devolver os arquivos do GCHQ; o clima no governo aparentemente estava endurecendo, embora não estivesse mais bem-informado. "Estamos bem cientes do que vocês possuem", disse sir Jeremy. "Acreditamos que vocês devam ter cerca de trinta ou quarenta documentos. Estamos preocupados com a segurança deles."

Rusbridger disse: "Vocês tem consciência de que há uma cópia (dos documentos) nos EUA?" Heywood: "Podemos fazer isso de forma agradável, ou podemos recorrer à lei." Então, Rusbridger sugeriu, com aparente descontração, que o GCHQ mandasse especialistas técnicos ao *Guardian* para dar consultoria quanto ao manuseio do material. E, possivelmente, em breve, quanto à sua destruição. Ele deixou claro que o *Guardian* não tinha intenção de entregar os arquivos. "Ainda estamos trabalhando com eles", disse. Heywood e Oliver disseram que pensariam a respeito durante o fim de semana, mas queriam que Rusbridger reconsiderasse sua recusa em devolver o material.

Duas noites depois, Rusbridger estava tranquilamente tomando uma cerveja no Crown, um pub vitoriano perto do jornal, em Islington. Recebeu uma mensagem de texto de Craig Oliver, assessor de imprensa do premiê. Será que o editor tinha organizado uma reunião com Oliver Robbins, consultor de segurança nacional de Cameron?

"JH (Heywood) está preocupado quanto a você não concordar com a reunião que ele sugeriu."

Rusbridger ficou confuso. Ele respondeu com a mensagem: "Sobre medidas de segurança?"

Oliver: "Quanto à devolução do material."

Rusbridger: "Achei que ele tivesse sugerido um encontro sobre medidas de segurança, não?"

Oliver: "Não. Está sendo bem claro. A reunião é sobre a devolução do material."

Aparentemente, algo havia mudado durante o fim de semana. Rusbridger disse ao assessor de imprensa que não houvera acordo em devolver os arquivos de Snowden.

Oliver foi direto: "Você já se divertiu. Agora está na hora de devolvê-los."

Rusbridger respondeu: "Obviamente estamos falando de reuniões diferentes. Não foi esse o combinado. Se vocês mudaram de ideia, tudo bem."

Oliver então partiu para uma tacada pesada: "Se vocês não devolverem os arquivos, nós teremos que conversar com 'outras pessoas' essa noite..."

A conversa deixou Rusbridger pasmo. Desde a primeira história de Snowden, seis semanas antes, Downing Street havia tratado o vazamento sem urgência – geralmente levando alguns dias para responder. Era um atraso burocrático que beirava a indolência. Agora queriam uma resolução em algumas horas. "Nós simplesmente pensamos 'Ai, meu Deus!'", contou uma pessoa do círculo interno. Era possível que o serviço de segurança tivesse detectado uma ameaça eminente de algum governo inimigo. Ou que os "segurocratas" tivessem ficado exasperados. Ou que Cameron tinha dado uma ordem para que lidassem com a questão.

Na manhã seguinte, Robbins ligou. Robbins, com 38 anos, desfrutara de uma ascensão meteórica – Oxford, o Tesouro, principal secretário particular de Tony Blair, diretor de inteligência do Gabinete. Anunciou que "agora acabou". Os ministros precisavam de garantias urgentes de que os arquivos de Snowden haviam sido "destruídos". Disse que os técnicos do GCHQ também queriam inspecionar os arquivos para apurar sua "trajetória": ver se haviam sido interceptados por terceiros.

Rusbridger repetiu: "Isso não faz sentido. Está nas mãos dos EUA. Nós prosseguiremos relatando de lá. Vocês vão perder qualquer senso de controle das condições. Não terão esse diálogo com as organizações americanas de notícias." E então, perguntou: "Está dizendo explicitamente que se não fizermos isso vocês vão fechar nosso jornal?"

"É o que estou dizendo", concordou Robbins.

Naquela tarde, Jill Abramson, do *New York Times*, e Dean Baquet, seu diretor editorial, entraram no escritório do *Guardian*, em Londres.

O *Guardian* tinha 14 condições, apresentadas numa folha de papel A4, para a parceria. Eles estipularam que os dois jornais trabalhariam juntos com o material; Rusbridger sabia que a sala de imprensa do *NYT* incluía repórteres com profundo conhecimento de questões de segurança nacional. "Esse cara é a nossa fonte. Acho que vocês devem tratá-lo como sua fonte", disse Rusbridger. Acrescentou que nem Snowden, nem Greenwald eram exatamente fãs do *NYT*. Jornalistas britânicos se deslocariam para lá, para trabalhar lado a lado com seus colegas de redação. Abramson deu um sorriso de esguelha. Ela concordou com as condições.

Mais tarde, Abramson e Baquet chegaram ao aeroporto de Heathrow para pegar um voo de volta para casa. Funcionários da segurança os chamaram de lado. Seria uma interceptação aleatória? Ou estariam eles à procura dos arquivos do GCHQ? Não os encontraram. Os documentos já haviam sido enviados ao outro lado do Atlântico.

O próprio Rusbridger deveria partir para seu habitual "grupo de piano" de verão, em Lot Valley, região central da França. Recentemente havia publicado um livro intitulado *Play it Again*, um relato de como havia combinado seus deveres difíceis de editor, a história do WikiLeaks, com o aprendizado da "Balada 1", trabalho mais difícil de Chopin. Depois de se consultar com Johnson, Rusbridger decidiu que deveria ir, apesar de todos os dramas. Ele embarcou num trem da Eurostar rumo a Bordeaux. Em princípio, era difícil se concentrar na música. Mas, pouco depois, havia mergulhado totalmente em Debussy.

Enquanto trabalhava em sua técnica de piano, os acontecimentos em Londres tomavam um rumo que Rusbridger mais tarde descreveria como um dos episódios mais estranhos na longa história do *Guardian*. Robbins reapareceu. "Ele foi claramente educado, agindo com boas maneiras. Não havia agressão óbvia", conta Johnson. Mas o funcionário disse que o governo queria tomar os computadores do *Guardian* e submetê-los a uma análise pericial. Johnson recusou. Ele citou um dever para com Snowden e os jornalistas do *Guardian*. O vice-editor ofereceu outro meio de prosseguir: para evitar que o jornal fosse fechado, o *Guardian* destruiria seus próprios computadores da "sala de guerra" sob a tutela do GCHQ. Robbins concordou. Foi uma paródia de ludismo: homens foram enviados para destruir as máquinas.

Na sexta-feira, 19 de julho, dois homens do GCHQ fizeram uma visita ao *Guardian*. Seus nomes eram "Ian" e "Chris". Eles se reuniram com Sheila Fitzsimons, executiva do *Guardian*. O Kremlin, aparentemente, usava técnicas vindas diretamente das páginas de James Bond, Ian disse a ela: "Vocês têm copinhos plásticos na mesa. Copos plásticos podem ser transformados em microfones. Os russos podem enviar um facho de laser através de sua janela e transformá-los em um dispositivo de escuta." O *Guardian* apelidou o par de hobbits.

Dois dias depois, os hobbits voltaram. Dessa vez, com Robbins e uma funcionária civil formidável, chamada Kata. Ian, o mais experiente dos dois, era baixo, animado e estava de camisa e calça justa. Seu sotaque lembrava o sul de Gales. Chris era mais alto e mais taciturno. Eles carregavam uma imensa mochila misteriosa. Nenhum dos dois havia estado com os jornalistas – essa era uma nova experiência para eles. Em circunstâncias habituais, confraternização com a mídia era algo proibido.

Ian explicou como teria invadido a sala de guerra secreta do *Guardian*: "Eu teria dado 5 libras para o guarda e feito com que ele instalasse um teclado pirata. Operadores o teriam pegado de volta. Nós teríamos visto tudo que vocês faziam." (O plano fazia muitas suposições malucas e otimistas.) Diante disso, Kata balançou a cabeça: aparentemente, a contribuição de Ian não tinha sido bem-vinda.

Ian então perguntou: "Podemos dar uma olhada nos documentos?" Johnson disse que ele não podia.

Em seguida, a equipe do GCHQ abriu a mochila. Dentro havia algo grande, que parecia um forno de micro-ondas. Esse estranho objeto era um desmagnetizador. Seu propósito era destruir campos magnéticos apagando discos rígidos e dados. A companhia de eletrônicos Thales os fabricava. (Os desmagnetizadores *degaussers* ganharam esse nome por conta de Carl Friedrich Gauss, que batizou a unidade de magnetismo de Gauss.)

O par não era tanto o policial malvado e o policial bonzinho; estava mais para o policial malvado e o policial calado.

Ian: "Vocês vão precisar de um desses."

Johnson: "Nós compraremos nosso próprio desmagnetizador, obrigado."

Ian: "Não, não comprarão. Custa 30 mil libras."

Johnson: "Certo. Então, provavelmente não compraremos."

O *Guardian* concordou em comprar todo o restante que a agência de espionagem recomendou: trituradores, um torno, máscaras. "Haverá muita fumaça e fogo", alertou Ian, com um ar sombrio de deleite: "Nós podemos cancelar os helicópteros pretos agora..."

Ao meio-dia de sábado, dia 20 de julho, os hobbits voltaram. Eles se juntaram a Johnson, Blishen e Fitzsimons em um porão de concreto sem janelas, três pavimentos abaixo. A sala estava desocupada, mas repleta de relíquias de uma era passada do jornal: máquinas de linotipos para a tipografia das páginas, usadas durante os anos 1970, e letras imensas que diziam "The Guardian", que um dia haviam adornado o velho escritório do jornal, em Farringdon Road.

De jeans e camiseta, a equipe de três funcionários do *Guardian*, liderada por Ian, alternou turnos para destruir os computadores: quadrados pretos, placas, chips. Foi um trabalho suarento. Logo havia centelhas e labaredas. E muita poeira.

Ian lamentou que, por conta das revelações do GCHQ, ele não poderia mais contar sua piada favorita. Ian costumava ir a feiras de graduação tentando atrair candidatos a uma carreira de espionagem no governo. Concluía seu discurso dizendo: "Se você quer levar isso adiante, ligue para sua mãe e conte a ela. Nós faremos o resto!" Agora, reclamava que o escritório de imprensa da agência havia proibido a brincadeira.

Enquanto a destruição prosseguia, Ian revelou que era matemático – e um matemático excepcional. Ele disse que setecentas pessoas haviam se inscrito no ano em que ingressou no GCHQ; cem tinham sido entrevistadas e somente três foram contratadas. "Você deve ser bem inteligente", frisou Fitzsimons. "Algumas pessoas dizem isso", respondeu Ian. Chris revirou os olhos. Os dois homens do GCHQ tiraram fotos com seus iPhones. Quando o quebra-quebra finalmente terminou, os jornalistas colocaram mais alguns componentes no desmagnetizador, como crianças pequenas colocando peças moduladas em uma caixa. Todos recuaram. Ian se inclinou à frente e ficou observando. Nada aconteceu. Nada, ainda. Então, finalmente, um estouro.

Aquilo havia levado 3 horas. Os dados haviam sido destruídos, além do alcance de espiões russos com lasers trigonométricos. Os hobbits estavam satisfeitos. Blishen se sentia saudoso. "Havia algo que vínhamos protegendo. E tinha sido totalmente destruído", conta ele. Os agentes e a equipe do *Guardian* apertaram as mãos; Ian saiu rapidamente (estava com um pouco de pressa, porque tinha um casamento no dia seguinte). Os hobbits obviamente não vinham a Londres com frequência. Partiram carregando sacolas de compras: presentes para suas famílias.

"Foi uma situação extremamente bizarra", Johnson conta. O governo britânico havia forçado um grande jornal a destruir seus próprios computadores. Esse momento extraordinário era meio pantomima, meio Stasi. Mas ainda não era o ápice da mão pesada oficial britânica. Isso ainda estava por vir.

Aos 22 anos, Snowden participou de um ensaio fotográfico amador como modelo. Ele postou algumas das fotos no blog de tecnologia Ars Technica. Era um prolífico contribuidor do site, fornecendo opiniões sobre jogos, garotas, o Japão e sua desastrosa experiência no serviço militar.

Ed Snowden aparentando estar relaxado e alegre em seu quarto de hotel, em Hong Kong. Ele havia acabado de realizar o mais significativo vazamento de inteligência da história dos EUA (e do Reino Unido), revelando programas governamentais de vigilância em massa previamente desconhecidos.

Snowden revelou sua identidade em uma entrevista filmada por Laura Poitras. Para alguém desacostumado com a mídia, ele passou uma impressão calma e marcante. É a peça jornalística mais vista da história do *Guardian*.

Snowden descreveu sua vida no Havaí como um "paraíso". Ele e sua namorada de longa data, Lindsay Mills, viviam nesta casa. Ela parecia não ter nenhuma ciência dos seus planos de vazar segredos da NSA; em seu blog, Snowden é citado como 'E'.

James Clapper, diretor de inteligência encarregado das agências de espionagem dos EUA. Em março de 2013, foi acusado de mentir para o Congresso. Perguntado se o governo coletava dados de cidadãos comuns norte-americanos, afirmou: "Não, senhor. Não intencionalmente."

General Keith Alexander, da NSA, o chefe de espionagem mais poderoso da história. As revelações de Snowden forçaram Alexander a defender as práticas de vigilância em massa da agência e os controversos hábitos de espionar aliados, como a chanceler alemã Angela Merkel. © *Guardian*

Os três jornalistas que encontraram Snowden em Hong Kong, exaustos, mas de bom humor, após uma série de furos. Da esquerda para a direita: o repórter do *Guardian* Ewen MacAskill, o colunista norte-americano Glenn Greenwald e a documentarista Laura Poitras. © David Blishen/*Guardian*

Alan Rusbridger, editor-chefe do *Guardian*, segurando um pedaço de um dos laptops do jornal destruídos por ordem do governo britânico. Rusbridger teve que enfrentar ataques hostis de membros do Parlamento britânico por ter publicado os arquivos de Snowden. Um deles chegou a lhe perguntar: "Você ama o seu país?"
© Graeme Robertson/*Guardian*

Glenn Greenwald com seu companheiro, o brasileiro David Miranda, que se tornou o centro das atenções num episódio da saga de Snowden, quando a polícia britânica o deteve no aeroporto de Heathrow graças a um uso controverso das leis antiterrorismo. Ele carregava cópias criptografadas dos arquivos de Snowden.
© Janine Gibson/*Guardian*

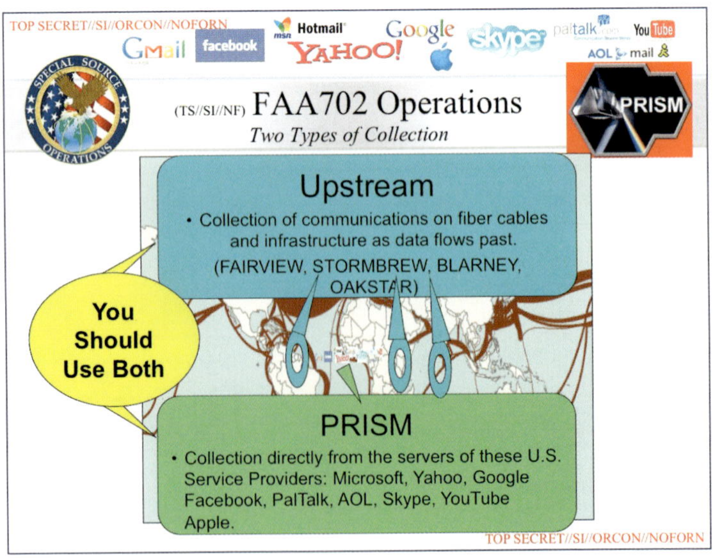

O programa ultrassecreto da NSA chamado PRISM deu origem a um furor. Um slide de uma das apresentações de PowerPoint usadas dizia que a agência tinha "acesso direto" aos servidores de gigantes do Vale do Silício. Google, Yahoo e Facebook se irritaram, e todas as empresas contestaram a alegação. Mais tarde, se descobriu que a NSA havia hackeado centros de dados do Google e do Yahoo.
© *Guardian*

Saindo das sombras: os três principais chefes de inteligência do Reino Unido prestam depoimento pela primeira vez ao Comitê de Segurança e Inteligência do Parlamento. São eles: Andrew Parker (MI5), sir John Sawers (MI6) e sir Iain Lobban (GCHQ).

Exclusive

The whistleblower

I can't allow the US government to destroy privacy and basic liberties

theguardian

guardian.co.uk

- **Edward Snowden, 29, emerges from hiding in Hong Kong**
- **IT contractor says his concerns were ignored and he had to go public**

Glenn Greenwald and Ewen MacAskill Hong Kong **Julian Borger**

The whistleblower behind the most significant US intelligence leak in modern times broke cover last night, saying he had decided to leave his position as a National Security Agency (NSA) contractor because he believed its unconstrained collection of electronic intelligence was destroying civil liberties and creating the conditions for tyranny.

course of a normal person's career, you'd only see one or two of these instances," Snowden said. "I certainly had the authorities to wiretap anyone: you, your accountant, a federal judge, even the president if I had a personal email."

He argued that NSA surveillance was not being effectively constrained by administration policy and would continue to grow as the technology improved.

Snowden warned that if there was no greater awareness of what US intelligence was doing and not much greater oversight, the "surveillance state" would outrun the

PRISM

He also sounded a warning to other nations that the US intelligence establishment does not view international treaties as binding constraints on its operations. "Even our agreements with other sovereign governments, we consider that to be a stipulation of policy rather than a stipulation of law," he said. "And because of that, a new leader will be elected, they'll say that because of the 'crisis', some new and unpredicted threat, we need more authority, we need more power."

He insisted his intention was not to harm US security and pointed out that he had access to a huge amount of information that could have crippled US intelligence collection, but had not given it away. He said that he had raised his concerns at work, but they had been shrugged off, so he felt he had little choice but to go public.

Booz Allen is one of America's biggest security contractors and a significant part of the revolving door between the intelligence establishment and the private sector. The director of national intelligence,

O *Guardian* publicou sua primeira matéria sobre o vazamento de Snowden no dia 5 de junho de 2013. Ela revelava que a companhia telefônica norte-americana Verizon havia fornecido secretamente à NSA dados de seus consumidores. Cinco dias depois, Snowden deu as caras pela primeira vez, do seu esconderijo em Hong Kong – aparecendo em uma primeira página memorável.

Após mais de um mês preso no aeroporto de Sheremetyevo, em Moscou, o governo russo concedeu a Snowden um ano de asilo. Essa foto o mostra em um passeio no rio Moscou, com os domos dourados da Catedral de Cristo Salvador ao fundo.

Em outubro de 2013, quatro informantes norte-americanos visitaram Snowden em Moscou. Eles foram levados em uma van com vidros escuros até um local desconhecido. Lá, se encontraram com um Snowden bem-humorado e em paz com sua decisão de vazar dezenas de milhares de segredos anglo-americanos. Da esquerda para a direita: Coleen Rowley, Thomas Drake, Jesselyn Radack, a jornalista do WikiLeaks Sarah Harrison e Ray McGovern.

Em um dos episódios mais bizarros da história do jornalismo, o governo britânico obrigou o *Guardian* a destruir seus próprios computadores, sob a supervisão de dois técnicos do GCHQ.

No meio do caminho entre Baltimore e Washington, a sede da NSA forma é um enorme complexo de espionagem, com domos de radar, antenas parabólicas e uma grade de segurança. A agência está envolvida em sua maior crise desde os anos 1970.

É impossível disfarçar a estação de espionagem britânica no norte da Cornualha. Foi aqui que os espiões dos EUA e do Reino Unido começaram os testes do TEMPORA, programa ultrassecreto que buscava "controlar a internet". Ele permite que analistas capturem em armazenem bilhões de e-mails particulares e de metadados.
© Getty

Sir Jeremy Heywood, poderoso secretário do gabinete do primeiro-ministro britânico, David Cameron, que o incumbiu da missão de convencer o *Guardian* a entregar o material em posse de Snowden. O secretário de imprensa de Cameron, Craig Oliver, disse ao jornal: "Vocês já se divertiram."
© Steve Back

Cressida Dick, comissária adjunta da Scotland Yard em Londres. No final de 2013, Dick confirmou que estava investigando se alguém havia cometido crime com a divulgação do material. O Reino Unido parece ser o único país do mundo disposto a criminalizar a cobertura jornalística do caso Snowden.
© Getty

10

Não seja mau

Vale do Silício, Califórnia
Verão de 2013

"A menos que tenham consciência, eles nunca vão se rebelar."

GEORGE ORWELL, *1984*

Era um comercial icônico. Para promover o lançamento do Macintosh em 1984, Steve Jobs criou um anúncio que cativaria o mundo. Ele pegava o tema do celebrado romance distópico de George Orwell, reformulando-o – com a Apple no papel de Winston Smith. Sua empresa audaz lutando contra a tirania do Grande Irmão.

Como Walter Isaacson relata na biografia de Jobs, o fundador da Apple era um filho da contracultura. Praticou zen-budismo, fumou maconha, andava descalço e corria atrás de dietas vegetarianas da moda. Ele encarnava a "fusão do *flower power* e do poder do processador". Mesmo a Apple tendo se transformado em uma empresa de bilhões de dólares, Jobs continuava a se identificar com os pioneiros da computação subversivos e de cabelos longos – hackers, piratas, geeks e loucos que fizeram o futuro possível.

Ridley Scott, famoso por *Blade Runner*, dirigiu o comercial. Ele mostra o Grande Irmão projetado em uma tela, dirigindo-se a fileiras de trabalhadores carecas, sem personalidade e usando uniformes idênticos. Desse pesadelo cinzento emerge uma jovem atraente. Ela usa um short laranja e um top branco. Está carregando um martelo! Uma tropa de choque corre atrás dela. Enquanto o Grande Irmão anuncia "Venceremos", a heroína lança o martelo contra ele. A tela explode em chamas incandescentes, deixando os trabalhadores boquiabertos. Uma voz suave anuncia: "Em 24 de janeiro, a Apple

Computer apresentará o Macintosh. E você verá por que 1984 não será como *1984*."

O anúncio de 60 segundos foi exibido para cerca de 100 milhões de americanos, durante o *Super Bowl*, e depois foi aclamado como um dos melhores de todos os tempos. Isaacson escreve: "Inicialmente, tecnólogos e hippies não se davam muito bem. Muitos participantes da contracultura enxergavam os computadores como algo sinistro e orwelliano, um pedaço do Pentágono e da cultura de poder."

O comercial afirmava o contrário – que os computadores eram legais, revolucionários e ferramentas de poder, instrumentos de autoexpressão. O Macintosh era uma forma de afirmar a liberdade contra um Estado que tudo vê.

Quase trinta anos mais tarde, após a morte de Jobs em 2011, um analista da NSA veio com uma réplica debochada. Ele preparou uma apresentação ultrassecreta e, para ilustrar o slide de abertura, usou algumas imagens do comercial de Jobs – uma do Grande Irmão e outra da heroína loira de short laranja e martelo.

Abaixo do título "Serviços de Localização iPhone", ele escreveu: "Quem diria em 1984..."

O slide seguinte mostrava o falecido Jobs segurando um iPhone.

"... que este seria o Grande Irmão..."

Um terceiro slide mostrava multidões de consumidores comemorando a compra do iPhone 4; um fã tinha o nome do aparelho escrito em sua bochecha. O analista concluía o raciocínio com a frase:

"... e os zumbis seriam consumidores pagantes."

Os zumbis eram o público, que não sabia que o iPhone fornecia à agência novas capacidades de espionagem para além da imaginação do Grande Irmão original. Os "consumidores pagantes" haviam se tornado a população submissa da obra de Orwell.

Para quem acreditava que a era digital seria uma época de expressão criativa e *flower power*, a apresentação representava um choque e um insulto à visão de Steve Jobs. Ela jogava no lixo todo o espírito hippie. A identidade desse analista da NSA é desconhecida. Mas sua visão parecia refletir o pensamento de uma agência que, no rescaldo do 11 de Setembro, se tornou arrogante e irresponsável. Snowden chamava a NSA de "autocertificadora". No debate sobre quem mandava na internet, a NSA fornecia uma resposta desanimadora: "Nós mandamos."

A apresentação em PowerPoint, fornecida a Poitras e publicada pela revista alemã *Der Spiegel*, mostrava que a NSA havia desenvolvido técnicas para hackear iPhones. A agência mobilizou equipes especializadas para trabalhar também em outros sistemas operacionais, como o Android. O BlackBerry, anteriormente considerado como o dispositivo inexpugnável preferido dos assessores da Casa Branca, também fora alvo. A NSA pode interceptar fotos e mensagens de voz. Pode hackear Facebook, Google Earth e Yahoo Messenger. Particularmente úteis são os dados de geolocalização, que apontam onde um alvo esteve e quando. A agência recolhe bilhões de registros diariamente mostrando a localização de usuários de telefonia móvel em todo o mundo. Ela peneira esses dados – usando poderosas ferramentas de análise – para descobrir "coviajantes": parceiros previamente desconhecidos associados a um alvo.

Outro programa secreto tinha um logotipo que remetia ao clássico álbum dos anos 1970, *Dark Side of the Moon*, do Pink Floyd. Um triângulo branco dividia um feixe de luz em um espectro colorido. O nome do programa era PRISM. Snowden vazou uma apresentação em PowerPoint de 41 slides explicando a função do PRISM.

Um slide enfatizava as datas em que empresas de tecnologia do Vale do Silício haviam assumido o compromisso de se tornar parceiras corporativas da agência de espionagem. A primeira a fornecer material ao PRISM foi a Microsoft. A data era 11 de setembro de 2007. Exatos seis anos após o 11 de Setembro. Em seguida, vieram Yahoo (março de 2008) e Google (janeiro de 2009). Depois, Facebook (junho de 2009), PalTalk (dezembro de 2009), YouTube (setembro de 2010), Skype (fevereiro de 2011) e AOL (março de 2011). Por razões desconhecidas, a Apple resistiu por cinco anos. Foi a última grande empresa de tecnologia a se inscrever. Ela se juntou em outubro de 2012 – exatamente um ano após a morte de Jobs.

O programa ultrassecreto PRISM permite que a comunidade de inteligência dos EUA tenha acesso a uma grande quantidade de informações digitais – e-mails, postagens do Facebook e mensagens instantâneas. A lógica é que o PRISM é necessário para rastrear terroristas estrangeiros que vivem fora os EUA. O programa de coleta de dados evidentemente não exige mandados individuais. Em vez disso, juízes federais dão ampla aprovação ao PRISM sob a FISA. No momento em que Snowden revelou a existência do PRISM, pelo menos nove empresas de tecnologia estavam associadas ao programa. (Os slides da apresentação mostram que o Dropbox estava programado para se juntar; o Twitter não era mencionado.)

A questão mais delicada e controversa é a forma como a NSA acessa esses dados pessoais. Um slide-chave afirma que o dado é coletado "diretamente dos servidores" de nove prestadores de serviços dos EUA: Google, Yahoo, entre outros.

Em Hong Kong, Snowden havia sido categórico em apontar que esse "acesso direto" era parte determinante do funcionamento do PRISM. Contou a Greenwald: "O governo dos EUA coopta o poder corporativo norte-americano para seus próprios fins. Empresas como Google, Facebook, Apple e Microsoft estão fechadas com a NSA. [Elas] proporcionam à agência acesso direto aos *backends* de todos os sistemas que você usa para se comunicar, armazenar dados, guardar coisas na 'nuvem', e até mesmo para simplesmente enviar uma mensagem de aniversário ou manter um registro da sua vida. Elas dão à NSA acesso direto, de modo que eles não precisam fazer triagem alguma, e assim não podem ser responsabilizados por nada."

Os documentos vazados sobre o PRISM vinham de um manual de treinamento para o pessoal da NSA. Ele estabelece várias etapas. Em primeiro lugar, um complexo processo de "atarefamento". Os analistas usam ou "atarefam" o PRISM para descobrir um novo alvo de vigilância. Em seguida, um supervisor revisa os termos de pesquisa do analista, conhecidos como "seletores". Depois disso, o supervisor tem então que concordar com a "suspeita razoável" do analista de que o alvo mora fora dos EUA. (O nível dessa suspeita não chega a ser alto, sendo estabelecido em "51 por cento de desconfiança".)

Uma vez que se tenha chegado a um consenso sobre o alvo, o PRISM começa a trabalhar. O FBI tem, dentro das empresas de tecnologia, equipamento sofisticado que busca por informações correspondentes. Ele usa seu próprio banco de dados para descartar – ou "pesquisar e validar", como aponta um slide – cidadãos norte-americanos cujos dados possam ter sido extraídos por engano. (O sistema não é infalível.) O FBI então repassa esses dados para a NSA. Um conjunto de ferramentas analíticas da NSA processa as informações. Entre elas estão MARINA, ferramenta que peneira e armazena registros da internet, MAINWAY, para registros de chamadas telefônicas, PINWALE, para vídeos, e NUCLEON, para voz.

Outro slide diz que a NSA tem "capacidade de gerar relatórios em tempo real". Em outras palavras, a agência é notificada cada vez que um alvo envia um e-mail, escreve um texto, começa um bate-papo, ou até mesmo liga seu computador.

Os slides revelados por Snowden dão uma boa ideia do quanto o PRISM se tornou importante para os esforços de inteligência dos EUA. Em 5 de abril de 2013, os EUA tinham 117.675 alvos de vigilância ativos em seu banco de dados do PRISM. De acordo com o *Washington Post*, muita da inteligência obtida através do PRISM acabava na mesa do presidente Obama: correspondiam a um em cada sete relatórios de inteligência. Espiões britânicos também tinham a chance de lê-los.

O manual de treinamento dá a impressão de que o Vale do Silício está colaborando ativamente com a NSA, embora com diferentes graus de entusiasmo. Os logotipos de todas as nove empresas de tecnologia aparecem no topo de cada slide do PRISM. A icônica maçã branca mordida de Jobs está entre eles. Os logotipos parecem borboletas brilhantes e coloridas.

Snowden diz que foi a sua preocupação com o PRISM que o motivou a realizar sua denúncia. Foi um dos primeiros documentos que vazaram para Greenwald e Poitras. Mas o PRISM era apenas um elemento importante em um quadro preocupante. Ao longo da última década, os EUA vinham trabalhando de forma secreta para reunir praticamente todas as comunicações que entravam e saíam do país.

A missão original da NSA era coletar inteligência no exterior. Mas a agência parece ter se afastado de seu objetivo original, como um grande navio cuja âncora se rompeu. Agora estava interceptando também um monte de comunicações domésticas. Nesta nova era de enormidade de dados, a agência mudou seu foco do específico para o geral; de alvos estrangeiros para o que Snowden chamou de "vigilância em massa onisciente e automática".

Uma outra grande operação da agência recebeu o codinome UPSTREAM; consistia em um programa altamente confidencial de interceptação de dados de cabos e corria em paralelo com o projeto TEMPORA, do GCHQ. Ele dá à NSA acesso direto aos cabos de fibra ótica que transportam dados de internet e telefone para, a partir de, e por todo os EUA.

UPSTREAM é explicado em um slide como "o conjunto de comunicações por cabos de fibra ótica e a infraestrutura pela qual os dados fluem". O slide mostra um mapa dos EUA com linhas marrons se estendendo por ambas as costas, sobre os oceanos Pacífico e Atlântico. O diagrama se parece com uma enorme criatura marinha de grossos tentáculos. Aparentemente, os EUA têm escutas nos cabos internacionais da América do Sul, da África Oriental e do Oceano Índico. Existem marcações verdes em torno dos cabos. Eles são ligados a um box marcado UPSTREAM. Abaixo está um segundo box com PRISM escrito. Ligando os dois está uma instrução para os coletores de dados da agência: "Você deve usar ambos."

De acordo com o jornalista James Bamford, citando William Binney, informante anterior da NSA, o UPSTREAM captura cerca de 80 por cento das comunicações. O PRISM apanha qualquer coisa que o UPSTREAM possa ter perdido.

Snowden se referia ao UPSTREAM quando comentou com Greenwald: "A NSA não se limita a coletar inteligência estrangeira.

Recolhe todas as comunicações que transitam pelos EUA. Literalmente, não há nenhum ponto de entrada ou saída em qualquer lugar dos EUA continental por onde as comunicações possam circular sem ser monitoradas, coletadas e analisadas."

Uma vez que grande parte do tráfego mundial de internet atravessa os EUA e 25 por cento dele também atravessa a Grã-Bretanha, as duas agências de espionagem têm em mãos a capacidade de hackear a maior parte das comunicações globais chave. Um relatório de 2009 do inspetor geral da NSA, vazado por Snowden, reconhece isso: "Os Estados Unidos realizam atividades de inteligência estrangeira através de uma variedade de meios. Um dos mais eficazes é a parceria com entidades comerciais para obter acesso a informações que não estariam disponíveis de outra forma."

O relatório se refere à "vantagem norte-americana de funcionar como *hub* principal para todas as telecomunicações mundiais". Aponta que atualmente a NSA mantém relações com mais de "cem empresas norte-americanas". Essa colaboração entre setor privado e agências de espionagem "tem origem na Segunda Guerra Mundial".

Graças aos laços com duas empresas em particular não identificadas, a NSA é capaz de escutar o mundo, ou, como aponta seu inspetor-geral, tem acesso a "grandes volumes de comunicações estrangeiras que transitam pelos Estados Unidos por meio de cabos de fibra ótica, *gateway switches* e redes de dados".

Os EUA têm a mesma "vantagem" quando se trata de chamadas telefônicas internacionais. A maioria delas são encaminhadas através de um pequeno número de *switches* ou "pontos de estrangulamento" do sistema telefônico internacional, a caminho de seu destino final. Muitos deles estão nos EUA. O país é uma "grande encruzilhada para o tráfego telefônico comutado internacional", diz o relatório. Ele apresenta números impressionantes: dos 180 bilhões de minutos de conversações telefônicas em 2003, 20 por cento tinham ido ou vindo dos EUA e 13 por cento do fluxo dos outros países transitava pelos EUA. Os números da internet eram ainda maiores. Em 2002, apenas uma pequena fração do tráfego internacional transitava exclusivamente por vias não americanas.

A parceria entre a NSA e as empresas de telecomunicações é altamente lucrativa. Em troca do acesso a 81 por cento das chamadas telefônicas internacionais, Washington paga às gigantes das telecomunicações muitas centenas de milhões de dólares por ano. Não se sabe quanto o governo britânico paga a suas "parceiras de interceptação" nacionais, particularmente a ex-estatal British Telecom e a Vodafone. Mas as somas certamente são substancialmente semelhantes.

Ao final da década passada, as capacidades da NSA eram surpreendentes. A agência, com suporte do Reino Unido e de seus outros aliados dos "Cinco Olhos", teve acesso a cabos de fibra ótica, metadados de telefone e servidores do Google e do Hotmail. Analistas da NSA eram os espiões mais poderosos da História humana. Snowden sustenta que eram capazes de interceptar praticamente qualquer pessoa, a qualquer momento, incluindo o presidente norte-americano.

"A NSA e a comunidade de inteligência em geral estão focadas em obter informações em toda parte e por qualquer meio possível", disse. "Originalmente, víamos um foco muito bem-direcionado sobre a coleta de dados em outros países. Agora vemos que está acontecendo domesticamente. Hoje a NSA visa as comunicações de todos. O padrão agora é interceptar tudo. Os dados são recolhidos diretamente de seus sistemas. Eles são filtrados, analisados, medidos e *armazenados* por algum período de tempo, simplesmente porque essa é a maneira mais fácil, eficiente e barata de atingir os objetivos [da NSA]."

Encarados como um todo, os arquivos dão peso à afirmação de Snowden de que quando era analista da NSA ele possuía superpoderes.

"Enquanto houver intenção de atingir alguém associado a um governo estrangeiro ou algum suspeito de terrorismo, eles vão continuar coletando suas comunicações para atingir seus objetivos. Qualquer analista, em qualquer momento, pode tornar alguém um alvo. Qualquer um pode ser selecionado, em qualquer lugar. Se essas comunicações podem ser interceptadas, depende do alcance das redes de sensores e o nível de autoridade que um analista está habilitado a usar. Nem todos os analistas têm a capacidade de transformar todos em alvo. Mas eu, sentado à minha mesa, certamente tinha a autoridade para grampear qualquer um, fosse você, seu contador, um juiz federal, e até mesmo o presidente, desde que eu tivesse o seu e-mail pessoal."

As revelações sobre o PRISM provocaram uma resposta ruidosa do meio high-tech da área da baía de São Francisco. Primeiro, perplexidade, depois negação, seguida de raiva. O vale de Santa Clara, onde a maioria das grandes empresas de tecnologia está situada, gosta de se ver como antigovernista. As correntes filosóficas que sopram por Cupertino e Palo Alto são libertárias e antiestablishment, uma herança que o pessoal do Vale do Silício traz de suas raízes na comunidade hacker. Ao mesmo tempo, essas empresas competem por contratos com o governo, empregam pessoal com passagem por Washington para ter acesso a informações internas e gastam milhões em lobby por legislação a seu favor.

Claramente, a alegação de que eles estavam cooperando com a agência de espionagem mais poderosa dos EUA foi um desastre social, bem como uma afronta à autoimagem do Vale e à visão da indústria de tecnologia como inovadora e iconoclasta. O Google se orgulhava de seu mote "Não seja mau"; a Apple usava o imperativo de Jobs "Pense diferente"; a Microsoft tinha como lema "Sua privacidade é nossa prioridade". Esses slogans corporativos então pareciam se virar contra seus criadores com risadas zombeteiras.

Antes que o *Guardian* publicasse a matéria sobre o PRISM, Dominic Rushe, repórter de negócios do jornal nos EUA, deu uma olhada em sua agenda de contatos. Ele ligou para Sarah Steinberg, relações-públicas do Facebook com passagem pelo governo Obama, e para Steve Dowling, chefe da assessoria de comunicação da Apple. Também ligou para a Microsoft, a PalTalk e as outras. Todas negaram qualquer colaboração voluntária com a NSA.

"Houve pânico geral. Eles disseram que nunca tinham ouvido falar disso [do PRISM]", lembrou Rushe. "Disseram que não tinham dado acesso direto a ninguém. Fui completamente bombardeado por telefonemas de executivos de tecnologia cada vez mais importantes que tinham mais perguntas do que respostas."

As empresas de tecnologia disseram que só repassaram informações para a NSA em resposta a ordens judiciais específicas. Não há uma política de acobertamento, explicaram. O Facebook revelou que nos últimos seis meses de 2012 havia fornecido dados pessoais de 18 a 19 mil de seus usuários para vários órgãos dos EUA, não apenas para a NSA, mas também para o FBI, agências federais e de polícia local.

Várias empresas salientaram que haviam montado desafios legais nos tribunais da FISA para poder se instruir melhor sobre os pedidos secretos do governo para obter informações. O Google insistiu: "Não fornecemos a qualquer governo, incluindo o dos EUA, acesso aos nossos sistemas." Yonatan Zunger, chefe da arquitetura de informação do Google, apontou: "Não lutamos na Guerra Fria para que, no final, nós mesmos reconstruíssemos a Stasi." O Yahoo disse que tinha travado uma batalha judicial de dois anos por maior clareza e que havia desafiado as emendas à Lei de Vigilância de Inteligência Estrangeira de 2008. Até então, seus esforços haviam sido em vão.

Os documentos da NSA, no entanto, pareciam explícitos. Mencionavam "acesso direto".

Perguntado sobre como poderia explicar a discrepância, um executivo do Google disse que era um "enigma". Desmereceu os slides do PRISM como mero material de "marketing interno". E acrescentou: "Não há como fornecer dados para a NSA através de *backdoor*. É tudo pela porta da frente. Eles nos enviam ordens judiciais. Somos obrigados por lei a segui-las."

Mas em outubro de 2013, verificou-se que havia de fato uma porta dos fundos – mas que as empresas envolvidas desconheciam. O *Washington Post* revelou que a NSA estava secretamente interceptando dados do Yahoo e do Google. O método era engenhoso: "em território britânico", a agência havia hackeado as ligações de fibra ótica privadas que interconectam os centros de dados próprios do Yahoo e do Google ao redor do mundo.

O codinome da NSA para essa operação de interceptação é MUSCULAR. Parece que os britânicos estão fazendo o trabalho de hackeamento em nome dos EUA. (Um slide sobre a MUSCULAR diz "Ativa em julho de 2009", acrescentando: "Acesso internacional de larga escala localizado no Reino Unido.")

As empresas não medem esforços para manter seguros os dados de seus clientes. No entanto, suas informações são transferidas entre centros de dados localizados na Europa e na América por cabos privados de internet, alugados e protegidos por protocolos de segurança específicos de cada empresa. Eram esses os cabos que a NSA tinha conseguido hackear, em seu trânsito pelo Reino Unido. Uma curiosidade sobre a Level 3, que teria sido contratada como operadora de cabo pelo Yahoo e pelo Google: a Level 3 é referida nos documentos ultrassecretos britânicos como uma "parceira de interceptação" de codinome LITTLE. A resposta da empresa, sediada no Colorado, foi dizer que está em conformidade com requisitos legais dos países onde atua.

Um analista da NSA desenhou um esboço infantil explicando como funcionava o programa, mostrando duas regiões marcadas com "Internet" e "Nuvem do Google". Há um rosto sorridente na interface na qual a NSA hackeava dados. O esboço provocou milhares de paródias no Twitter. "Com tantos desses slides, você tem a sensação de que as pessoas dentro da NSA estão se gabando de seus programas", disse Jeff Larson, do site de jornalismo independente ProPublica. "Eles estão dizendo: 'Podemos quebrar a criptografia! Podemos passar por cima de protocolos!'"

Um documento da diretoria de aquisições da NSA relata que, graças ao seu acesso por *backdoors*, a agência pode entrar em centenas de milhões de contas de usuários. Os dados são enviados para a sede da NSA em Fort Meade e armazenados. Os volumes são impressionantes. Em um período de trinta dias no final de 2012, 181.280.466 novos registros foram canalizados para o Puzzle Palace, incluindo metadados.

O Google e o Yahoo reagiram com perplexidade à divulgação das interceptações. O diretor jurídico do Google, David Drummond, disse que estava indignado com o quão longe o governo dos EUA aparentemente havia ido para "interceptar dados em nossas redes privadas de fibra ótica". O Yahoo repetiu que não tinha conhecimento de ciber-roubo através de *backdoor* praticado pela NSA.

No outono de 2013, todas as empresas de tecnologia disseram que estavam lutando para defender seus sistemas contra esse tipo de espionagem realizado pela NSA. Havia alguma chance de sucesso, já que o poder da NSA para vasculhar as comunicações de todo o mundo não é tão impressionante quanto Snowden fez parecer. Interceptar fluxos globais de dados é uma coisa; outra é ser capaz de lê-los de verdade. Especialmente se eles começarem a ser criptografados.

Em 23 de outubro de 1642, dois exércitos se enfrentaram nos campos ingleses ao norte de Oxford. Um pertencia ao rei Carlos II, o outro, ao Parlamento. A batalha de Edge Hill foi a primeira da sangrenta Guerra Civil Inglesa. O combate foi confuso. Forças do Parlamento disparavam seus canhões; os monarquistas atacavam com um pelotão de cavalaria; soldados inexperientes de ambos os lados fugiam. Alguns estavam mais interessados em praticar saques que derrotar o inimigo. Nenhum dos lados realmente ganhou. A guerra se arrastou por mais quatro anos.

Dois séculos mais tarde, em 21 de julho de 1861, um outro conflito ocorreu. Desta vez, o Exército da União estava lutando contra os Confederados, no primeiro grande embate em terra da Guerra Civil Norte-americana. O local era Bull Run, um afluente do rio Potomac, na Virgínia. Forças do norte contavam com uma rápida vitória. Em vez disso, o Exército Confederado lançou um contra-ataque feroz. O general de brigada Irvin McDowell e seus soldados da União fugiram em direção a Washington. A batalha revelou que não haveria combate fácil.

Muitos anos mais tarde, espiões americanos e britânicos estavam remoendo nomes para dois programas ultrassecretos. Suas novas batalhas eram eletrônicas em vez de territoriais. Dessa vez, o inimigo era a crescente prática de criptografia. Os nomes que escolheram para suas novas batalhas foram BULLRUN e EDGEHILL. Será que a ênfase em guerras civis tem algum significado especial? Certamente, os espiões estavam agora prestes a declarar guerra contra corporações de suas próprias nações.

A criptografia foi utilizada pela primeira vez no antigo Egito e na Mesopotâmia. O objetivo, assim como agora, era proteger segredos. Durante a Primeira e a Segunda Guerras Mundiais, a criptografia militar e a criptoanálise – capacidade de decodificar informações sobre os movimentos do inimigo – desempenharam um papel fundamental. Mas em grande parte se dedicavam à preservação dos Estados-nação em apuros. Normalmente, os interessados em códigos eram os matemáticos britânicos trabalhando secretamente em Bletchley Park para derrotar nazistas, durante a Segunda Guerra, e posteriormente os soviéticos, durante a Guerra Fria.

Na década de 1970, no entanto, softwares de criptografia como o Pretty Good Privacy (ou simplesmente PGP) estavam disponíveis para uso particular, bem como por organizações comerciais. A criptografia passou então a ser um desafio primário para agências de inteligência ocidentais, ansiosas para continuar a ler mensagens de seus adversários. A administração Clinton respondeu tentando inserir uma *backdoor* em sistemas de criptografia comerciais, o que permitiria acesso à NSA. A iniciativa foi derrotada politicamente. Um grupo bipartidário de senadores e executivos de tecnologia argumentou que isso seria ruim para o Vale do Silício. Além disso, violaria a quarta emenda.

Em 2000, com a criptografia sendo cada vez mais empregada por prestadores de serviços e indivíduos em suas comunicações on-line cotidianas, a NSA gastava bilhões de dólares tentando encontrar maneiras de contorná-la. Seus alvos criptografados incluíam buscas na web, chats, e-mails, dados pessoais, telefonemas, até mesmo registros bancários e médicos. O desafio era converter o "texto cifrado" – como os dados criptografados aparecem em sua forma bruta, ou seja, uma linguagem matemática sem sentido – em "texto puro".

Em 2010, um documento do GCHQ alertou que ao longo do tempo a capacidade dos aliados poderia se degradar à medida que os "fluxos de informação mudam" e a "criptografia generalizada se torna cada vez mais comum".

À primeira vista, parecia que os espiões seriam derrotados, ou chegariam no máximo a um impasse. Um dos documentos vazados de 2006 mostra que, àquela altura, a agência só havia quebrado a criptografia do ministério nuclear de um Estado estrangeiro, de um único sistema de reservas de viagens, e de três companhias aéreas estrangeiras.

Foi apenas em 2010 que a NSA conseguiu um progresso considerável, graças ao BULLRUN e ao EDGEHILL, que usavam supercomputadores para quebrar algoritmos, os blocos básicos de criptografia. (Algoritmos geram a chave que pode criptografar e descriptografar mensagens. Quanto maior a chave, melhor será o resultado.)

Mas, o mais importante, os arquivos de Snowden mostram que a NSA estava trapaceando. Apesar da derrota política no caso das *backdoors*, a agência simplesmente foi em frente e secretamente introduziu "alçapões" em softwares de criptografia comercial utilizados por milhões de pessoas. Colaborou com desenvolvedores e empresas de tecnologia para inserir falhas deliberadas e exploráveis em hardware e software. Às vezes, essa cooperação era voluntária; outras, se dava por bullying, imposto por ordens judiciais. A NSA, se necessário, roubaria as chaves de criptografia, quase certamente através da invasão dos servidores nos quais as chaves eram mantidas.

Não é de surpreender que a NSA e o GCHQ estivessem ansiosos por manter os detalhes desses programas extremamente obscuros sob sigilo. Um documento de 2010, vazado por Snowden, mostra o quão restrito era o conhecimento do BULLRUN – e como ele era eficaz. Uma apresentação em PowerPoint foi usada para informar a equipe britânica em Cheltenham sobre os recentes avanços da NSA, que resultara em um tráfego de internet descriptografado fluindo como mágica nas mesas de analistas.

A apresentação dizia: "Durante a última década, a NSA tem feito um esforço agressivo em várias frentes para quebrar tecnologias de criptografia amplamente utilizadas na internet. Capacidades criptoanalíticas agora estão disponíveis on-line. Vasta quantidade de dados criptografados da internet, que até então eram descartados, podem ser explorados agora."

O slide dizia que "novos grandes sistemas de processamento" devem ser usados "para capitalizar esta oportunidade". O pessoal do GCHQ que anteriormente desconhecia o BULLRUN ficou espantado com as formidáveis novas capacidades da NSA. Um memorando interno britânico relatava: "Aqueles que ainda não haviam sido informados ficaram amedrontados."

O primeiro lote de arquivos publicado por Snowden não revelava detalhes sobre quais empresas estavam trabalhando com a NSA em contracriptografia. Ou que produtos comerciais possuíam *backdoors*. Mas os arquivos fornecem uma ideia da dimensão do BULLRUN. Um relatório de orçamento para toda a comunidade de inteligência dos EUA informou que, em 2013, o financiamento para o programa foi de 254,9 milhões de dólares. (O PRISM, por outro lado, custa apenas 20 milhões de dólares anualmente.) Desde 2009, a agência injetou mais de 800 milhões de dólares em "habilitação de SIGINT [sinais de inteligência]". O programa "envolve ativamente as indústrias norte-americanas e estrangeiras de TI para influenciar secretamente e/ou alavancar abertamente seus projetos de produtos comerciais", dizia o relatório.

O lado positivo do programa, apontava a NSA, era que o cidadão comum não fazia ideia de que suas comunicações diárias criptografadas eram passíveis de serem hackeadas. O relatório de 178 páginas do ano fiscal da NSA apontava que mesmo inserindo "alterações de design" em sistemas de criptografia comerciais, aos olhos do "consumidor e outros adversários [...], os sistemas de segurança 'permanecem intactos'".

James Clapper, diretor da inteligência nacional, salienta a importância da criptografia: "Estamos investindo em capacidades de criptoanálise inovadoras para derrotar a criptografia do adversário e explorar o tráfego da internet."

O que não falta à agência é ambição. Os arquivos mostram que a NSA está quebrando os sistemas de criptografia de telefones 4G. Seu alvo são protocolos on-line usados em transações bancárias e comerciais seguras, como HTTPS e Secure Sockets Layer (SSL). Ela quer "dar forma" ao mercado mundial de criptografia. Espera logo ter acesso aos "dados que fluem através de um *hub* em direção a um grande provedor de comunicações" e a um "dos maiores sistemas de comunicação *peer-to-peer* de voz e texto da internet". Isso soa como o Skype.

Enquanto isso, os britânicos seguiam pressionando com o seu próprio projeto paralelo, o EDGEHILL. Um arquivo mostra que os espiões britânicos conseguiram invadir três provedores de internet e trinta tipos de redes virtuais privadas (VPN) utilizados por empresas para acesso remoto de seus sistemas. Até 2015, eles esperam ter penetrado quinze empresas de internet e trezentos VPNs.

As agências de espionagem insistem que a capacidade de derrotar a criptografia é essencial para a sua missão e que sem ela não seriam capazes de rastrear terroristas ou reunir inteligência estrangeira valiosa. O problema, como apontou o *New York Times*, é que a campanha secreta anticriptografia da NSA pode trazer consequências indesejadas e desastrosas.

Através da inserção de fraquezas deliberadas em sistemas de criptografia, a agência tem tornado esses sistemas exploráveis. Não apenas por agências governamentais, que podem estar agindo com a melhor das intenções, mas por qualquer um que possa se apossar das chaves de criptografia – como hackers ou agências de inteligência hostis. Paradoxalmente, em sua busca para tornar os americanos mais seguros, a NSA fez as comunicações norte-americanas se tornarem menos seguras, o que minou a segurança de toda a internet.

A principal agência dos EUA para o estabelecimento de normas de segurança no ciberespaço é o Instituto Nacional de Padrões e Tecnologia (NIST). Parece que a NSA também os corrompeu. Um documento de Snowden revela que, em 2006, a NSA colocou uma *backdoor* em um dos principais padrões de criptografia do instituto.

(O padrão gera números primos aleatórios usados para codificar texto.) A agência então encorajou outro corpo de normas internacionais para serem adotadas por todo o mundo, vangloriando-se: "Por fim, a NSA se tornou o único editor de normas."

As agências de ambos os lados do Atlântico também têm dedicado consideráveis esforços para romper a segurança da TOR, a mais popular ferramenta de proteção do anonimato on-line. Ironicamente, o governo dos EUA é um dos maiores apoiadores da TOR. O Departamento de Estado e o Departamento de Defesa – que abriga a NSA – fornecem cerca de 60 por cento do seu financiamento. A razão é simples: os jornalistas, ativistas e militantes em países autoritários, como o Irã, usam a TOR para se proteger de represálias políticas e censura on-line.

Até agora, no entanto, a NSA e o GCHQ têm sido incapazes de retirar do anonimato a maior parte do tráfego da TOR. Em vez disso, as agências atacaram navegadores como o Firefox, que permite o controle sobre o computador remoto de um alvo. Também desenvolveram a capacidade de "criar manchas digitais" em parte do tráfego que passa através do sistema TOR.

Apesar de seus melhores esforços, a verdade parece ser que a NSA e o GCHQ ainda não ganharam a nova guerra civil de criptografia. Com o treinamento certo e alguns conhecimentos técnicos, empresas e indivíduos (também, sem dúvida, terroristas e pedófilos) ainda usam com sucesso a criptografia para proteger a sua privacidade.

Em uma sessão de "perguntas e respostas" com leitores do *Guardian*, enquanto ainda se escondia em Hong Kong, o próprio Snowden disse: "A criptografia funciona. Sistemas fortes de criptografia corretamente implementados são uma das poucas coisas nas quais você pode confiar."

E ele deve saber do que está falando.

11

Voo

Terminal F, Aeroporto Internacional de Sheremetyevo, Moscou, Rússia
Domingo, 23 de junho de 2013

"Sempre imaginamos a eternidade como algo além de nossa concepção, algo vasto. Mas, por que tem de ser vasto? Em vez disso tudo, e se for um quartinho, como uma casa de banho no campo, escura e encardida, com aranhas pelos cantos, e se a eternidade for apenas isso?"

FIÓDOR DOSTOIÉVSKI, *Crime e Castigo*

Ed Snowden se escondeu, depois de rapidamente deixar o Mira Hotel, em Hong Kong. Sua equipe jurídica local, os advogados Robert Tibbo e Jonathan Man, sabiam onde ele estava. Além disso, mais uma pessoa. Snowden tinha um misterioso anjo da guarda – um residente bem-relacionado em Hong Kong. O interesse do americano pela China era antigo, desde sua época com a CIA, em Genebra, e seu apoio ao movimento pela libertação do Tibete.

Os detalhes precisos eram nebulosos. Contudo, aparentemente, esse benfeitor convidou Snowden para ficar com um de seus amigos. Outro advogado, Albert Ho, conta que Snowden passou por diversas casas, ficando em pelo menos uma, na área do Novo Território, perto da fronteira com o continente chinês. Ele estava perdido em meio a uma metrópole densamente abarrotada com sete milhões de pessoas.

Tibbo, um advogado de direitos humanos, estava acostumado a lidar com clientes em situações difíceis. Canadense por nacionalidade, com uma postura agradável, um belo paletó e os cabelos já ralos,

Tibbo representava os vulneráveis e oprimidos – cidadãos do Sri Lanka enfrentando a deportação, paquistaneses com asilo equivocadamente negado, refugiados que sofreram abusos.

Um de seus casos é da época de um dos capítulos mais obscuros da era Tony Blair. Em 2004, o islâmico líbio Sami al-Saadi chegou a Hong Kong com a esposa e a família. Ele achou que estava viajando de volta para o Reino Unido, seu antigo lar. Em vez disso, o MI6, trabalhando estreitamente com os serviços de inteligência de Muammar Gaddafi, o colocou em um avião e o mandou de volta para Trípoli. Lá, Saadi foi interrogado, torturado e preso. Pouco tempo depois, Blair, então primeiro-ministro, fez um acordo com o ditador líbio. O papel indigno no MI6 no acordo veio à tona, depois da queda de Gaddafi, em 2011.

Assim como Saadi, Snowden era outro cliente que ele temia que os serviços de inteligência pudessem render e jogar em um buraco escuro. Tibbo e Snowden se conheceram logo depois que ele deixou o Mira Hotel. O advogado se recusa a falar sobre detalhes, citando confidencialidade do cliente. Mas, evidentemente, considerou Snowden inteligente e racional, alguém que tomara decisões conscientes. E um jovem muito encrencado. Ao longo das duas semanas seguintes, Tibbo cuidou de sua habitual carga de trabalho, enquanto trabalhava na representação de Snowden, por vezes varando a noite.

Os advogados logo foram tragados pelo mundo de aventura de Snowden. Albert Ho descreve o encontro. Ele entrou em um carro numa noite, em um lugar combinado, e encontrou Snowden dentro do veículo, usando chapéu e óculos escuros. Snowden não falava, segundo o advogado contou ao *Washington Post*. Quando eles chegaram à casa onde Snowden ficaria, ele sussurrou que todos precisavam esconder os celulares na geladeira. Durante as duas horas seguintes, os advogados repassaram as opções com ele. Ho levou jantar: pizza, linguiça, asas de frango e Pepsi. "Acho que ele nunca teve algo bem planejado. Acredito que é simplesmente um garoto", Ho disse, depois.

A avaliação do advogado foi negativa. Era possível que Snowden prevalecesse na batalha contra a extradição para os EUA. Mas, enquanto isso, a opção mais provável era que ficasse na prisão enquanto a corte de Hong Kong analisava seu pedido de asilo. Essa contenda judiciária poderia se arrastar durante anos. Snowden ficou horrorizado ao descobrir que atrás das grades não teria acesso a um computador.

Não se importava em ficar confinado num quartinho. Mas a ideia de ser exilado da internet lhe era repugnante. "Não saía, passava o tempo todo em um pequeno espaço, mas disse que estava tudo bem porque ele tinha seu computador", Ho contou ao *New York Times*. "Se ele fosse privado do computador, seria totalmente intolerável."

Depois da reunião, Ho foi solicitado a sondar o governo de Hong Kong. Será que Snowden teria direito a pagar fiança, se fosse preso? Será que poderia, de algum modo, deixar o país? O delator representava um dilema para os administradores de Hong Kong. O território faz parte da China, mas é governado pelo modelo "um país, dois sistemas": tem autonomia nacional, mas Pequim retém a responsabilidade máxima pelas relações exteriores.

Por um lado, os espiões da China certamente ficariam interessados em manter Snowden, se pudessem ter acesso aos milhares de documentos altamente confidenciais da NSA, revelando o âmbito e os protocolos da vigilância americana. Por outro, se Hong Kong se recusasse a repatriá-lo, isso colocaria as relações sino-americanas sob grande tensão. Os EUA já estavam fazendo forte pressão. Uma algazarra internacional não seria uma distração bem-vinda.

Havia outros fatores também. O caso de Snowden talvez levantasse questões locais incômodas para as autoridades chinesas. Muitos cidadãos chineses não sabiam que seu próprio serviço de segurança estava envolvido com espionagem doméstica, escutas telefônicas e interceptação postal e de e-mails. Sem mencionar censura. Manter Snowden poderia disparar um debate interno incômodo sobre as questões que atualmente estavam por debaixo do pano.

Segundo relatado, Leung Chung-ying, chefe-executivo de Hong Kong, teve inúmeras reuniões com seus altos consultores no empenho de decidir o que fazer em relação ao pedido espinhoso dos EUA pela detenção de Snowden.

A opinião pública em Hong Kong era amplamente a favor de Snowden, fomentada por algumas revelações cuidadosamente direcionadas. Em 12 de junho, Snowden deu uma entrevista, de seu esconderijo, ao *South China Morning Post*. Nela, revelou que os EUA invadiram milhões de mensagens de texto particulares da China. "A NSA faz todo tipo de coisa para invadir as companhias de telefonia móvel da China e roubar seus dados de SMS", disse ao jornal. Alegava que a agência também tinha atacado a prestigiada universidade chinesa Tsinghua, polo de uma grande rede digital, da qual os dados de milhões de cidadãos chineses podiam ser colhidos.

Durante anos, Washington havia reclamado amargamente sobre os roubos de informação e a espionagem em grande escala feitas por Pequim no espaço cibernético. Em inúmeros documentos, o GCHQ e a NSA identificam a China e a Rússia como as duas nações responsáveis pela maior parte da espionagem cibernética. Agora, aparentemente, a NSA fazia o mesmo, só que pior.

Snowden deve ter torcido para que, após os vazamentos, o governo de Hong Kong tratasse seu caso com benevolência. Depois da abordagem de Ho às autoridades, um intermediário entrou em contato com Snowden. O intermediário deu um recado: o de que o judiciário de Hong Kong era independente. E, sim, era possível que ele passasse um tempo na cadeia. No entanto – e esse foi o detalhe crucial –, também disse que o governo aprovaria sua partida.

Ho buscou mais garantias. Disse a Tânia Branigan, correspondente do *Guardian* em Pequim, que tinha voado até Hong Kong: "Eu conversei com funcionários do governo, tentando verificar se realmente queriam que ele partisse e, caso ele fosse, se lhe dariam segurança para partir."

Na sexta-feira, dia 21 de junho, o governo americano formalmente indiciou Snowden por espionagem. Foi enviado um pedido oficial urgente de extradição. "Se Hong Kong não agir depressa, isso irá complicar nossas relações bilaterais e levantar questões quanto ao comprometimento de Hong Kong na aplicação da lei", disse um alto funcionário da administração Obama.

Com suas opções legais diminuindo a cada hora, Snowden tomou uma decisão fatídica. Partiria.

A 6 mil milhas de distância, outra pessoa escondida tinha profundo interesse no desenrolar desses acontecimentos. Julian Assange vinha tentando freneticamente fazer contato com o fugitivo terceirizado da NSA. Assange é autodenominado editor-chefe do WikiLeaks.

Assange tinha se refugiado em um prédio – flat 3b, 3 Hans Crescent – depois que suas próprias opções legais haviam se esgotado. No verão de 2012, a Suprema Corte britânica decretou que o pedido de extradição das autoridades suecas era válido. Assange deveria ser extraditado para responder a alegações feitas em agosto de 2010 por assédio sexual a duas mulheres suecas, segundo a corte.

Assange prontamente entrou na embaixada do Equador e recebeu asilo político do governo esquerdista. A tática pareceu extravagante, para alguns. Durante a Guerra Fria, o Cardeal Mindszenty, dissidente húngaro, passou quinze anos na embaixada americana. Mas agora era 2012, não 1956. Havia poucos sinais de brutalidade do Estado em meio às coberturas da Knightsbridge londrina; em vez de tanques soviéticos, havia Bentleys e Ferraris. Graças à opção de se esconder dessa forma, o WikiLeaks publicou pouca coisa relevante por algum tempo. Assange, como colocou David Carr, do *New York Times*, "parecia um homem esquecido".

Agora ele irrompia no drama de Snowden. Grande parte é mistério. Mas é sabido que suas abordagens foram feitas através de intermediários e de seus advogados em Hong Kong. Datam de antes da confissão de Snowden, feita em vídeo, e ficaram mais intensas depois.

Pela perspectiva de Assange, a abordagem era lógica. Snowden era outro informante antiamericano encrencado, aparentemente igual a ele. Em 2010, Assange tinha vazado milhares de documentos secretos obtidos através do soldado americano Chelsea Manning. A publicação desses, em parceria com o *Guardian* e outros jornais, havia causado um furor mundial. Manning estava preso e um júri tinha investigado Assange por conta dos vazamentos. As desventuras de Assange com as suecas era outra história, embora o ex-hacker frequentemente – e alguns dizem que cinicamente – confundisse as duas questões. Mas Assange tinha, de fato, alegações de expertise em questões de pedido de asilo. E a história de Snowden também abrira uma chance para que ele voltasse a ficar em evidência.

Ideologicamente, os dois tinham bastante em comum: um compromisso fervoroso com a internet e a transparência, uma filosofia libertária, quando se tratava de informação, e fortes habilidades de defesa digital. Snowden, em determinada altura, havia considerado vazar seus arquivos da NSA para Assange. Depois reconsiderou, baseando-se no risco. A situação de Assange, confinado numa embaixada em Londres, bem debaixo do nariz das autoridades britânicas e seus aliados da NSA, significava que ele inevitavelmente estava sendo grampeado e constantemente monitorado.

Em termos de temperamento, Snowden era o contrário de Assange. Era tímido, alérgico às câmeras e relutante em se tornar o foco das atenções da mídia. Nunca buscou o estrelato. O mundo do jornalismo era profundamente estranho para ele. Já Assange gostava do olhar do público. Encantador, era capaz de um humor único e perspicaz, mas também sabia ser petulante, repleto de recriminação e raiva. O temperamento volátil de Assange arrebanhava fãs e também despertava os que lhe queriam mal: seus apoiadores o viam como um paladino radical lutando contra o sigilo de Estado, seus inimigos o achavam um narcisista insuportável.

Assange elaborou um plano com dois elementos-chave. O primeiro era assegurar algum tipo de asilo para Snowden, assim como para ele próprio, com o populista presidente equatoriano Rafael Correa, um dos vários líderes esquerdistas latino-americanos que não era amistoso com a potência americana. O segundo era ajudar

Snowden a ir fisicamente de Hong Kong para Quito. Não seria nada fácil, já que a CIA e praticamente todas as outras agências de inteligência do planeta estavam em seu encalço.

Assange começou discussões pessoais com seu amigo Fidel Narvaez, cônsul equatoriano em Londres. Os dois se tornaram próximos. O objetivo era garantir que Snowden tivesse algum tipo de papel oficial – um documento temporário de viagem, ou, ainda melhor, um passaporte diplomático que lhe permitisse passar rapidamente pelo frescor dos Andes cinzentos. Assange acabou despachando para Hong Kong Sarah Harrison, com quem namorou por um tempo. Ela levou documentos de salvo-conduto válidos para o Equador, assinados por Narvaez. A futura jornalista de 31 anos e ativista do WikiLeaks foi inteiramente leal.

A primeira escolha de Snowden para o exílio sempre foi a Islândia. Acreditava que a ilha tinha algumas das leis de mídia mais progressistas do mundo. Porém, chegar a Reykjavík saindo de Hong Kong exigiria a passagem pelos EUA ou pelos estados europeus que poderiam prendê-lo com um mandado dos EUA. Por outro lado, o Equador poderia ser alcançado com segurança, via Cuba e Venezuela, que provavelmente não obedeceriam a instruções americanas.

Infelizmente, a viagem aparentemente exigia também a passagem pela Rússia.

De quem teria sido a ideia para que Snowden fosse para Moscou? Essa é a pergunta de um milhão de rublos. Tibbo, advogado de Snowden, não responde. Diz apenas que a situação era "complicada". Harrison diz que ela e Snowden queriam evitar sobrevoar o oeste da Europa. A maioria das conexões exigia a troca de aeronave nos EUA, claramente fora de questão. No entanto, o itinerário de Snowden parece ter o dedo de Julian Assange.

Assange geralmente era rápido em criticar os EUA e outras nações ocidentais quando abusavam dos direitos humanos. Mas foi relutante em falar contra os governos que apoiaram seu empenho pessoal para evitar a extradição. Isso foi especialmente verdadeiro em relação à Rússia. Dados diplomáticos americanos revelados pelo

WikiLeaks pintam um retrato desanimador da Rússia de Vladimir Putin. Sugerem que o Kremlin, suas poderosas agências de espionagem e o crime organizado cresceram de forma indistinguível, com a Rússia transformada em "um estado literalmente mafioso".

No entanto, em 2011, Assange assinou um lucrativo acordo de TV com o programa Rússia Today (RT), canal de propaganda mundial, em língua inglesa, pertencente a Putin. A missão do canal é acusar o Ocidente de hipocrisia, enquanto se mantém mudo quanto às falhas russas. O destino dos delatores russos era sinistramente óbvio. É bem longa a lista de jornalistas russos de oposição assassinados em circunstâncias nebulosas. Ela inclui a jornalista investigativa Anna Politkovskaya (alvejada e assassinada em 2006) e a ativista de direitos humanos Natalia Estemirova (sequestrada e morta em 2009, em Grozny).

A visão de Assange em relação ao mundo é essencialmente maniqueísta, tendo a si próprio como referencial, com países divididos entre os que o apoiaram (Rússia, Equador, América Latina de maneira geral) e os que não apoiaram (EUA, Suécia e Reino Unido). Como coloca Jemima Khan, uma das muitas desmoralizadas ex-apoiadoras do WikiLeaks: "O problema com Assange é que, segundo as palavras de George W. Bush, ele vê o mundo como 'conosco ou contra nós'."

Domingo, 23 de junho de 2013, a figura esguia de Snowden, de camisa cinza e carregando uma mochila, chegou ao aeroporto Chek Lap Kok, em Hong Kong. Com ele estava a jovem funcionária do WikiLeaks, Sarah Harrison. Era uma manhã quente e úmida. A dupla estava nervosa. Eles se apresentaram no balcão da Aeroflot, para o voo SU213, rumo a Moscou, e seguiram pelos canais normais de partida. Snowden portava o salvo-conduto expedido por Narvaez, amigo de Assange, entregue por Harrison.

Vários funcionários do governo chinês, vestidos à paisana, observam os dois atentamente. Para quaisquer funcionários da CIA que estivessem observando, essa partida devia ser desesperadora.

Teoricamente, a saída audaciosa de Snowden deveria ter sido impossível. No dia anterior, as autoridades dos EUA haviam anulado o seu passaporte americano. Também haviam passado, via fax, documentos de extradição às autoridades de Hong Kong, exigindo que ele fosse imediatamente preso. Mas Hong Kong alegou "irregularidades" na papelada americana e se colocou como impotente para impedir a partida de Snowden até que os erros fossem retificados.

Pouco depois, a cerca de 40 mil pés de altitude, Snowden e sua companheira mergulharam em suas refeições quentes, servidas pela companhia aérea. A Aeroflot, ultimamente, estava se esforçando para superar sua reputação soviética do passado, de serviço de bordo inexistente. Em solo, houve uma cena de tumulto quando os funcionários do governo americano descobriram que Snowden havia escapado do cerco e agora estava a caminho de Moscou. O miserável tinha fugido! Para a maior potência mundial, a explicação legal, não muito plausível, era algo humilhante. Snowden não só havia escapado, como agora seguia direto para os braços dos adversários de Washington: Rússia, Cuba, Venezuela!

Capitol Hill fez pouco segredo de sua ira. "Todas essas nações são hostis aos Estados Unidos", disse Mike Rogers, presidente do Comitê de Inteligência, fumegando. "Os EUA deverão utilizar todas as opções legais para tê-lo de volta. Quando se pensa no que ele diz que quer e em suas ações, isso desafia a lógica." O senador democrata Charles Schumer foi igualmente mordaz: "Vladimir Putin parece ávido para enfiar o dedo no olho dos EUA, seja na Síria, no Irã, ou agora, claro, com Snowden."

O general Keith Alexander, diretor da NSA e ex-chefe de Snowden, não estava nada feliz: [Snowden] é claramente um indivíduo que traiu a confiança que depositávamos nele. "É um indivíduo que, em minha opinião, não está agindo com uma intenção nobre."

No entanto, os chineses não estavam lamentosos. Como forma de resposta, o noticiário Xinhua desceu o sarrafo nos EUA pela espionagem "hipócrita": "Os Estados Unidos, que há tanto tempo vêm tentando se fazer de inocentes e vítimas de ataques cibernéticos, acabaram sendo o maior vilão de nossa era."

Com Snowden seguramente a bordo do Airbus A330-300, Assange expediu uma declaração. Alegou crédito pessoal por toda a operação de resgate. Disse que o WikiLeaks tinha pago pela passagem aérea de Snowden. Que, durante sua estadia em Hong Kong, a organização provera consultoria legal a Snowden. Assange em seguida viria a comparar seu papel, em uma entrevista ao *South China Morning Post*, com o de um "contrabandista de gente".

Alegando propriedade de Snowden como astro mais recente da equipe do WikiLeaks, o comunicado dizia: "O sr. Edward Snowden, delator americano que expôs as provas de um regime de vigilância mundial exercido pelas agências de inteligência dos EUA e do Reino Unido, deixou Hong Kong legalmente. Está seguindo rumo a uma nação democrática, em rota segura, com o propósito de obter asilo, e está sendo acompanhado por diplomatas e consultores legais do WikiLeaks."

Os jornalistas de Moscou deixaram de lado os planos de lazer dominical e se apinharam no Terminal F do Aeroporto Internacional de Sheremetyevo, onde Snowden deveria passar em trânsito. O aeroporto havia sido batizado em homenagem à dinastia aristocrata mais celebrada da Rússia, os Sheremetvs. Estes serviram inúmeros czares, ficaram absurdamente ricos e construíram dois palácios em Moscou: Ostankino e Kuskovo. O conde Nikolai Sheremetv se apaixonou e casou em segredo com sua antiga serva, Praskovya. O romance se ramificou em milhares de histórias culturais.

Uma turba de correspondentes russos e internacionais se aglomerava diante de uma portinha. Era dali que saíam os passageiros que chegavam; os repórteres mais espertos tinham trazido fotografias de Snowden para mostrar aos demais passageiros vindos de Hong Kong.

Agentes russos à paisana também circulavam pelo terminal, esquivando-se de perguntas sobre que agência estatal eles representavam, passando-se por homens de negócio de Munique e jornalistas da NTV, administrada pelo Estado. Um contingente venezuelano também estava ali, alimentando a especulação de que Caracas poderia ser o eventual destino de Snowden. O embaixador do Equador apareceu, chegando ao aeroporto em sua BMW série 7. Ele parecia meio perdido enquanto perambulava pelo terminal, perguntando a um grupo de jornalistas: "Vocês sabem onde ele está? Ele está vindo para cá?" Um repórter respondeu: "Nós achávamos que o senhor saberia."

Quando o avião pousou em Moscou, às 17 horas, horário local, os veículos russos de segurança aguardavam. Do Vietnã, o ministro do exterior do Equador, Ricardo Patino, postou no Twitter que Snowden tinha buscado asilo político em seu país. Mas onde ele estava? A agência de notícias Interfax anunciou que Snowden tinha reserva em um voo da Aeroflot para Cuba no dia seguinte. Aparentemente estava entocado na área de trânsito, em Moscou. Uma fonte da Aeroflot alegou – erradamente, no fim das contas – que ele pernoitaria num hotel "cápsula" no Terminal E.

O que o Kremlin sabia sobre a chegada de Snowden? O presidente Putin alegava que só havia sido informado sobre a presença de Snowden em um voo vindo para Moscou duas horas antes de seu pouso. Ele frisou que, ao cancelar seu passaporte, os americanos haviam cometido um erro elementar, impossibilitando suas opções adicionais de seguir viagem.

De seu jeito característico, mesclando sarcasmo e tristeza nada sincera, Putin o rotulou como "um presente indesejado de Natal". As autoridades russas pareciam verdadeiramente surpresas pelo eventual embaraço de Snowden. No entanto, o jornal *Kommersant*, geralmente confiável, alegava que ele havia passado, secretamente, dois dias no consulado russo em Hong Kong. O próprio Snowden nega isso com veemência.

A postura de Putin em relação às atividades delatoras era, sem dúvida, negativa. Posteriormente, ele descreveu Snowden como um *stranniy paren* – "sujeito esquisito". "Na verdade, ele condenou a si mesmo a uma vida um tanto difícil. Não faço a menor ideia do que fará a seguir", disse.

Putin havia sido agente da KGB, serviu no Leste Alemão comunista, durante os anos 1980, e foi o chefe da agência que sucedeu a KGB, o Serviço Federal de Segurança (FSB). Ele tinha uma visão sinistra dos traidores. Em 2006, o renegado oficial da FSB, Alexander Litvinenko, morreu em Londres após ingerir polônio radioativo, no que o governo britânico acredita ter sido uma trama russa. O código espião *omerta* (silêncio), da KGB, era absoluto.

Após treze anos no poder, Putin era paranoico, desconfiado e inclinado a explicações conspiratórias, tanto domésticas quanto externas, e mais convencido do que nunca de suas capacidades pessoais incomparáveis. Via as relações com o Ocidente, principalmente com os EUA, através de um prisma de xenofobia soviética. Por causa do seu treinamento acadêmico na KGB, ele devia se perguntar se Snowden não seria um exercício de traição americana, uma trama clássica da Guerra Fria.

Mas, na realidade, Snowden era de fato um presente. Apresentava a oportunidade perfeita para que o Kremlin enfatizasse o que Washington interpretava como critérios duplos quando se tratava de direitos humanos, bisbilhotagem do Estado e extradição. Putin também deve ter gostado do frisson de paridade de superpotência com os Estados Unidos. A ideia confirmava sua visão de uma Rússia renascida, um polo oposto aos EUA nos assuntos mundiais. Os americanos teriam que implorar para ter Snowden de volta!

Algumas horas após o pouso de Snowden, vozes pró-Kremlin estavam ativamente sugerindo que a Federação Russa deveria lhe oferecer asilo.

No dia seguinte, o circo da mídia retomou Sheremetyevo. Vários repórteres tinham comprado passagens aéreas e enxameavam a área de trânsito, em busca de qualquer sinal de Snowden; alguns ficaram acampados ali durante dias. Outros obtiveram vistos cubanos e fizeram reserva no mesmo voo da Aeroflot, para Havana. Presumia-se que Snowden estaria no avião.

Miriam Elder, correspondente do *Guardian* em Moscou, aguardava no portão para embarcar. Algo estava acontecendo. Os funcionários da Aeroflot estavam ainda mais rudes do que o habitual. Detiveram as equipes de TV, impedindo-as de filmar o avião através de uma janela. Guardas de seguranças circulavam ao redor.

Elder não conseguiu embarcar no voo: ela não tinha visto. Outros jornalistas embarcaram marchando, passando pelos corredores à caça do refugiado. Snowden e Harrison tinham reserva nos assentos 17A e C, junto à janela. Jussi Niemeläinem, um correspondente do jornal finlandês *Helsingen Sanomat*, estava do outro lado do corredor, na 17F – perto o suficiente para eventualmente trocar algumas palavras com o homem mais procurado do mundo e garantir uma gloriosa matéria de capa. Minutos antes da decolagem, não havia ainda nenhum sinal de Snowden. Seu assento estava vazio. Os quatro últimos passageiros eram aguardados.

Então, um sussurro se espalhou pela aeronave: "*Ne uletayet, ne uletayet!*" – a expressão russa que diz "não vai voar". Snowden não viria. Alguns dos jornalistas russos irromperam num canto de "viagem com champanhe, viagem com champanhe". O comissário solenemente anunciou que o voo de 12 horas até Cuba não servia bebidas alcoólicas. Seriam oferecidos refrigerantes. "Só dava pra rir", disse Niemeläinen. "Durante a jornada, eu assistia *The Muppets*. Parecia certo para a ocasião."

Snowden estava num limbo extraterritorial. Ao longo das semanas seguintes, o Kremlin manteria a ficção de que Snowden não havia adentrado o território russo – afinal, ele não tinha visto da Rússia – e que eles tinham pouco a ver com ele. Ao mesmo tempo, Moscou tiraria proveito de sua estadia, por tudo que valesse. A localização de Snowden era um mistério.

Teoricamente, ele permanecia na área de trânsito de Sheremetyevo. Mas ninguém o encontrara ali. Provavelmente, as autoridades interpretavam "trânsito" como um conceito mais elástico, um tipo de linha flexível que poderia, se necessário, ser estendida em um mapa. Talvez ele estivesse no altamente vigiado Novotel. Ou em outro lugar.

No rastro da chegada de Snowden, as relações entre os EUA e a Rússia caíram vertiginosamente. Uma das prioridades na política externa de Obama havia sido "reinicializar" Moscou; essas prioridades haviam ficado extenuadas na administração do presidente George

W. Bush, após a Guerra do Iraque e a invasão russa da Geórgia, que era apoiada pelos EUA em 2008. A "reinicialização" já estava comprometida, com desacordos numa enxurrada de questões, incluindo a Síria, os planos americanos de mísseis de defesa, na Europa central, a recriminação da ação militar da Otan, na Líbia, e o encarceramento do russo Viktor Bout, negociante de armamento e suposto ex-agente da KGB, detido nos EUA.

Obama tentara cultivar as relações com o presidente Dmitry Medvedev, sucessor temporário de Putin e figura menos radical. Na verdade, Medvedev nunca foi uma entidade autônoma. Em 2011, Putin o pôs de lado e voltou como presidente pela terceira vez. Em uma transmissão vazada, um diplomata americano relatou que Medvedev tinha o papel de Robin para o Batman de Putin. A comparação irritou Putin. Segundo ele, isso foi um exemplo da arrogância americana.

Agora, Obama apelava para que a Rússia entregasse Snowden. Sergei Lavrov, veterano ministro de relações exteriores da Rússia, se esquivou dizendo que Snowden não estava de fato "dentro" da Rússia e jamais havia cruzado a fronteira. Putin eliminou a possibilidade de extradição de Snowden. Frisou que não havia qualquer acordo bilateral com os EUA. Também alegou – implausivelmente – que os serviços de segurança da Rússia não tinham qualquer interesse nele. Dois dias depois, Obama anunciou que não despenderia capital geopolítico para obter Snowden de volta.

Nos bastidores, no entanto, a administração estava fazendo todo o possível para fechar o cerco na continuação da jornada de Snowden: pressionando aliados, colocando seu nome em listas de banimento de voos, paparicando a América do Sul. Depois de inicialmente ter dado apoio ao pedido de asilo, o Equador se tornara indiferente. Joe Biden, vice-presidente americano, ligou para Correa explicando quais seriam as consequências se Quito o acolhesse. Correa revogou o salvo-conduto de Snowden, dizendo que havia sido um erro. O Equador também parecia exasperado com Assange, com seu embaixador em Washington comentando que o WikiLeaks parecia estar "conduzindo o espetáculo". Em 30 de junho, Snowden entrou com pedido de asilo em vinte países, entre eles França, Alemanha, Irlanda, China e Cuba.

No dia seguinte, 1º de julho, Snowden expediu um comunicado via WikiLeaks, o primeiro de vários. Disse que deixou Hong Kong "depois que ficou claro que minha liberdade e segurança estavam sob ameaça por ter dito a verdade" e agradeceu aos amigos, novos e velhos, aos seus familiares e outros, por "continuar em liberdade".

Snowden então atacou Obama por usar Biden para "pressionar os líderes das nações às quais ele teria solicitado asilo, para negarem seus pedidos". O presidente, anteriormente, havia prometido não se envolver em quaisquer "negociações" diplomáticas. Essa alegação agora parecia um tanto mentirosa.

Snowden prosseguiu: "Esse tipo de enganação vinda de um líder mundial não é justa, assim como não é justa a imposição ilegal de exílio. Essas são ferramentas antigas e perversas de agressão política, cujo propósito é assustar não a mim, mas àqueles que virão depois de mim".

A Casa Branca defendia o "direito humano de buscar asilo", mas agora negava essa opção, disse Snowden, reclamando: "A administração Obama agora adotou a estratégia de usar a cidadania como arma... No fim das contas, não é a um informante como eu que essa administração teme. Nem a mim, nem Bradley Manning ou Thomas Drake. Nós somos despatriados, encarcerados, não temos poder. Não, a administração Obama teme vocês e o público informado e enfurecido que exige o governo constitucional que ela prometeu – e é bom temer, mesmo."

O comunicado concluía: "Sou inflexível quanto às minhas convicções e estou impressionado diante do empenho de tantas pessoas."

A referência ao "governo constitucional" parecia ser autêntica por parte de Snowden – seus motivos para botar a boca no trombone sobre as transgressões da NSA em relação à constituição americana. No entanto, outros trechos do texto pareciam ser de Assange, principalmente a frase na terceira pessoa: "Não, a administração Obama teme vocês." Snowden anteriormente pedira que Greenwald o ajudasse a elaborar seu manifesto pessoal. Greenwald havia recusado, apesar de continuar sendo o maior defensor público de Snowden. Agora parecia que ele tinha um novo colaborador literário. Era Julian Assange.

Em 2 de julho, o Kremlin foi anfitrião de uma grande conferência de exportadores de gás. Um dos que voou até lá foi Evo Morales, presidente da Bolívia. Um indígena que tivera dificuldades para ler seu discurso inaugural e não era nada fã do poder dos EUA. Em uma entrevista em espanhol, foi indagado sobre Snowden. Falando de improviso, o presidente disse que não tinha recebido qualquer pedido de asilo do delator da NSA. Mas, se recebesse, seria favorável.

Mais tarde, naquele dia, Morales e sua comitiva decolaram de Moscou, de volta para casa. Com algumas horas de voo, o piloto transmitiu notícias preocupantes: França e Portugal haviam se recusado a deixar que o avião presidencial utilizasse seu espaço aéreo. As notícias pioraram. Espanha e Itália também negaram o uso do espaço. Desesperado, o piloto entrou em contato com as autoridades da Áustria e fez um pouso forçado em Viena. Que diabo estava acontecendo?

Alguém da inteligência americana dissera a Washington que Morales havia colocado Snowden em seu avião clandestinamente. Mas que exemplo de comunicação em tempo real! Eles o haviam pegado! O único problema era que Snowden não estava a bordo. A Casa Branca apertara o botão de pânico, com seus aliados europeus, por conta de uma asneira da inteligência. Isso pode ter sido resultado de uma esperta desinformação russa. Ou uma estupidez clássica da CIA.

Em Viena, o presidente da Bolívia e seu secretário de defesa, Ruben Saavedra, estavam sentados no sofá do aeroporto, indignados, porque os EUA tiveram a audácia de humilhar uma pequena nação soberana. Quando indagado se Snowden havia sido colocado a bordo clandestinamente, Saavedra ficou branco. “Isso é mentira, uma farsa. E foi criada pelo governo americano”, disse. “Isso é um absurdo, um abuso. É uma violação das convenções e dos acordos internacionais de transporte aéreo."

Houve expressão de fúria por parte das nações esquerdistas da América Latina. Alvaro Garcia, vice-presidente da Bolívia, anunciou que Morales tinha sido "raptado pelo imperialismo". Venezuela, Argentina, Equador e outros protestaram. Da sala VIP do aeroporto, Morales fez ligações telefônicas, buscando reverter o banimento do espaço aéreo. Seus quatro pilotos desmoronaram nas poltronas de couro vermelho e dormiram algumas horas. Morales ficou preso por 15 horas, antes de finalmente decolar novamente. Já em casa, denunciou o desvio de rota forçada de seu avião, como uma "provocação explícita" do "imperialismo norte-americano".

Foi um episódio infame. Em Washington, o Departamento de Estado admitiu que havia discutido a questão dos voos de Snowden com outras nações. A intervenção desastrosa dos EUA demonstrou que a caricatura do país como um playground de provocações, pronto para pisotear as normas internacionais, estava perfeitamente correta nessa ocasião. Mas também demonstrou que o plano de Snowden de chegar à América Latina não era realmente viável – a menos, talvez, que ele estivesse preparado para ser clandestinamente transportado por um submarino nuclear russo.

Três semanas depois de Snowden ter voado para a Rússia, Tanya Lokshina recebeu um e-mail. Lokshina é diretora do Human Rights Watch, em Moscou. Ela tem uma função difícil – defender a sociedade civil russa de um Kremlin hostil e frequentemente agressivo. Desde o regresso de Putin à presidência, em maio de 2011, seu trabalho talvez tenha ficado ainda mais duro. O presidente lançou a pior sanção aos direitos humanos desde a era soviética. Isso veio em resposta aos protestos em massa contra seu regime, ocorridos em Moscou e, com menos intensidade, em outras cidades grandes. Os protestos começaram entre o fim de 2011 e o começo de 2012, em seguida às eleições de Duma. Lokshina era espirituosa, divertida e fluente em inglês e russo. Ela era uma das desafiantes, integrante da banda de ativistas dos direitos.

O e-mail era quase inacreditável. Assinado "Edward Joseph Snowden", a mensagem pedia a Lokshina que comparecesse ao terminal de desembarque do aeroporto de Sheremetyevo. Lá, "alguém da equipe de funcionários do aeroporto estará aguardando por você, com uma placa onde estava escrito G9". Isso certamente seria algum tipo de trote, não? "O convite, supostamente do homem mais procurado do mundo, tinha um tom de suspense da era da Guerra Fria", ela escreveu em seu blog. Ela dava purê de cenoura ao seu bebê, enquanto lidava com as ligações da mídia internacional.

Ficou claro que o convite era autêntico. A segurança do aeroporto ligou e pediu o número de seu passaporte. Lokshina embarcou no trem expresso; no trajeto, a embaixada americana ligou. Um diplomata dos EUA queria que ela transmitisse um recado a Snowden: que, na opinião do governo americano, ele não era um defensor dos direitos humanos, mas um transgressor da lei, e seria responsabilizado por seus crimes. Ela concordou em transmitir o recado.

Em Sheremetyevo, Lokshina avistou o homem com a placa "G9". Pelo menos 150 repórteres também o haviam encontrado, desesperados por qualquer sinal de Snowden. "Estou habituada a aglomerações e a jornalistas, mas o que vi diante de mim era uma loucura: um emaranhado de gente gritando, avançando com microfones e câmeras, gente da imprensa nacional e estrangeira. Fiquei com medo de ser despedaçada em meio à confusão", escreveu.

O homem G9 estava com um terno preto. Ele anunciou: "Convidados venham comigo. Ele a conduziu por um corredor comprido. Havia outros oito convidados. Eles incluíam o ombudsman russo, um membro do parlamento e outros representantes de grupos de direitos humanos – a maioria independente, porém, alguns com ligações ao Kremlin e a sua agência FSB de espionagem.

Lokshina foi colocada em um ônibus e levada a outra entrada. E lá estava Snowden, aparentemente de bom humor, com sua camisa cinza amassada. Com ele estava Sarah Harrison. "A primeira coisa que pensei foi em como ele parecia jovem – como um garoto de faculdade", Lokshina escreveu. Também havia um intérprete.

Em pé, atrás da mesa, Snowden leu um comunicado preparado, em voz alta e, em alguns pontos, meio rouca. Ele parecia tímido e nervoso; essa era sua primeira coletiva de imprensa. E foi bizarra. Durante anos, o Kremlin havia denegrido as organizações de direitos humanos por serem espiões e lacaios do Ocidente. Agora estavam sendo cortejadas. O Kremlin estava ansioso para fazer uma afirmação política.

Snowden começou: "Olá. Meu nome é Ed Snowden. Há pouco mais de um mês, eu tinha família, um lar no paraíso e vivia com grande conforto. Eu também tinha a possibilidade de captar e ler suas comunicações, sem qualquer autorização da lei."

Ele prosseguiu: "As comunicações de qualquer pessoa, a qualquer hora. Isso é o poder de mudar o destino das pessoas. E também representa uma séria violação à lei. A quarta e quinta emendas da Constituição do meu país, o artigo 12 da Declaração Universal de Direitos Humanos e inúmeros estatutos e tratados proíbem tais sistemas de vigilância em massa..."

A essa altura, houve um ruidoso *bling blong!* E o sistema de alto-falantes do aeroporto anunciou, em russo e inglês, que o saguão de negócios ficava no terceiro piso, ao lado do portão 39. Snowden se curvou e sorriu; sua pequena plateia riu com ele. Quando voltou a falar, outra mensagem o interrompeu. "Eu já ouvi isso tantas vezes ao longo das últimas semanas", disse Snowden, rouco. Harrison brincou que conhecia os avisos tão bem que poderia até dizer junto.

Os pontos cruciais de Snowden eram interessantes. Ele disse que o regime da corte americana da FISA "de algum modo torna legítimo um procedimento ilegal" e "simplesmente corrompe a noção mais básica de justiça – cujo cumprimento ela deveria garantir". Também comparou suas ações ao passado, aos julgamentos de Nuremberg, em 1945, citando: "Os indivíduos possuem deveres internacionais que transcendem as obrigações e a obediência nacional." E se defendeu da crítica de que ele estaria deliberadamente disposto a ferir, ou prejudicar, irreparavelmente, a segurança norte-americana:

> Desse modo, eu fiz o que acreditei ser o correto e comecei uma campanha para corrigir o que considerava malfeito. Não busquei enriquecimento. Não procurei vender segredos dos EUA. Não me associei a nenhum governo estrangeiro para garantir minha segurança. Em vez disso, tornei público o que eu sabia, para que o que nos afeta possa ser discutido claramente, e pedi justiça ao mundo. A decisão moral de revelar ao público sobre a espionagem que atinge a todos nós foi um ato que tem me custado muito caro, mas foi o certo a fazer e não me arrependo.

Snowden interpretou a perseguição do governo americano a ele como "um alerta a todos os outros que talvez se manifestem, como eu fiz". Banimento de listas de voos, ameaça de sanções, "a atitude, sem precedentes, de ordenar aliados militares a fazer pousar o avião de um presidente latino-americano" – são tudo atos que ele classificou como "escaladas perigosas". Então, elogiou os países que lhe ofereceram apoio e asilo diante dessa "agressão histórica desproporcional". Snowden citou Rússia, Venezuela, Bolívia, Nicarágua e Equador:

> [Eles] têm minha gratidão e respeito, por serem os primeiros a se opor às violações dos direitos humanos que vêm sendo praticadas pelos poderosos contra os que têm menos poder. Ao se recusarem a comprometer esses princípios, diante da intimidação, eles ganharam o respeito do mundo. É minha intenção viajar a cada um desses países e manifestar meu agradecimento pessoal a seu povo e a seus líderes.

Então, em um comunicado Snowden disse que estava pedindo asilo na Rússia. Deixou claro que isso era temporário, forçado por suas circunstâncias, até chegar a hora em que pudesse viajar para a América Latina. Disse que queria que os ativistas com petições aos EUA e à Europa não interferissem em suas ações. A reunião foi encerrada após 45 minutos.

"O sr. Snowden não é um fantasma, o homem existe", disse Genri Reznik, advogado de defesa, enquanto ele e outros convidados se reuniram com a multidão da mídia, no Terminal F. "Eu apertei a mão dele. Senti pele e ossos", Vladimir Lukin, comissário de direitos humanos da Rússia, disse à TV russa. "Ele [Snowden] disse que obviamente está preocupado com o movimento da liberdade, a falta dele, mas, quanto ao restante, não está reclamando de suas condições de vida. Ele disse: 'Já passei por situações piores.'"

A estadia prolongada de Snowden na Rússia foi involuntária. Ele ficou empacado ali. Mas isso tornou sua própria história – sua narrativa de exílio de princípios e voo – muito mais complicada. Agora era mais fácil para que os críticos o pintassem, não como um refugiado político, mas como um Kim Philby do século XXI, o desertor britânico que vendeu seu país e seus segredos aos soviéticos.

Outros críticos o comparavam com Bernon F. Mitchell e William H. Martin, dois analistas da NSA que desertaram em 1960, seguindo a União Soviética, e tiveram anos muito infelizes por lá pelo resto de suas vidas. Martin e Mitchell voaram para Cuba, depois embarcaram em um cargueiro soviético, surgindo em Moscou vários meses mais tarde para uma coletiva na Câmara de Imprensa. Lá, denunciaram o antigo empregador e revelaram que os EUA espionavam seus aliados, e deliberadamente enviavam aeronaves ao espaço aéreo soviético para identificar e capturar o funcionamento de seus radares.

As analogias eram injustas. Snowden não era um traidor. Ele não era um Mitchell, um Martin ou um Philby. Mas, de qualquer forma, agora o americano de 30 anos era dependente do Kremlin e de suas nebulosas agências de espionagem para ter proteção e apoio.

Para qualquer um que conhecia a Rússia – suas guerras brutais na Chechênia, suas eleições manipuladas, a perseguição implacável aos críticos –, parte do discurso de Snowden fez soar um acorde. A Rússia só podia ter se posicionado contra a violação dos direitos humanos, no caso de Snowden. Mas não era porque o governo russo acreditava nos direitos humanos – ele não acreditava. Putin sempre falava do tema em termos desrespeitosos. Em vez disso, via Snowden como um peão no tabuleiro de um grande jogo, uma oportunidade de ouro para constranger Washington, adversário de Moscou até hoje.

Exatamente na véspera da improvável coletiva de Snowden, ocorreu um dos fatos mais surreais da História jurídica. Em cenas que poderiam ter sido escritas por Gogól, a Rússia havia colocado um homem morto em julgamento. Sergei Magnitsky, auditor de 37 anos, morreu na prisão em 2009. Magnitsky havia descoberto uma fraude gigantesca no Ministério Interior da Rússia. Os funcionários corruptos envolvidos o prenderam; na cadeia, com tratamento médico negado, ele foi torturado. O caso se tornou icônico para o Kremlin e a Casa Branca, depois que os EUA e alguns estados europeus baniram funcionários russos envolvidos e congelaram seus bens no exterior. No lugar onde deveria estar o réu, havia uma cela vazia. Foi um espetáculo dadaísta.

Uma semana depois, Alexei Navalny, líder da oposição russa, também surgiu na corte. Advogado e blogueiro anticorrupção, com um número expressivo de seguidores da classe média e uma visão nacionalista ocasionalmente sombria, Navalny era o oponente mais conhecido de Putin. (O presidente não conseguia pronunciar o nome de Navalny e se referia a ele de forma afrontosa, como "aquele cavalheiro".) Navalny ficou preso durante cinco anos, por "roubar" de uma empresa madeireira. Ninguém acreditava de fato nas acusações. A sentença foi posteriormente suspensa, em um momento de aparente conflito interior no Kremlin.

O rumo da Rússia então se tornava mais sombrio; corrupção, julgamentos de fachada e pressão política no judiciário eram fatos cotidianos. Num viés bem à moda KGB, Putin aprovara uma nova lei exigindo que todas as organizações não governamentais que recebessem custeio ocidental fossem registradas como "agentes estrangeiros". Antecedendo as Olimpíadas de Inverno de 2014, a serem realizadas no resort de Sochi, no mar Negro, Duma encenara a legislação contra a "propaganda gay". Essas ações foram parte de uma estratégia política mais ampla, na qual Putin apelava diretamente à sua base conservadora – trabalhadores, pensionistas, funcionários públicos – em detrimento da burguesia mais educada e inquieta de Moscou.

Segundo ativistas que o encontraram em Sheremetyevo, Snowden tinha vários novos protetores. Quem eram? Todos presumiam que eram agentes disfarçados da FSB.

A FSB é a agência de inteligência mais importante de Moscou. É uma organização prodigiosamente custeada, que opera segundo suas próprias regras secretas. Após o colapso da União Soviética, a KGB foi dissolvida. Mas não desapareceu. Em 1995, a maior parte das operações da KGB foi transferida para a recém-criada FSB. Ela conduz nominalmente as mesmas funções do FBI e de outras agências ocidentais de cumprimento da lei – acusação criminal, investigação do crime organizado e luta contra o terrorismo. No entanto, sua função mais importante é o combate à espionagem.

Um dos advogados convidados para a coletiva de imprensa de Snowden foi Anatoly Kucherena. Posteriormente, Snowden enviou um e-mail a Kucherena lhe pedindo ajuda. O advogado concordou. Dois dias depois, regressou a Sheremetyevo e teve uma longa reunião com Snowden. Explicou-lhe as leis russas. Também sugeriu que abandonasse seus pedidos de asilo. "Não sei por que ele me escolheu", disse o advogado.

No dia seguinte, Kucherena o visitou novamente e deu entrada no serviço de migração russa, a pedido de Snowden, para asilo temporário. Subitamente, Kucherena estava assumindo o papel de advogado público de Snowden, seu canal com o mundo. "Nesse momento, ele quer ficar na Rússia. Ele tem opções. Tem amigos e muitas pessoas que o apoiam... Acho que vai ficar tudo bem", disse aos repórteres.

Não está claro por que Snowden procurou Kucherena. Mas o advogado de defesa tinha ligações nos lugares certos. Leal ao Kremlin, apoiou publicamente a campanha de Putin em 2011, em seu regresso à presidência. Parrudo, de cabelos grisalhos, bondoso, Kucherena, de 52 anos, estava acostumado a lidar com celebridades. (Havia representado vários astros russos, incluindo Nikita Mikhalkov, diretora de cinema aliada ao Kremlin.)

Para além de contatos na alta sociedade, Kucherena tem outras ligações úteis. Ele é membro da "câmara pública" da FSB, organização criada por Putin em 2006. A missão do conselho é nebulosa, pelo fato de envolver uma agência de espionagem: "desenvolver um relacionamento" entre o serviço de segurança e o público. Nikolai Patrushev, então diretor da FSB, aprovou a função de Kucherena; ele é um dos 15 membros. Seus colegas advogados dizem que não é agente da FSB. Em lugar disso, falam que é uma "pessoa do sistema".

Desse modo, poucos creem que Kucherena atue de forma independente. Ele foi uma das poucas pessoas autorizadas a visitar Snowden. Durante suas idas ao aeroporto, ele levou presentes, que incluíram um guia Lonely Planet da Rússia e um guia de Moscou. O advogado também escolheu vários clássicos "para ajudar Snowden a entender a mentalidade do povo russo": *Crime e Castigo*, de Fiódor Dostoiévski, uma coletânea de histórias de Anton Chekhov e escritos do historiador Nikolai Karamzin. Snowden rapidamente leu *Crime e Castigo*. Depois de ler as seleções de Karamzin, um escritor do século XIX que escreveu a primeira história abrangente do Estado russo, pediu a obra completa do autor. Kucherena também lhe deu um livro com o alfabeto cirílico, para ajudá-lo a aprender russo, e levou uma muda de roupa.

Snowden não podia sair – "ele respira esse ar horrível, o ar do aeroporto", disse Kucherena – mas continua com boa saúde. Ainda assim, a pressão psicológica pela espera teve seu preço. "É difícil para ele, por estar sempre na expectativa", disse Kucherena. "Em seu interior, Edward é absolutamente independente; segue por inteiro as suas convicções. Quanto à reação, está convencido e verdadeiramente acredita ter feito isso, antes de tudo, para que os americanos e toda gente descobrisse que eles estavam nos espionando."

Assim que Snowden chegou à Rússia, uma pergunta começou a ser feita com uma intensidade cada vez maior: será que os russos teriam obtido os documentos da NSA que estavam com Snowden? Em 24 de junho, o *New York Times* citou "dois especialistas da inteligência ocidental" que "trabalhavam para duas grandes agências de espionagem governamental". Sem dar provas, os especialistas disseram que acreditavam que o governo chinês tinha conseguido extrair o conteúdo dos quatro laptops que Snowden levara para Hong Kong.

Snowden nega categoricamente essas alegações da mídia, que rapidamente se espalharam. Ele também insiste que não compartilhou nada do material da NSA com Moscou. "Eu nunca dei nenhuma informação a qualquer governo e eles nunca tiraram nada dos meus laptops", disse a Greenwald, em julho, em duas entrevistas. Greenwald viria a defender Snowden furiosamente contra essas acusações.

Snowden era extremamente bom em autodefesa digital. Quando foi empregado pela CIA e pela NSA, uma de suas funções era ensinar os funcionários destas instituições a proteger seus dados em ambientes digitais altamente ameaçados. Lecionou na Defense Intelligence Agency (DIA, a Agência de Defesa e Inteligência), que provê inteligência de primeiro escalão para o Departamento de Defesa norte-americano. O paradoxo é que Snowden agora se via precisamente no ambiente hostil sobre o qual lecionara, cercado de agentes da inteligência estrangeira.

Snowden se correspondeu sobre esse assunto com Gordon Humphrey, um ex-senador americano de New Hampshire que exerceu dois mandatos. Na carta, para o "sr. Snowden", Humphrey escreveu: "Desde que você não tenha vazado informações que prejudiquem qualquer agente da inteligência, eu acredito que fez a coisa certa, ao expor o que considero uma violação maciça da Constituição dos Estados Unidos." (Humphrey também chamou Snowden de "informante corajoso", que havia desenterrado a "arrogância crescente de nosso governo".)

A resposta de Snowden, transcrita na íntegra:

> Sr. Humphrey,
>
> Obrigado por suas palavras de apoio. Eu só gostaria que mais de nossos legisladores compartilhassem dos seus princípios – assim, as ações que tomei não teriam sido necessárias.

A mídia distorceu minhas atitudes e intenções para desviar a essência das violações constitucionais e, em lugar disso, se preocupou em inventar personagens. Parece que acreditam que toda narrativa moderna exige um bandido. Talvez exija. Talvez, em momentos como esse, amar o próprio país signifique ser odiado pelo seu governo.

Se a história se provar, eu não me esquivarei desse ódio. Não hesitarei em assumir essas acusações de vilania pelo resto de minha vida, como um dever cívico, permitindo que alguns que governam não se atrevam a fazê-lo, eles próprios, mas me usem como desculpa para justificar esse procedimento.

Minha intenção, que frisei quando isso começou, é informar ao público o que está sendo feito em nome dele e contra ele. Permaneço comprometido com isso. Embora repórteres e funcionários do governo talvez jamais acreditem, eu não forneci qualquer informação que pudesse prejudicar nosso povo – sejam agentes ou não – e não tenho intenção de fazê-lo.

Ademais, nenhum serviço de espionagem – nem mesmo o nosso – tem capacidade de comprometer os segredos que continuo a proteger. Embora não tenha sido divulgado pela mídia, uma de minhas especialidades foi ensinar nosso pessoal, no DIA, a manter tais informações livres de qualquer comprometimento, mesmo em ambientes altamente ameaçadores de contrainteligência (como a China).

Pode ficar tranquilo, sabendo que eu não serei coagido a revelar essas informações, nem mesmo sob tortura.

Com meus agradecimentos por seu serviço à nação que ambos amamos,

Edward Snowden

A carta expôs alguns temas fundamentais para Snowden: amor pelo país, senso de dever cívico e desejo de proteger a Constituição. Seu tom era elevado e, em alguns trechos, melodramático: “Se a história se provar, eu não me esquivarei..." Mas não deixava dúvidas de que Snowden tinha ciência do perigo das agências internacionais de inteligência e que havia tomado medidas extremas para manter seu material seguro.

Barton Gellman, do *Washington Post*, um dos poucos interlocutores iniciais de Snowden, diz acreditar que Snowden colocou os dados além de qualquer alcance. "Acho que ele próprio se fez incapaz de abrir o arquivo enquanto estava na Rússia", Gellman disse à NPT, emissora de rádio americana. Acrescentou: "Não é pelo fato de que não tenha mais uma chave. É que mais nada irá abrir. Ele programou a informação criptografada de modo a se tornar impossível ser aberta enquanto estiver na Rússia."

Mas é claro que nada disso significava que o Kremlin não estivesse interessado no conteúdo dos laptops de Snowden. A FSB era adepta da vigilância eletrônica. Assim como sua antecessora, a KGB, seus procedimentos englobavam grampos, câmeras ocultas de vídeo e armadilhas. Ao contrário da NSA, a FSB também utilizava algo que pode ser chamado de vigilância "de suspeita máxima". Com as agências de espionagem ocidentais, a ideia era monitorar um alvo sem que ele soubesse disso. A FSB, por outro lado, também estava envolvida em "*demonstrativnaya slezhka*", busca demonstrativa.

Usando táticas aperfeiçoadas nos anos 1970 pela Stasi, polícia secreta da Alemanha Oriental, a FSB invadia os lares dos chamados inimigos. Esses eram tipicamente diplomatas ocidentais e alguns jornalistas estrangeiros. Mas a FSB também tinha um papel atuante na opressão dos dissidentes internos e também perseguia russos, incluindo os que trabalhavam para as embaixadas americana ou britânica. Uma equipe de agentes invadia o flat do alvo. Deixavam pistas de que haviam estado ali: janelas abertas, aquecimento central desligado, alarmes misteriosos, telefones fora do gancho, manuais de sexo ao lado da cama.

Esses métodos de intimidação psicológica se tornaram mais presentes durante o segundo mandato presidencial de Putin, 2004-2008, à medida que crescia a paranoia com a possibilidade de uma reforma ao estilo Revolução Laranja. Em 2009, o então embaixador americano John Beyrle escreveu uma mensagem franca ao Departamento de Estado Americano, um dos milhares escritos da Rússia e vazados por Chelsea Manning. Dizia: "Atividades de assédio contra todo o pessoal de embaixadas tiveram um pico nos últimos meses, de forma que não era vista há muitos anos. A equipe da embaixada sofreu, pessoalmente, ataques difamatórios e falsamente lascivos da mídia. Familiares têm sido vítimas de afirmações aterrorizantes, dando conta de que seus cônjuges e empregados dos EUA sofreram acidentes fatais. Invasões domiciliares têm sido comuns e ousadas, e a atividade contra nossa equipe local continua ocorrendo em ritmo recorde. Nós não temos dúvida de que essas ações se originam na FSB."

Então, essa era a FSB. Ironicamente, os serviços de segurança do Kremlin também executavam de forma ampla uma vigilância ao estilo da NSA contra a população russa.

O sistema russo de interceptação nacional remota é denominado SORM. A KGB desenvolveu as bases técnicas do SORM em meados dos anos 1980; desde então, ele já foi atualizado para levar em conta as velozes mudanças tecnológicas. O SORM-2 intercepta o tráfego de internet e o SORM-3 coleta dados de todas as comunicações, incluindo conteúdos e gravações, e os mantêm armazenados por longo prazo.

O mecanismo de supervisão dos EUA pode ter sido quebrado, mas, na Rússia, ele não existe. Os documentos de Snowden mostraram que a NSA obrigou operadoras de telefonia e provedores de serviços de internet a dar informações sobre seus clientes. Mandados secretos da corte da FISA tornaram esse processo legal. As companhias podiam contestar essas ordens na corte – e o fariam –, e argumentaram que deveriam ter permissão para revelar mais detalhes sobre o que as agências do governo estavam exigindo.

Na Rússia, os agentes da FSB também precisavam de uma ordem judicial para interceptar as comunicações de um alvo. Uma vez que a possuíam, não precisavam mostrar o mandado a ninguém. Os provedores de telecomunicações não eram informados. Segundo Andrei Soldatov, especialista em serviços de segurança da Rússia, a FSB não precisa contatar o pessoal da ISP. Em vez disso, a agência de espionagem liga para um controlador especial, na sede da FSB, que está conectado a um cabo protegido, ligado diretamente ao dispositivo da SORM, instalado em sua rede ISP. Esse sistema é captado por todo o país: em cada cidade russa há cabeamento subterrâneo protegido que conecta o departamento local da FSB a todos os provedores da região. O resultado é que a FSB pode interceptar o tráfego de e-mail de ativistas de oposição e de outros "inimigos", sem supervisão.

As engrenagens da burocracia russa giram lentamente. Nesse caso, no entanto, o motivo do atraso não era a inércia oficial. Putin pesava com cautela as possíveis consequências de ceder asilo a Snowden. Em 24 de julho, Kucherena disse que o status de Snowden ainda estava indefinido. Enquanto isso, Snowden permanecia no aeroporto de Moscou.

O advogado indicou que Snowden estava agora pensando em uma vida a longo prazo e um emprego na Rússia: que pretendia permanecer no país e "estudar a cultura russa". Aparentemente havia aprendido algumas palavras em russo: "Oi" e "Como vai você?". Snowden tinha até experimentado *khatchapuri*, um queijo georgiano.

Em 1º de agosto de 2013 – 39 dias após ter voado para Moscou –, Snowden saiu do aeroporto. A Rússia lhe concedera um ano de asilo temporário. O Rossiya, canal estatal 24, mostrou uma foto da partida de Snowden. Ele estava sorrindo, carregando uma mochila e uma pequena maleta, e estava acompanhado por Harrison, muito entusiasmada. Finalmente fora da sala de trânsito, ele trocou algumas palavras com Kucherena na calçada. Snowden entrou em um carro civil cinza. O carro foi embora. Snowden desapareceu.

Kucherena mostrou aos repórteres uma cópia do novo documento temporário de Snowden que lhe permitia atravessar a Rússia. Seu nome, "SNOWDEN, EDWARD JOSEPH", estava impresso em letras cirílicas maiúsculas. Havia uma impressão digital e uma nova foto de passaporte. Os funcionários da segurança disseram que Snowden tinha deixado a sala de trânsito por volta de 15h30, horário local. Aparentemente, a Rússia não havia informado aos EUA.

Kucherena disse que não daria qualquer detalhe quanto ao ponto de destino de Snowden, já que era "o homem mais procurado do planeta". Uma declaração do WikiLeaks dizia que ele e Harrison haviam seguido a "um lugar seguro e confidencial". A afirmação mencionava que Snowden teria dito: "Ao longo das últimas oito semanas, nós vimos a administração Obama mostrar total falta de respeito às leis internacionais ou domésticas, mas, no final, a justiça estava prevalecendo. Eu agradeço à Federação Russa por me conceder asilo, em concordância com a lei e as obrigações internacionais."

A reação americana foi amarga. A Casa Branca anunciou que Obama estava cancelando seu encontro bilateral com Putin, agendado para acontecer durante a conferência do G20, em setembro, e que teria a Rússia como anfitriã, em São Petersburgo. Jay Carney, porta-voz presidencial, disse que a Casa Branca estava "extremamente desapontada". Carney efetivamente acusou Snowden de conceder segredos americanos a uma potência rival: "O simples fato de estar de posse desse conteúdo tão sigiloso, fora de uma área de segurança, é um risco imenso e uma violação. Como sabemos, ele está na Rússia há semanas. Há um grande risco associado com... a remoção da informação de áreas seguras. Isso não se faz. Não se pode fazer isso, é errado."

Ficou por conta do senador republicano John McCain cravar a faca ainda mais fundo. McCain, a quem Snowden admirava como TheTrueHOOHA, era um antigo crítico da Casa Branca e do empenho de "reinicializar" as relações com Moscou – uma política acomodada que, na visão de McCain, apenas incentivava Putin a ter um comportamento ainda mais detestável. McCain postou no Twitter: "Snowden fica na terra da transparência e dos direitos humanos. Hora de apertar novamente aquele botão de reinicialização #Rússia."

Para onde Snowden teria ido? A Praça Vermelha e o Kremlin são um conjunto de paredes de cor ocre e torres douradas ortodoxas. Ao final da Praça Vermelha ficam as cúpulas em formato de cebola da catedral de São Basílio.

Se você caminhar colina acima, a partir dali, passa pelo Metropole Hotel e a estátua de Karl Marx, chegando a um prédio de formato clássico. É o Lubyanka. Tendo sido a sede da KGB, agora abriga da FSB. Lá dentro, a resposta para essa pergunta certamente é sabida. Enquanto isso, os jornalistas russos se perguntam se Snowden não estaria em uma casa de saúde presidencial, em algum lugar perto de Moscou.

O hacker transformado em delator tinha obtido seu asilo. Mas, quanto mais se distanciava dos olhos do público, mais parecia ser, de um jeito informal, prisioneiro da FSB.

12

Der Shitstorm!

Quartel-general da Stasi, Normannenstrasse, Berlim Oriental
Outubro de 2013

OBERSTLEUTNANT GRUBITZ: "Dreyman é bom, não?"

WIESLER: "Eu o monitoraria."

A vida dos outros, 2006

No hall de entrada há uma estátua de um homem de cavanhaque. Seu nome é Felix "de Ferro" Dzerjinsky, um dos chefes da polícia secreta de Lenin. Na parede há um mapa. Ele mostra o que costumava ser a República Democrática Alemã (RDA) antes de seu dramático colapso, em 1989. O mapa é dividido em distritos. As cidades grandes estão marcados em negrito: Berlim (Oriental) – a capital dos tempos comunistas –, Dresden, Magdeburgo, Leipzig.

Esse edifício maldito em Berlim-Lichtenberg já foi sede do Ministério da Segurança de Estado da RDA, uma organização mais conhecida por sua abreviatura – Stasi. Ela foi modelada com base na Cheka, a polícia de Dzerjinsky. Era, em parte, um departamento de investigação criminal. Mas também era uma agência de inteligência e uma polícia política secreta. Por quase quatro décadas – de 1950 até a queda do Muro de Berlim – a Stasi realizou uma abrangente campanha contra os "inimigos" da RDA, que eram, em sua maior parte, inimigos internos. O objetivo declarado da Stasi era "saber de tudo".

No primeiro andar ficava o escritório de Erich Mielke, chefe da Stasi de 1957 até 1989. De um ponto de vista moderno, seu escritório parece modesto. Há uma cadeira confortável, móveis da década de 1960, um antiquado telefone a disco e uma máquina de escrever elétrica. Ao lado está uma cama, caso Mielke necessitasse de uma soneca. Montado em um dos armários está um gravador de fita escondido. Há uma grande sala de conferências no mesmo andar. Sempre que Mielke se reunia com seus colegas generais da Stasi, ele gravava suas conversas.

Pelos padrões do bloco soviético, a Alemanha Oriental foi um sucesso. Em um período relativamente curto, conseguiu estabelecer o estado de vigilância mais minucioso da história. O número de agentes da Stasi cresceu de 27 mil em 1950 para 91 mil em 1989. Outros 180 mil trabalharam como Inoffizielle Mitarbeiter (IMs), informantes não oficiais. O número real é provavelmente maior. Eles espionavam amigos, colegas de trabalho, vizinhos e membros da família. Maridos espionavam esposas. Na época da dissolução da RDA, dois em cada 13 cidadãos eram informantes.

O método predileto da Stasi de manter o controle sobre dissidentes era a escuta. Havia grampos, gravações escondidas, observações. A Stasi monitorava 2.800 endereços postais; a agência vasculhava 90 mil cartas por dia. Isso era uma tarefa trabalhosa. A maior parte das volumosas informações coletadas era banal, de pouco valor de inteligência. A versão da Stasi do Puzzle Palace desabou em 15 de janeiro de 1990, quando manifestantes invadiram o complexo de Mielke em Normannenstrasse e saquearam seus arquivos.

Dado o histórico totalitário da Alemanha – nazistas, seguidos por comunistas –, não era de surpreender que as revelações de Snowden causassem tanta indignação. Um novo substantivo chegou a ser criado para captar a indignação alemã diante da espionagem norte-americana: *Der Shitstorm*. O anglicismo – traduzido em português literalmente como "a tempestade de merda" – entrou no célebre dicionário alemão *Duden* em julho de 2013, quando o caso da NSA explodiu em todo o mundo. *Der Shitstorm* refere-se à indignação generalizada e vociferante expressada na internet, especialmente em plataformas de mídia social.

Os fantasmas da Gestapo ajudaram a definir o perfil da Alemanha Ocidental, que existia bem ao lado da Stasi. A memória cultural de espionagem de Estado ainda assombra sua sucessora unificada. Muitos dos filmes e livros alemães recentes de maior sucesso, como *A vida dos outros* – filme fantasioso passado na RDA de 1984 – ou *Jeder stirbt für sich allein* – "Todo homem morre só", obra do escritor Hans Fallada, escrita durante o período nazista – dramatizam a traumática experiência de ser espionado.

Por estas razões, o direito à privacidade é previsto na Constituição alemã. Escrevendo ao *Guardian*, John Lanchester observou que a história jurídica alemã tem foco na definição do que são direitos humanos: "Na Europa e nos EUA, as linhas gerais entre o cidadão e o Estado são baseadas em uma concepção abstrata dos direitos do indivíduo, que são, então, enquadradas nos termos do que o Estado precisa fazer." (A lei comum britânica, em contraste, é diferente e não foca na existência de direitos abstratos, mas na reparação de "erros" concretos.)

Os alemães têm uma antipatia visceral pela vigilância estilo Grande Irmão; ainda hoje, há poucas câmeras de vigilância nas ruas, ao contrário do que ocorre no Reino Unido, que é fortemente monitorado. Em 2010, o Google encontrou resistência generalizada ao seu projeto Street View; acesse um mapa da Alemanha e você ainda vai encontrar grandes áreas pixeladas. A Alemanha publicou o seu primeiro censo pós-reunificação somente no verão de 2013 – os anteriores, na década de 1980, foram amplamente boicotados, porque as pessoas se sentiam desconfortáveis em fornecer seus dados ao Estado.

Os dias de Adolf Hitler e dos Erichs – Erich Mielke e Erich Honecker, líder comunista da RDA – haviam acabado. Ou pelo menos era o que a maioria dos alemães pensava. As práticas da NSA após o 11 de Setembro faziam a Constituição alemã parecer uma espécie de piada de mau gosto. Documentos de Snowden, vazados em 2013, revelavam que a NSA espionava intensamente a Alemanha, superando o nível de intromissão da Stasi em muitos aspectos. Por dez anos a agência grampeou o telefone de Angela Merkel, chanceler alemã, a personalidade política mais poderosa da Europa. Merkel crescera na RDA e tivera a experiência pessoal de viver em um estado de vigilância generalizado.

Dos muitos erros de julgamento da agência, esse talvez tenha sido o mais crasso – um espetacular ato de insensatez.

A história começou quando a revista de notícias *Der Spiegel*, com sede em Hamburgo, revelou que a NSA rotineiramente colhia comunicações de milhões de alemães. Em um mês, a agência recolhe em média cerca de meio bilhão de telefonemas, e-mails e mensagens de texto. Em um dia normal, isso inclui 20 milhões de chamadas telefônicas e 10 milhões de trocas de mensagens pela internet. Na véspera do Natal de 2012 recolhera cerca de 13 milhões de chamadas telefônicas, informava a revista. Às vezes os números eram mais elevados. Em 7 de janeiro de 2013, a NSA tinha quase 60 milhões de conexões de comunicação sob vigilância. Estes dados estavam armazenados em Fort Meade.

Além disso, a NSA realizava uma sofisticada campanha de espionagem de Estado contra missões diplomáticas estrangeiras nos EUA. Colocar escutas em chineses e russos era justificável – eram adversários ideológicos. Mas a NSA também espionava embaixadas amigas – 38 delas, de acordo com um arquivo vazado de setembro de 2010. Os alvos incluíam missões da União Europeia e as embaixadas italiana, francesa e grega, bem como de vários outros aliados norte-americanos, incluindo Japão, México, Coreia do Sul, Índia e Turquia.

Os métodos de espionagem da agência eram extraordinários. Grampeavam aparelhos eletrônicos de comunicação, interceptavam cabos e coletavam transmissões utilizando antenas especiais. Através de um programa de codinome DROPMIRE, a NSA grampeou uma máquina de fax do escritório da União Europeia em Washington. A sede do conselho da União Europeia, na capital belga, Bruxelas, local de reuniões de cúpula e encontros ministeriais, também fora alvo de espionagem.

Alemanha e França eram aliados próximos dos EUA e membros da Otan. Seus governos compartilhavam valores, interesses e obrigações estratégicas. Soldados alemães e norte-americanos lutaram e morreram juntos no Afeganistão. Entretanto, no que tange às preocupações da NSA, França e Alemanha seriam alvos legítimos. Os dois países não eram membros dos "Cinco Olhos", o exclusivo clube de espionagem anglófono. Em vez disso, eram "aliados externos". Uma apresentação interna de PowerPoint da NSA dizia sem rodeios: "Nós podemos, e muitas vezes vamos, direcionar nossa atenção para aliados externos." De acordo com o BOUNDLESS INFORMANT, a Alemanha estava na mesma categoria de importância para a espionagem norte-americana que China, Iraque e Arábia Saudita. Quando Barack Obama visitou Berlim em junho de 2013, os laços entre os dois países estavam abalados por conta da espionagem da NSA. No calor das revelações, comentaristas alemães compararam a NSA à Gestapo. A comparação era exagerada. Mas a inquietação na Alemanha desencadeada pelas divulgações de Snowden era real o suficiente.

Obama e Merkel realizaram uma conferência de imprensa no escritório da chanceler em Berlim, localizado no curioso prédio em forma de máquina de lavar. Foi uma caminhada curta, mas historicamente marcante em direção ao Reichstag, com sua cúpula transparente assinada pelo arquiteto Norman Foster, e ao Portão de Brandemburgo. As revelações da NSA dominaram a agenda.

Obama buscou tranquilizá-los. Ele se descreveu como um crítico de seu antecessor. Disse que assumiu o cargo com um "ceticismo saudável" perante a comunidade de inteligência dos EUA. Entretanto, após uma inspeção mais próxima, percebeu que seus programas de vigilância haviam atingido o "equilíbrio apropriado" entre segurança e direitos civis. A NSA estava "estritamente" focada em terrorismo e armas de destruição em massa. "Não é uma situação em que estamos vasculhando e-mails comuns de cidadãos alemães, cidadãos norte-americanos, cidadãos franceses, ou qualquer outra pessoa." Obama insistia que o sistema era "estreitamente circunscrito". Tinha salvado vidas, inclusive de alemães.

Merkel não estava convencida. Ela reconhecia que o compartilhamento de inteligência com os EUA havia ajudado a impedir uma conspiração terrorista islâmica na região alemã de Sauerland, em

2007. No entanto, os alemães estavam apreensivos: "A população está preocupada precisamente com a possibilidade de ter havido algum tipo de coleta de informação feita do exterior."

Em uma entrevista ao *Guardian* e a outros jornais europeus, Merkel foi contundente. Descreveu o escândalo de espionagem como "extremamente grave": "Usar grampos para ouvir amigos em nossas embaixadas e representações da União Europeia está fora de cogitação. A Guerra Fria acabou. Não há dúvida alguma de que a luta contra o terrorismo é essencial [...], mas não há a menor dúvida de que as coisas têm que ser mantidas em suas devidas proporções."

Ainda assim, o lendário pragmatismo de Merkel mais uma vez veio à tona, e ela fez questão de evitar um confronto direto em larga escala. Enquanto isso, o termo *Der Shitstorm* pipocava por toda a mídia da Alemanha, fosse impressa ou digital. Em geral, o tom era de alarme. O intelectual alemão Hans Magnus Enzensberger fez referência a uma "transição para uma sociedade pós-democrática". Hans-Peter Uhl, político conservador ferrenho, chamou o escândalo de "toque de despertar". Mesmo o jornal de direita *Frankfurter Allgemeine Zeitung* estava preocupado. A publicação dos arquivos de Snowden era crucial para que a liberdade pudesse "existir no futuro", disseram.

No entanto, Merkel optou por minimizar o tópico durante os preparativos para as eleições gerais da Alemanha, em setembro de 2013, ao passo que o Partido Social-Democrata (SPD), de oposição, tentou colocar o assunto na roda. A estratégia do SPD saiu pela culatra quando foi descoberto que Gerhard Schröder, ex-chanceler afiliado ao partido, havia aprovado um amplo acordo de compartilhamento de inteligência com os EUA, em 2002.

Coube à população civil alemã fazer barulho. Centenas foram às ruas, carregando cartazes com slogans antivigilância; outros vaiaram comícios eleitorais de Merkel e sopraram vuvuzelas. Em Berlim, um grupo usando máscaras de Snowden se reuniu no Tiergarten, ao lado da icônica coluna com a estátua da vitória alada, onde, em 2008, o então candidato à presidência, Obama, havia feito um memorável discurso sobre política externa. Manifestantes carregavam banners que diziam "NãObama", "1984 é agora" e "Aqueles que sacrificam a liberdade e a segurança não as merecem". Mais abaixo na mesma Unter den Linden, principal avenida da Berlim Oriental, operários estavam ocupados reformando uma construção neoclássica onde se localizava o Palácio da República, um símbolo da ditadura comunista.

Na época da eleição, a maior parte da indignação nacional já havia se retraído. Roland Pofalla, chefe de gabinete de Merkel, declarou que o caso NSA estava "encerrado". Merkel passeou nas urnas, com sua terceira vitória consecutiva e um aumento de sua maioria no parlamento. O novo e rebelde Partido Pirata – que tinha se saído bem nas eleições regionais e fazia campanha pela proteção de dados – caiu para 2,2 pontos percentuais nas urnas, e com isso não conseguiu assento no parlamento. A *Spiegel* descreveu sua queda com a manchete "calma em vez de *Shitstorm*".

E, de repente, em outubro de 2013, surgiu uma nova e extraordinária revelação: a NSA havia grampeado o telefone de *Frau* Merkel!

A *Spiegel* encontrou o número do celular de Merkel em um documento da NSA fornecido por Snowden. Seu número era apresentado ao lado das palavras: "GE chanceler Merkel." O documento, S2C32, vinha da "divisão de Estados europeus" do Serviço de Coleta Especial da NSA (SCS). Estava marcado como ultrassecreto. Sua revelação poderia levar a "sérios abalos" nas relações entre os EUA e um "governo estrangeiro", alertava o documento.

A revista entrou em contato com a chancelaria. As autoridades alemãs iniciaram uma investigação. Suas descobertas foram explosivas: concluíram que era altamente provável que a chanceler tivesse sido vítima de uma operação de espionagem norte-americana. Fontes alemãs disseram que Merkel ficou lívida quando soube. Seu porta-voz, Steffen Seibert, disse que tais práticas, se comprovadas, eram "completamente inaceitáveis", uma "grave violação".

Ironicamente, Merkel pegou o telefone, ligou para Obama e perguntou-lhe o que diabos estava acontecendo. A resposta do presidente foi um perfeito exemplo de evasão advocatícia: Obama assegurou-lhe que os EUA não estavam grampeando seu telefone e não iriam fazê-lo no futuro. Ou, como Jay Carney, porta-voz da Casa Branca, afirmou: "O presidente assegurou à chanceler que os Estados Unidos não estão monitorando e não vão monitorar as comunicações dela."

Não era preciso ser um Einstein para perceber que a Casa Branca não mencionava nada sobre o que tinha ocorrido no passado. Foi revelado que a NSA manteve o telefone de Merkel grampeado a partir de 2002, durante o primeiro mandato de George W. Bush. Merkel tinha um número pessoal e outro do escritório; a agência havia grampeado o pessoal, que ela usava principalmente para suas conversas na condição de líder do Partido Democrata-Cristão (CDU). A espionagem prosseguiu até poucas semanas antes da visita de Obama a Berlim, em junho de 2013. De acordo com Susan Rice, conselheira de segurança nacional de Obama, o presidente não tinha conhecimento disso.

Era bem sabido que a chanceler alemã era uma fã do "*Handy*", como os alemães chamam seus celulares. De fato, Merkel governava por seu *Handy*. Seu celular era seu painel de controle. Em uma cúpula da União Europeia em 2008, em Bruxelas, ela o tinha usado para falar com o presidente francês Nicolas Sarkozy; o par trocou mensagens de texto. Em 2009, Merkel recebeu novo smartphone criptografado. Parece que a NSA encontrou uma maneira de contornar a criptografia. Mas, se Obama não sabia sobre a escuta, quem sabia?

Esta intromissão pouco edificante pode ter dado aos EUA uma vantagem em cúpulas diplomáticas e um insight sobre o pensamento de seus parceiros e adversários. Mas, conforme as revelações se acumulavam, provocando novas crises diplomáticas na Europa, no México e no Brasil, era razoável perguntar se tais práticas realmente estavam valendo a pena.

Elas certamente estavam causando enormes danos à reputação global dos EUA. Obama parecia cada vez mais isolado no cenário mundial e estranhamente alheio à ira de seus aliados. O homem que havia encantado o comitê do Nobel, simplesmente por não ser o presidente Bush, já não era mais popular. Os europeus não gostavam mais dele. "Barack Obama não é um ganhador do prêmio Nobel da Paz. É um criador de problemas", escreveu Robert Rossman no jornal *Süddeutsche Zeitung*. Em sua capa, a revista *Stern* chamou Obama de "*Der Spitzel*" – o informante.

Profundamente amargurados, outros laureados pelo Nobel se voltaram contra Obama. Mais de quinhentos dos mais importantes escritores do mundo advertiram que a magnitude da vigilância em massa revelada por Snowden havia minado a democracia e os direitos humanos fundamentais em todo o mundo. "Todos os seres humanos têm o direito de permanecer sem ser observados ou molestados em seus pensamentos e em seus ambientes e comunicações pessoais,", dizia a declaração. Ao bisbilhotar Estados e corporações, os EUA tinham tornado esse direito básico "nulo e sem efeito", acrescentava.

Uau! Para Obama, presidente e intelectual, essa deve ter doído. Signatários da declaração representavam uma respeitável seleção do mundo das letras. Figuravam entre eles cinco vencedores do Prêmio Nobel de Literatura – Günter Grass, Orhan Pamuk, J.M. Coetzee, Elfriede Jelinek e Tomas Tranströmer – e inúmeros outros representantes de países desde a Albânia até o Zimbábue.

O caso da NSA estava se transformando em um desastre de política externa para uma administração que já parecia um tanto deslocada. Julian Borger, editor de diplomacia do *Guardian*, escreveu: "A cada vazamento, o *soft power* norte-americano sofre hemorragias, e seu *hard power* ameaça vazar pouco a pouco [...]. Nada pode ser mais pessoal para um líder estrangeiro do que descobrir que seu celular está sendo grampeado por uma nação considerada amiga e aliada essencial."

A tempestade desencadeada pela escuta do celular de Merkel atingiu a França na mesma semana, quando o jornal *Le Monde* publicou evidências ainda mais embaraçosas da espionagem da NSA. *Der Shitstorm* tornou-se "*la tempête de merde*". Usando material fornecido por Greenwald, o jornal revelou que os EUA também espionavam a França em escala maciça. Os números eram assombrosos. Em um período de trinta dias, de 10 de dezembro de 2012 até 8 de janeiro de 2013, a NSA interceptou dados de 70,3 milhões de chamadas telefônicas francesas.

De acordo com o jornal, a NSA realizou cerca de três milhões de interceptações de dados por dia na França, chegando a sete milhões em 24 de dezembro de 2012 e 7 de janeiro de 2013. Entre 28 e 31 de dezembro, nenhuma interceptação ocorreu. Os espiões da NSA estavam de recesso festivo? Os documentos não diziam.

Havia indícios intrigantes de como a NSA operava. A espionagem contra a França é listada sob um codinome secreto, US-985D. A Alemanha também tem seus próprios códigos de espionagem, US-987LA e US-987LB. Os programas incluem DRTBOX – usado para a coleta de dados – e WHITEBOX – para o conteúdo gravado. Outras siglas clandestinas são empregadas para descrever a espionagem contra diplomatas franceses nos EUA. Para a Itália, o quadro era o mesmo. O Serviço de Coleta Especial que espionara Merkel havia grampeado também lideranças italianas, a partir das embaixadas norte-americanas em Roma e Milão. Metadados italianos foram capturados aos milhões.

O governo francês respondeu ao caso em dois níveis. Ao que agora já é um ritual recorrente, o embaixador dos EUA em Paris, Charles Rivkin, foi convocado para dar explicações. François Hollande, presidente que ainda lutava por afirmação, ligou para Obama para protestar, enquanto seu ministro das relações exteriores, Laurent Fabius, declarou que o caso era "totalmente inaceitável". "Uma regulação é claramente necessária quando se trata das novas tecnologias de comunicação", disse o ministro do interior da França, Manuel Valls.

Contudo, a reação francesa foi mais branda do que a alemã, mais "indignação" do que indignação. Em junho, Hollande havia ameaçado suspender negociações comerciais, mas no geral sua resposta foi tímida, com sua retórica direcionada ao eleitorado doméstico. O jornal *Le Parisien* caracterizou sua postura como "cavalheiresca". Todo mundo sabia que a França possuía a sua própria operação de espionagem e era referência em termos de espionagem industrial. Acima de tudo, para Paris era claramente importante preservar boas relações com Washington. Isso a parte, políticos franceses pareciam genuinamente chocados com a escala de intromissão da NSA.

A essa altura, os EUA estavam dando a mesma resposta padrão para seus aliados ansiosos ao redor do mundo. A Casa Branca comentou que as questões levantadas pela França e por outras nações europeias descontentes eram "legítimas", acrescentando que Washington estava revisando "seu modo de reunir inteligência" para que pudesse achar "um ponto de equilíbrio" entre segurança e privacidade. Por outro lado, Caitlin Hayden, porta-voz do Conselho de Segurança Nacional, disse: "Os EUA reúnem inteligência estrangeira do mesmo tipo recolhido por todas as nações." Em outras palavras: "Nós espionamos vocês e vocês nos espionam. Supera isso, cara."

O diretor de Inteligência Nacional, James Clapper – o homem que enganou o Congresso –, disse que o *Le Monde* tinha interpretado os fatos de forma errada. Clapper negou que a NSA houvesse *gravado* 70,3 milhões de telefonemas franceses. Não forneceu maiores detalhes, mas parecia insinuar que a NSA havia pego apenas metadados. Também deu a entender que outras agências de inteligência ocidentais estavam por trás de muita da espionagem que estava ocorrendo na Europa.

Em suma, os europeus estavam sendo hipócritas. Clapper tinha razão?

A resposta – até certo ponto – era sim. Agências ocidentais de inteligência também espionavam, embora tivessem menos recursos do que a NSA. Trabalharam em estreita colaboração com a comunidade de inteligência dos EUA, e vinham fazendo isso há décadas. O corpo de inteligência interna da Alemanha, o BND, por exemplo, compartilhava informações com Fort Meade, incluindo metadados, e havia até mesmo fornecido cópias de dois dos seus sistemas de espionagem digital, Mira4 e Veras. O próprio Snowden havia sinalizado estas estreitas ligações, dizendo ao jornalista e ativista pró-liberdade na internet Jacob Appelbaum que a NSA estava "sob o mesmo teto" que os alemães e a "maioria dos outros Estados ocidentais".

A extensão dessa colaboração podia ser confusa. Um slide sobre o programa BOUNDLESS INFORMANT, fornecido por Greenwald ao tabloide norueguês *Dagbladet*, sugeria que a NSA estava interceptando 1,2 milhões de chamadas telefônicas norueguesas diariamente. No entanto, o serviço de inteligência militar da Noruega comentou que o slide havia sido mal interpretado. Informaram que a própria Noruega era quem havia coletado chamadas do Afeganistão, repassando-as para Fort Meade. Esta afirmação, no entanto, é difícil de conciliar com informações contidas no mesmo PowerPoint da NSA, cujo subtítulo era: "A missão nunca dorme." A apresentação deixava bem claro que a coleta de metadados realizada pelo programa era *contra* determinado país, e não fornecida por ele. Havia um slide separado para cada país, incluindo Noruega e Afeganistão.

O panorama era óbvio e preocupante. Com ou sem ajuda, a NSA estava absorvendo as comunicações de todos. Um documento visto pelo *Le Monde* dizia que, entre 8 de fevereiro e 8 de março de 2013, a NSA havia recolhido 124,8 bilhões de itens de dados de telefone e 97,1 bilhões de dados de computador. Estes números eram para o mundo inteiro. Em um editorial, o jornal observou que a nova tecnologia havia tornado possível um planeta "Big Brother". Era fácil perceber que a nação desempenhava o papel do inimigo de Winston Smith.

A missão crucial da NSA era zelar pela segurança nacional. Ao menos essa era a ideia. Mas, ao final de 2013, parecia que as operações de coleta de informações da agência tinham um objetivo muito mais simples – poder global.

Merkel, pode-se verificar, não havia sido a única personalidade estrangeira poderosa cujo telefone a NSA tinha interceptado. Um memorando da NSA, de 2006, publicado pelo *Guardian*, mostrava que a agência estava hackeando pelo menos 35 líderes mundiais. A agência tinha solicitado a outros órgãos que faziam uso de suas informações, como a Casa Branca, a Câmara e o Pentágono, que compartilhassem suas agendas de contatos para que pudessem adicionar números de telefones de líderes políticos estrangeiros no sistema de vigilância. Um funcionário empolgado em ajudar surgiu com 200 números, incluindo os de 35 líderes mundiais. A NSA imediatamente se encarregou do monitoramento deles.

A NSA direcionou então sua atenção para outros líderes mundiais, como a presidenta do Brasil, Dilma Rousseff, e seu colega mexicano Enrique Pena Nieto. Tendo em vista as boas relações que ambas as nações gozavam junto aos EUA, era de se estranhar que se tornassem alvos de espionagem. O antecessor de Dilma Rousseff, o esquerdista populista Luiz Inácio Lula da Silva, havia irritado Washington ao convidar o então presidente do Irã, Mahmoud Ahmadinejad, para uma visita. No entanto, após tomar posse em 2011, Dilma buscou melhorar os laços com a Casa Branca. Distanciou-se de Teerã e recebeu Obama, que havia anteriormente cancelado uma viagem ao Brasil.

A NSA não tinha interesse nessas boas relações; os espiões norte-americanos estavam interessados no pensamento particular de Dilma. Um slide da NSA obtido pela *Spiegel* mostrava que analistas tinham obtido acesso a mensagens de Dilma. Fort Meade investigava "os métodos de comunicação e seletores associados da presidenta brasileira e de seus principais assessores", relatou a revista. A agência também havia descoberto outros "alvos de alto valor" dentro do círculo íntimo da presidenta.

Além de colocar escutas nas lideranças democraticamente eleitas do Brasil, a NSA, de forma secreta, havia direcionado sua atenção para a Petrobras, estatal do petróleo e empresa mais importante do país. A Petrobras é uma das trinta maiores empresas do mundo. Majoritariamente controlada pelo Estado, é uma importante fonte de receitas para o governo brasileiro. Está iniciando a exploração de novos, diversos e gigantescos campos de petróleo, na região de alta profundidade no Atlântico, conhecida como "Pré-Sal".

Arquivos fornecidos por Greenwald ao programa semanal *Fantástico*, exibido pela TV Globo, mostravam que a NSA havia conseguido crackear a rede virtual privada da Petrobras, utilizando um programa secreto de codinome BLACKPEARL. Outros alvos identificados pelo BLACKPEARL incluíam a rede Swift de transferências bancárias globais, o Ministério das Relações Exteriores francês e o Google. Um documento separado do GCHQ, intitulado "exploração de rede", sugeria que Reino Unido e EUA rotineiramente tinham como alvo o tráfego em rede privada de empresas de energia, organizações financeiras, companhias aéreas e governos estrangeiros.

Não é de surpreender que Dilma Rousseff tenha reagido negativamente à espionagem da NSA, vendo-a como uma violação escandalosa da soberania do Brasil. A Casa Branca reagiu a suas reclamações com respostas genéricas, nos mesmos moldes das fornecidas a alemães e franceses. Em setembro, Dilma anunciou que estava cancelando sua visita oficial a Washington, que deveria ocorrer em 23 de outubro. Obama tentou em vão demovê-la da ideia. Na falta de "tempo para uma investigação oportuna [...] não há condições para que essa viagem seja feita", declarou o governo brasileiro.

Na melhor das leituras, as atividades da NSA no Brasil pareciam claramente pouco fraternais. Na pior das interpretações, representavam um claro exemplo de espionagem industrial, precisamente o tipo de espionagem econômica que os EUA tanto condenavam quando praticada por chineses ou russos. A NSA disse que fazia algo diferente, declarando ao *Washington Post*: "O departamento não se envolve em espionagem econômica em qualquer domínio, incluindo o cibernético." Em um comentário um tanto constrangido, Clapper insistiu que os EUA não roubavam segredos comerciais de entidades estrangeiras para repassá-los a empresas norte-americanas, o que daria a elas vantagem competitiva.

Mas a vaga defesa de Clapper dos objetivos da NSA não bastou para acalmar Dilma Rousseff. Em um discurso inflamado na ONU, em setembro, a presidenta disse que a "rede mundial de espionagem eletrônica" dos EUA estava agora exposta e causava repulsa em todo o mundo. A "intromissão" desta rede não era apenas uma afronta às relações entre Estados amigos, como também uma flagrante violação do direito internacional, apontou. Ignorou o conceito de que a NSA estivesse de alguma forma lutando contra o terrorismo. "O Brasil sabe como se proteger", disse.

Já o vizinho meridional dos EUA estava sujeito a uma intrusão ainda maior. Segundo a revista *Der Spiegel*, a NSA havia montado uma sofisticada campanha de espionagem contra o presidente mexicano Nieto e seu antecessor pró-EUA, Felipe Calderón. Uma divisão especial da NSA, Operações de Acesso Sob Medida (TAO), levava a cabo essa delicada missão.

Em maio de 2010, a TAO conseguiu invadir o servidor do e-mail público do presidente Calderón. Outros membros do gabinete da presidência mexicana usavam o mesmo domínio. A NSA ficou entusiasmada. Agora podia ler "comunicados diplomáticos, econômicos e de liderança" que forneceriam "um insight sobre o sistema político e a estabilidade interna do México". A operação foi chamada FLAT-LIQUID. Dois anos mais tarde, a NSA estava debruçada sobre ela novamente; de acordo com a TV Globo, a NSA havia conseguido ler e-mails particulares de Peña Nieto, de quando ele ainda era candidato presidencial.

O principal objetivo clandestino dos EUA no México era manter sob controle os cartéis de drogas do país. Um documento secreto de abril de 2013, visto pela *Spiegel*, lista as prioridades de Washington de 1 (alta) a 5 (baixa). Tráfico de drogas no México é 1; sua liderança, capacidades militares e relações de comércio exterior são 3; contraespionagem é 4. Em outra operação, em agosto de 2009, a NSA hackeou com sucesso as contas de e-mail de altos oficiais da Secretaria de Segurança Pública do México, obtendo informações úteis sobre gangues de traficantes e "pontos de discussão diplomática".

Como essa espionagem é feita? A NSA, ao que parece, monitora a rede de telefonia móvel do México, em uma operação chamada EVENINGEASEL. As instalações da NSA em San Antonio, Texas, estão envolvidas juntamente com outras estações de escuta nos

EUA, na Cidade do México e em Brasília. Os recursos da agência são excepcionais. No início do verão de 2012, com receio de que Nieto pudesse desviar recursos da luta contra os cartéis de drogas, a NSA conseguiu rastrear o seu celular, bem como os aparelhos de "nove dos seus colaboradores mais próximos". Softwares vasculharam os seus contatos mais importantes; eles também foram colocados sob vigilância, segundo a *Spiegel*.

No início de 2014, ficou claro que o impacto das revelações de Snowden era muito maior do que aquele causado pelo WikiLeaks. A publicação, no final de 2010, dos telegramas secretos de diplomatas norte-americanos por todo o mundo claramente teve consequências. Meia dúzia de embaixadores foram forçados a abrir mão de seus postos; outros mudaram de cargo; comunicados vazados serviram para alimentar a Primavera Árabe, cristalizando o ressentimento popular contra regimes corruptos na Tunísia, na Líbia e no Egito. Nem todas as consequências haviam sido negativas. Paradoxalmente, houve melhora na reputação do serviço estrangeiro dos EUA. Diplomatas norte-americanos, de modo geral, saíram na história como inteligentes, íntegros e trabalhadores. Alguns tinham verdadeiro talento literário.

Com os arquivos de Snowden, entretanto, os efeitos foram mais profundos. Era como se o mundo estivesse se reordenando de forma lenta e nem sempre coerente – digerindo a ideia de que os EUA estavam espionando não apenas líderes estrangeiros, mas populações civis inteiras. A questão, tanto para os aliados europeus quanto para poderes autoritários rivais, era: como reagir? A NSA parecia enxergar aliados próximos dos EUA, com quem valores e história eram compartilhados, como se não estivessem de forma alguma do mesmo lado. Pelo contrário, eram "aminimigos".

Havia várias tendências. No rescaldo da "crise do *Handy*", Merkel fez um apelo por uma nova regulação na espionagem entre os parceiros. Nos estágios iniciais do caso Snowden, a NSA e o BND tentaram remediar a situação. Agora, Merkel e Hollande diziam querer que um novo acordo transatlântico de não espionagem fosse negociado até o final de 2013. O Reino Unido e outros países da União Europeia estariam livres para se inscrever nesse novo código de conduta, que regularia o comportamento dos serviços de segurança e inteligência.

Em meio a tudo isso, Merkel continuava fazendo questão de obter respostas concretas – algo que a administração Obama tinha se esquivado de fazer. Queria saber em particular sobre o alcance das operações de vigilância da NSA contra alemães. Havia também questões remanescentes sobre a sua situação pessoal. Quem havia autorizado as escutas em seu telefone? Sob qual justificativa?

Documentos sugerem que os EUA e seu parceiro britânico, GCHQ, estavam usando suas embaixadas no exterior como estações de escuta para espionar governos locais. Em Berlim, isso era especialmente descarado: a embaixada dos EUA na Pariser Platz fica a poucas centenas de metros de distância do edifício do Parlamento e do gabinete de Merkel. Dali, a NSA e a CIA podiam espionar todo o quarteirão do governo. A *Spiegel* apelidou as antenas que se destacavam do topo da embaixada de "*Das Nest*" (– "o ninho").

Era a mesma história se repetindo em outro lugar. Em 2010, a NSA operava oitenta estações de espionagem em embaixadas ao redor do mundo. Dezenove delas estavam em cidades europeias, incluindo Paris, Madri, Roma, Praga e Genebra – onde Snowden trabalhou para a CIA. Os norte-americanos também tinham uma estação em Frankfurt.

Outros parceiros dos "Cinco Olhos" também praticavam espionagem por conta própria. Um documento revelado por Snowden, publicado conjuntamente pelo *Guardian* da Austrália e pela emissora de TV Australian Broadcasting Corporation, revelava que a Agência de Espionagem da Austrália tinha escutado o presidente da Indonésia, Susilo Bambang Yudhoyono, além de sua esposa Ani, ministros e confidentes. A apresentação de slides ultrassecreta pertencia ao Departamento de Defesa da Austrália e à Diretoria de Sinais de Defesa. Remontava a novembro de 2009. Outro vazamento mostrava que a NSA havia espionado os 25 chefes de Estado participantes da cúpula do G20 de 2010, em Toronto. A operação secreta foi realizada a partir da embaixada dos EUA em Ottawa. A própria agência de espionagem do Canadá, o Instituto de Segurança de Comunicações do Canadá (CSEC), estava intimamente envolvido.

Como seus colegas alemães, mexicanos e brasileiros, o presidente da Indonésia ficou furioso com o comportamento nada amistoso da sua vizinha Austrália. Rebaixou as relações diplomáticas com Canberra e cessou a cooperação em questões como o contrabando de pessoas e a tentativa de imigração por embarcações ilegais. O primeiro-ministro australiano, Tony Abbott, se recusou a pedir desculpas. Tampouco confirmou se a espionagem tinha de fato ocorrido. Em vez disso, o debate na Austrália foi um eco deprimente do britânico, com políticos e alguns jornais de propriedade do magnata da imprensa Rupert Murdoch atacando a mídia que divulgou a história.

Na Europa, os políticos descontentes estavam tentando formular uma resposta às revelações de Snowden. O tema dominou uma cúpula da União Europeia em Bruxelas. Merkel comentou com outros líderes europeus que a questão em jogo não era o seu celular, mas o que ele representava – "os telefones de milhões de cidadãos europeus". Os políticos alemães pediram a suspensão das negociações de um acordo comercial com os EUA até que a Casa Branca desse uma resposta satisfatória. Houve solicitações para que fossem tomados depoimentos testemunhais de Snowden em Moscou. E para que lhe fosse oferecido asilo, algo que Merkel já havia recusado.

A cúpula colocou o Reino Unido em uma posição complicada. David Cameron viu-se alvo de críticas veladas. Recusou-se a informar se o GCHQ estivera envolvido em escutas de alto-escalão, ou se tinha tido acesso ao material interceptado do celular de Merkel. É bem provável que qualquer informação recolhida pela NSA tenha sido compartilhada com o GCHQ. É até possível que a interceptação tenha sido realizada através de Menwith Hill, o *hub* europeu da NSA em North Yorkshire. Cameron apenas defendeu os "bravos espiões britânicos".

Parlamentares europeus votaram novas e duras regras para a privacidade de dados. Seu objetivo era impedir que dados recolhidos na União Europeia por empresas como Google, Yahoo ou Microsoft acabassem nos servidores da NSA. A proposta, uma contraofensiva explícita ao PRISM, visava restringir o compartilhamento de informações da União Europeia com países de fora do bloco. Propunha também que cidadãos europeus tivessem o direito de apagar seus registros digitais da internet, bem como grandes multas para as empresas que quebrassem essas regras.

A medida tinha ficado de fora da proposta original apresentada pela Comissão Europeia em 2012, seguindo o lobby norte-americano. Os EUA argumentaram que esses novos regulamentos seriam ruins para os negócios. O Vale do Silício concordava. Mas as acusações de espionagem da NSA endureceram os humores europeus, servindo de combustível para aqueles que visavam reformas. (No final, o Reino Unido veio em socorro dos EUA, com Cameron persuadindo seus aliados na União Europeia a adiar quaisquer novas regras até 2015.)

A resposta da União Europeia foi parte de uma tendência pós-Snowden mais ampla de "desamericanização" da internet. Desde 2012, países como Rússia, China e várias nações do Oriente Médio vinham se movimentando para levar ao ciberespaço um maior controle interno. Agora, os europeus e os latino-americanos estavam indo na mesma direção. O Brasil e a Alemanha começaram a trabalhar em uma resolução na Assembleia Geral da ONU para estabelecer limites à espionagem da NSA.

A nova palavra de ordem era "cibersoberania". O objetivo comum entre os aliados descontentes dos EUA era tornar mais difícil para a NSA ter acesso a seus dados nacionais. Para os países autoritários como a Rússia, isso representava um bônus. Maior controle estatal sobre a internet tornava mais fácil espionar seus próprios cidadãos e abafar a dissidência.

A reação mais veemente veio do Brasil. Em outubro, Dilma Rousseff anunciou planos para a construção de um novo cabo submarino ligando a América do Sul à Europa. Isso, na teoria, excluiria os Estados Unidos da triangulação das comunicações, tornando mais difícil para a NSA obter informação brasileira. A presidenta também ponderou sobre uma legislação que forçaria o Google e outros gigantes da tecnologia dos EUA a armazenar dados de usuários brasileiros em servidores locais. Ao mesmo tempo, milhares de trabalhadores federais foram obrigados a adotar uma forma de e-mail altamente criptografada. A norma foi acelerada após as divulgações de Snowden.

Alguns especialistas duvidavam da eficácia das medidas brasileiras. Apontavam que, a menos que o Brasil surgisse com um rival para o Google, a NSA ainda seria capaz de se apossar de seus dados – se necessário, por ordem judicial. De qualquer maneira, as divulgações de Snowden pareciam ter disparado o que o CEO do Google, Eric Schmidt, apelidou de "balcanização" da internet. O que era para ser uma ferramenta universal estava sob ameaça de se tornar algo fragmentado e "específico para cada país", advertia.

Na Alemanha, a estatal Deutsche Telekom desenterrava planos para uma nova rede nacional de internet. Seu slogan, "E-mail made in Germany", sugeria a seus consumidores que o e-mail desenvolvido por eles seria tão confiável quanto os eletrodomésticos feitos na Alemanha. Os e-mails entre usuários alemães não precisariam passar por servidores nos Estados Unidos. O tráfego, em sua maior parcela, seria mantido dentro da área de Schengen da União Europeia (que convenientemente exclui a Grã-Bretanha). A aspiração era manter-se a salvo dos espiões anglófonos intrometidos.

Talvez a consequência mais inesperada do caso Snowden tenha sido o retorno da máquina de escrever. Após descobrir que a NSA havia grampeado seus diplomatas, o governo indiano lançou mão dessa antiga tecnologia. A partir do verão de 2013, o Alto Comissariado Indiano em Londres voltou a utilizar máquinas de escrever. Nada ultrassecreto era armazenado em formato eletrônico, conforme o alto comissário Jaimini Bhagwati disse ao jornal *Times of India*. Diplomatas eram obrigados a passear para deliberar: "Nenhuma informação altamente confidencial é discutida dentro do edifício da embaixada. E é muito chato ter que sair para o jardim cada vez que algo delicado precisa ser discutido."

Os russos tinham chegado à mesma conclusão. O supersecreto Serviço Federal de Proteção do Kremlin – um braço da FSB que alguns acreditam estar protegendo Snowden – fez uma grande encomenda de máquinas de escrever.

A revolução do computador pessoal, que transformou o modo de se comunicar, havia chegado a um impasse: aqueles que se preocupavam com a privacidade foram obrigados a retornar à era pré-internet. Máquinas de escrever, notas manuscritas e encontros às escondidas estavam de volta à moda. Certamente era apenas uma questão de tempo até o retorno do pombo-correio.

A desajeitada operação de espionagem internacional da NSA acabou chamando bastante atenção para detalhes escusos. Um documento revelou que a agência espionava até mesmo os hábitos pornográficos de seis "radicalizadores" islâmicos, em uma tentativa de desacreditá-los. Nenhum dos radicais era de fato terrorista. A espionagem – das atividades de navegação privada de indivíduos – era impregnada do tipo de vigilância injustificável que levou à criação do Church Committee – comitê do Senado norte-americano que investigou atividades da CIA em 1975, presidido pelo Senador Frank Church.

Havia a distinta sensação de que a história se repetia. Alguns veteranos sugeriram que os EUA já vinham se empenhando em atividades similares há décadas.

Claus Arndt, que havia sido vice-responsável pela supervisão dos serviços de segurança da Alemanha, viu no caso Snowden ecos de escândalos anteriores. Arndt disse à *Spiegel* que, até 1968, os EUA haviam se comportado na Alemanha Ocidental como a potência ocupante que a própria Alemanha havia sido uma vez – grampeando quem quisessem. Só depois dessa data os norte-americanos passaram a pedir permissão de oficiais alemães para realizar vigilância. Na Berlim Ocidental, no entanto, os EUA continuaram se comportando "como se a tivessem acabado de ocupar" até 1990, comentou ele. Ele se lembrou de como certa vez um major norte-americano tinha brigado com a namorada e deu uma ordem para que seu telefone fosse grampeado e suas cartas lidas. Arndt disse que não teve outra escolha a não ser acatar o pedido.

E quanto aos métodos modernos dos EUA? Arndt disse que a coleta indiscriminada era ineficaz e que vasculhar um vasto "palheiro de dados" era virtualmente impossível. No entanto, os americanos sempre foram "loucos por informação" e ainda eram "hegemônicos" na própria Alemanha.

Ele resumiu o impacto das revelações de Snowden em uma única frase: "Teoricamente, somos soberanos. Na prática, não."

13

O armário de vassouras

Escritório do *New York Times*, Eighth Avenue, Nova York
verão ao inverno de 2013

"Você vem sempre aqui. #frasedepaqueradaNSA"

PIADA NO TWITTER

A salinha é um glorioso armário de vassouras. Algumas telas que pertenceram ao falecido Arthur Sulzberger estão empilhadas junto à parede. Uma gravura mostra um jornaleiro baforando um charuto; acima, duas palavras: "O Grande Irmão está te olhando." (Um bilhete diz que Arthur vai revisar as pinturas "quando voltar". Ele morreu em 2012.) Há fios de pequenas luzes, uma mesinha, algumas cadeiras. Nenhuma janela. Em uma estante metálica, há caixas de envelopes de cor creme. São de Arthur Sulzberger Jr. – herdeiro do primeiro –, atual editor do *New York Times*. No corredor, do lado de fora, há fotos dos vencedores do Pulitzer, do *NYT*. É um grupo bem ilustre. Da lanchonete dos funcionários, ouve-se um falatório inteligente.

O escritório do *New York Times* fica na Eighth Avenue, no centro de Nova York. O almoxarifado do jornal teria um papel improvável na história de Snowden. Foi de onde o *Guardian* prosseguiu relatando sobre os arquivos da NSA, em parceria com o *NYT*, depois que a operação de Londres foi encerrada. O local era apertado. Também era extremamente seguro. O acesso era altamente restrito; havia guardas, câmeras de vídeo e outras medidas de prevenção. Sua localização em solo americano significava que os jornalistas que trabalhavam ali sentiam que desfrutavam de algo que não tinham em Londres: a Constituição dos EUA.

Nos EUA, a administração Obama se distanciou da destruição dos discos rígidos do *Guardian* – um ato amplamente condenado pelas organizações da União Europeia, pelo restante do mundo e pelo relatório da ONU sobre a liberdade de expressão. Evidentemente, a Casa Branca não estava muito satisfeita com as revelações de Snowden. Mas entendia que a primeira emenda garantia liberdade de imprensa. Tal destruição não poderia acontecer nos EUA, disseram os funcionários da Casa Branca.

Dois dias depois que os hobbits do GCHQ supervisionaram a destruição, o governo britânico fez um acompanhamento da oferta de Rusbridger. Pediu ao *Guardian* para identificar os parceiros americanos do jornal. O editor lhes disse que estava trabalhando com o *New York Times* e o ProPublica, site sem fins lucrativos.

Só depois de mais três semanas e meia o Ministério Exterior do Reino Unido fez algo sobre a espionagem. Em 15 de agosto, Philip Barton, vice-embaixador britânico nos EUA, finalmente fez uma ligação para Jill Abramson, editora-executiva do *NYT*. Ele pediu uma reunião. Abramson estava mesmo planejando viajar a Washington. Ela tinha marcado uma reunião com James Clapper, pronta para o combate. Não para falar sobre Snowden, mas sobre a frequência alarmante com que a administração estava fazendo pressão nos repórteres do *NYT*, particularmente os que cobriam assuntos da inteligência.

"Nós temos décadas de experiência publicando histórias delicadas que lidam com a segurança nacional", conta Abramson. Em 1972, o *NYT* publicou os documentos do Pentágono, durante a época de Arthur Sulzberger. "Nunca fomos soberbos. Nós levamos (os funcionários da administração) a sério. Mas está havendo uma guerra contra o terrorismo, e as pessoas precisam saber a dimensão dela."

O vice-embaixador convidou Abramson para ir até a embaixada britânica. Rusbridger a desaconselhou a fazê-lo, por conta dos artefatos de espionagem. Então, Abramson acabou concordando em se reunir com o embaixador na residência dele, em lugar da própria embaixada, tecnicamente território do Reino Unido: quem sabe o que os espiões poderiam arranjar por lá? Na reunião, Barton solicitou a devolução dos documentos de Snowden ou sua destruição. Os vazamentos relativos ao Reino Unido deixaram seu governo inquieto, disse. Abramson não confirmou nem negou que o *NYT* estivesse de posse do material de Snowden. Ela prometeu ir embora e pensar a respeito.

Dois dias depois, ligou para Barton para dizer que o *NYT* estava negando seu pedido. Segundo Abramson: "A reunião foi uma decepção. Nunca mais tive notícias deles." Aparentemente, o Departamento Britânico de Relações Exteriores prosseguia pelas vias formais. Rusbridger deixara claro que o material existia em muitas jurisdições. O ProPublica, em Nova York, também estivera trabalhando com o *Guardian*, há meses, como sabia Downing Street. Os britânicos jamais fizeram qualquer tentativa de abordá-los.

Naqueles verão e outono, o *Guardian EUA* publicou vários furos notáveis. Revelou que a NSA estava bisbilhotando 35 líderes mundiais, havia corrompido criptografias e vinha trabalhando com o GCHQ para espionar cidadãos britânicos – aparentemente, um presente de despedida de Tony Blair aos EUA, durante seus últimos dias em exercício. A NSA também rascunhara procedimentos para espionar os britânicos pelas costas do GCHQ, se achassem que os interesses dos EUA exigiam tal medida. Isso foi um ato de anticavalheirismo: sob o acordo dos "Cinco Olhos", ficou entendido que os britânicos e os americanos não se deveriam espionar uns aos outros. Acidentalmente ou não, era incerto se a NSA havia espionado o próprio Cameron. Ele não estava na lista dos 35, mas alguns de seus interlocutores, sim.

Todas essas revelações cruzaram o planeta. O vídeo da conversa de Greenwald já atingira recordes de visualizações no website do *Guardian*. Snowden, então, participou de uma sessão ao vivo de perguntas e respostas no site, enquanto ainda estava em seu esconderijo em Hong Kong. Gabriel Dance, editor de interação do jornal nos EUA, produziu um guia interativo para vigilância em massa, "A

NSA Decodificada", que mesclava texto convencional e gráficos com inserções de vídeos. A saga de Snowden demonstrava que a tecnologia moderna podia gerar uma tração global em alta velocidade para uma história como essa.

Principalmente nos EUA, é claro, porque ali estava causando um efeito transformador na paisagem política. Quando as primeiras revelações foram publicadas, a reação de Capitol Hill foi negativa. Houve condenação a ambos os vazamentos e ao próprio Snowden. Membros do Congresso instintivamente tomaram partido dos serviços de segurança.

Contudo, alguns indivíduos de mentes independentes apoiaram Snowden desde o começo. Um deles foi o seu herói, Ron Paul. Ele disse que os EUA deveriam ser gratos ao jovem delator pelo serviço que havia prestado ao falar sobre a "injustiça" feita pelo governo. Rand, filho de Paul, senador republicano de Kentucky, ecoou a fala. Descreveu a vigilância de americanos pela NSA como "um ataque à Constituição".

Figuras diversificadas, como o comentarista de direita, Glenn Beck, e o liberal Michael Moore elogiaram Snowden, como fez John Cassidy, da *New Yorker*. Al Gore mandou um tweet de apoio. Em outros órgãos da mídia houve uma hostilidade incrível, geralmente expressa em termos *ad hominem*. Por exemplo, Jeffrey Toobin, especialista em assuntos legais da CNN, descreveu Snowden como "um grandioso narcisista que merecia estar na cadeia".

Em público, a maioria dos membros do Congresso expressou mensagens anti-Snowden semelhantes. Já em particular, nem tanto. Os membros da Câmara e do Senado podem não ter gostado dos vazamentos, ou de Snowden entocado, como ele estava, na Rússia. Mas, dentre alguns, havia uma preocupação mesquinha. À medida que as revelações se acumulavam, igualmente aumentava a inquietação no Congresso.

No fim de julho ficou bem clara a dimensão dessa inquietação em Capitol Hill, quase dois meses depois do surgimento das primeiras histórias de Snowden. Um jovem e relativamente novo congressista,

Justin Amash, apresentou uma emenda para o projeto anual do Departamento de Defesa. Seu objetivo era extravagante: colocar fim na imensa coleta de registros telefônicos dos americanos feita pela NSA. Como Amash explicou, ele queria "defender a quarta emenda [...] e a privacidade de cada americano".

Amash não vinha da ala liberal dos democratas, como se podia esperar. Era um republicano. Da segunda geração árabe-americana, com descendência cristã, palestina e síria-grega-ortodoxa, Amash veio da ala libertária do partido. Também foi um apoiador de Ron Paul, principal defensor do pequeno governo e da deferência à Constituição. Era um oponente da negligência militar e um crítico voraz da intromissão governamental à privacidade. Amash fez doações à campanha presidencial de Paul em 2008 – assim como fez com Snowden em 2012.

Ninguém esperava que a emenda de Amash chegasse muito longe. No entanto, ela passou pelo comitê de regras da Câmara. A administração Obama, as agências de inteligência e seus aliados no Congresso, então, fizeram um grande esforço para derrubá-la. Em uma maratona de reuniões a portas fechadas no porão do Capitol, o general Alexander fez um alerta sobre as consequências adversas para a segurança nacional; Clapper disse que a NSA poderia perder uma ferramenta vital da inteligência. A Casa Branca deu o passo, incomum, de publicamente demonstrar objeção a uma emenda proposta a um programa.

Na noite de quarta-feira, 24 de julho de 2013, Spencer Ackerman, do *Guardian*, era apenas um dos poucos repórteres que se deram ao trabalho de assistir à votação na Câmara. Subitamente, havia algo no ar. Desde o 11 de Setembro, a política de segurança dos EUA só seguira numa única direção: se intensificava. Agora, pela primeira vez, houve um recuo. "Foi eletrizante, o desfecho estava incerto durante todo o tempo", conta Ackerman.

Em um Congresso normalmente minado pela divisão partidária, duas alas dos partidos Republicano e Democrata estavam se unindo. Desde o começo da presidência de Obama, os partidos conflitantes haviam sido incapazes de concordar em muita coisa. De fora, Washington era tribal e disfuncional; o único assunto para o qual havia um consenso bipartidário era o Irã. Em questões domésticas, os políticos eram divergentes e irreconciliáveis.

Nessa ocasião, John Conyers, um democrata, foi copatrocinador da emenda de Amash. As lideranças republicana e democrata da Câmara, assim como a Casa Branca, a rejeitaram amargamente. Democratas pela liberdade civil e republicanos libertários formaram uma aliança pró-Amash. A divisão no Congresso não era a habitual. Em vez disso, era "*insiders* versus libertários de Washington". Institucionalmente, era entre os Comitês de Inteligência, que supervisionam as operações secretas, e os Comitês Judiciários, que supervisionam a fidelidade à lei e à Constituição.

O debate foi um dos mais fervorosos dos últimos anos; palestrantes a favor e contra a emenda eram aplaudidos pelos corredores. Contra Amash estava Mike Rogers, um ex-agente do FBI, presidente do Comitê de Inteligência da Câmara e franco defensor da NSA. "Será que nos esquecemos do que aconteceu no 11 de Setembro?", perguntou. Ele debochou da campanha feita por Amash na internet e disse: "Somos tão pequenos a ponto de olharmos apenas quantas "curtidas" recebemos no Facebook?" O republicano Tom Cotton, falando contra a proposta de Amash, declarou: "Pessoal, nós estamos em guerra."

Mas alguns membros que se opunham à vigilância sem ordem judicial invocaram comparações à época colonial. Compararam os programas da NSA aos mandados gerais que permitiam os funcionários britânicos alfandegários vasculhar os pertences particulares. Foi a acusação mais emotiva que poderia ter sido apresentada por um político americano. (Bruce Fein, advogado do pai de Snowden, fez a mesma comparação ressonante em uma entrevista de TV, às "ordens de confisco" britânicas.)

O debate encontrou aliados estranhos. Ted Poe, membro líder do Tea Party, se uniu à liberal Zoe Lofgren, algo que quase nunca acontece em Washington. Mas Nancy Pelosi, grande democrata, atacou veementemente a emenda de Amash. Os ânimos estavam exaltados. Durante o debate, Rogers fazia cara feia e batia com seu rolo de papel na outra mão vazia, como se fosse um porrete, passando pelas fileiras de mesas. Amash estava rindo – para ele, esse foi um momento marcante em sua carreira – e brincando com seus colegas.

Quando chegou a hora da votação, foi um choque. A emenda foi derrotada, mas por muito pouco – uma margem de 217 contra 205. Poucos imaginavam que a insatisfação no Congresso houvesse chegado a esse nível. Isso refletia a polarização ao redor dos EUA. O país estava engajado em um debate pleno. Para alguns, era segurança versus privacidade. Para outros, era se Snowden era um informante ou um traidor. Havia também os que não se importavam.

Para a Casa Branca, a NSA e o escritório do diretor da Inteligência Nacional, a votação foi uma experiência de quase morte. Estava claro que algo precisava mudar. O mantra absoluto de que Snowden era um "traidorzinho do Havaí", como Alexander havia colocado, já não era suficiente. A Casa Branca começou a dar pistas de comprometimento. As audiências no Congresso foram marcadas para o outono; houve pedidos de mudança legislativa para conter a NSA; o trabalho começou a moldar novos programas.

Em sua coletiva de imprensa antes do recesso de verão, em 9 de agosto, Obama fez seus primeiros comentários substanciais sobre a crise. Expôs uma estratégia de maior transparência. Mas, o mais crucial, não anunciou qualquer restrição na vigilância.

Obama propôs um novo painel para rever as políticas de inteligência. Ele também anunciou uma supervisão maior por parte da FISC, corte de vigilância de inteligência estrangeira e a liberação das justificativas que sustentavam a coleta de registros telefônicos, na seção 215 do Patriot Act.

O presidente reconheceu que os EUA tinham capacidade "expressiva" de espionagem. Mas disse que, ao contrário de outros regimes repressivos, os EUA se portavam com reservas e não "jogavam seus cidadãos na cadeia pelo que dissessem on-line". Suas reformas, segundo ele, eram elaboradas para garantir que os americanos pudessem acreditar no empenho da inteligência dos EUA, e ter confiança de que estavam "em linha com nossos interesses e nossos valores".

Também tinha um recado para os não americanos – uma subespécie perante as leis americanas de vigilância, sem qualquer direito aparente a privacidade. "Para outros, ao redor do mundo, eu quero, mais uma vez, deixar claro que os EUA não estão interessados em espionar pessoas comuns."

Tudo isso parecia razoável. Mas os céticos se perguntavam se Obama estava falando de reforma ou "reforma"? Em outras palavras, um simulacro de reforma, na qual as práticas mais flagrantes de vigilância da NSA teriam permissão para prosseguir livremente. No fim de agosto, foi revelado um novo painel de revisão. Obama tinha prometido um "grupo de alto nível de especialistas externos". No fim das contas, esses especialistas "independentes" eram literalmente todos ex-funcionários da inteligência, com laços estreitos com a administração Obama.

Os libertários civis farejavam um grande roedor. O presidente do painel era Michael Morell, ex-vice-diretor da CIA na gestão de Obama; os dois outros membros eram Richard Clarke, um ex-coordenador de contraterrorismo das administrações Clinton e George W. Bush; e Peter Swire, diretor de privacidade de Clinton. O painel desfrutou de um nome lúgubre, "Grupo Diretor de Revisão de Inteligência Nacional, Comunicações e Tecnologia". Nisso havia uma pista: os conselheiros estavam atuando a partir dos escritórios do DNI, liderados por James Clapper. O relatório do comitê – escrito ao final de 2013 – foi para a Casa Branca.

Críticos descartaram o painel considerando a intenção de transparência fingida, e seus membros, patetas da Casa Branca. Isso talvez tenha sido injusto. Mas era difícil saber, já que as reuniões eram realizadas em sigilo. Em setembro houve uma sessão inaugural com grupos de liberdades civis, incluindo a ACLU. Mais uma audiência se seguiu, com representantes do Facebook e de outros gigantes da tecnologia, ainda tontos pelas revelações do PRISM.

O Vale do Silício censurou severamente a Casa Branca. Os executivos de Facebook, Google, Microsoft, Apple e Yahoo disseram que as revelações de Snowden tinham sido um desastre para seus negócios, com as operações na Europa e na Ásia fortemente prejudicadas. Bilhões de dólares haviam sido perdidos. A administração precisava assumir as rédeas da situação e fazer algo rapidamente, disseram os gigantes tecnológicos. Essa conversa ocorreu antes de vir à tona que a NSA tinha invadido os bancos de dados do Google e do Yahoo – na verdade, uma invasão cibernética do Estado a duas das maiores empresas americanas.

Ao longo do verão, as companhias tecnológicas insistiam no mesmo assunto: o de que a NSA estava legalmente a coagi-las a colaborar. Quaisquer dados que estavam entregando, não eram dados voluntariamente, mas em resposta a exigências judiciais. Alguns dias antes de participarem do painel de revisão, os presidentes do Vale do Silício tinham se reunido na conferência TechCrunch Disrupt, em São Francisco. O clima era de motim. Marissa Mayer, do Yahoo, disse que sua empresa teve que obedecer a ordens judiciais da FISA, embora isso não agradasse: "Quando você perde e não aceita é considerado traição." Mark Zuckerberg, do Facebook, foi sucinto: "O governo ferrou tudo."

No entanto, durante as reuniões com o painel revisor, as empresas tecnológicas não disseram nada sobre restringir a vigilância da NSA. Em vez disso, alguns participantes mencionaram que o objetivo dos dirigentes das empresas era contar aos clientes uma boa história sobre como todos estavam protegendo seus dados.

A notícia de que a NSA havia invadido os bancos de dados do Google e do Yahoo provou ser um fato crucial na mudança do jogo. Na façanha mais orquestrada já feita entre eles, os gigantes tecnológicos se uniram para exigir mudanças radicais nas leis de vigilância americanas. Numa carta aberta a Obama e ao Congresso, exigiram o banimento da coleta maciça de dados feita pelas agências de espionagem.

Eles escreveram: "Em muitos países, a balança está pendendo demais a favor do Estado e contra os direitos dos indivíduos – direitos que são assegurados em nossa Constituição. Isso mina a liberdade que todos nós louvamos. É hora de mudar."

Os signatários foram Apple, Google, Facebook, Microsoft, Yahoo, LinkedIn, Twitter e AOL. Naturalmente, estavam agindo segundo os próprios interesses. Mas as empresas também expuseram uma série de cinco "princípios de reforma". Para elas, o principal era que os governos – dos EUA, do Reino Unido e dos demais países – deveriam cessar a vigilância sem suspeita. Em vez de espionar todos, deveriam se focar em "usuários especificamente conhecidos por motivos legais".

O Google acrescentou que as revelações de Snowden criavam o risco de transformar a internet em "splinternet".* "A capacidade de fluxo de dados, ou deles serem acessados através das fronteiras, é essencial à existência de uma economia mundial robusta, no século XXI", argumentaram.

Nesse novo mundo pós-Snowden, a NSA enfrentava uma calamidade no que toca as relações públicas. Desde que havia sido fundada – apropriadamente, em total sigilo – a agência havia vivenciado quatro épocas distintas. A primeira foi a criação. Essa época durou de 1952 até 1978. A era terminou com uma série de relatos feitos pelo comitê do Senado, liderado por Frank Church, revelando abusos domésticos imperdoáveis: o assédio feito pelo FBI a Martin Luther King, os programas de assassinato da CIA e a lista de vigilância de 75 mil americanos. O Church Committee (comitê presidido pelo senador Frank Church) antecipou amplas reformas. Dentre elas, o Ato da FISA, que estabelecia a exigência de aprovação judicial para vigilância estrangeira e espionagem doméstica nos EUA.

---

* "Splinternet" é um termo cunhado pelo pesquisador Clyde Wayne Crews para ilustrar a ideia de uma internet dividida (*split* + internet) de acordo com interesses comerciais, políticos e religiosos de diferentes países, os quais passariam a bloquear o acesso a determinados conteúdos indesejáveis de dentro de seus territórios. Foi concebido como um conceito positivo, mas, recentemente, a proximidade com a prática de censura vem dando conotação negativa ao termo.

A segunda era da NSA, de 1978 a 2001, foi de restrição, com a agência operando dentro dos parâmetros do Church Committee. O que se seguiu após o 11 de Setembro foi uma segunda expansão: uma década em que as agências de inteligência desfrutaram de apoio popular e uma explosão de custeio da Casa Branca. Isso teve uma parada abrupta com Snowden e o início de uma quarta e incerta era. Agora a NSA estava sob o exame mais minucioso e pesado desde os anos 1970.

E também passou a ser alvo de piadas um tanto divertidas.

LOVEINT era uma sátira de SIGINT. O termo era usado quando os empregados usavam as poderosas ferramentas de espionagem da agência para bisbilhotar a vida de um parceiro ou namorada. Os altos funcionários insistiam que o número de casos LOVEINT era pequeno, que todos os indivíduos envolvidos eram demitidos ou punidos e que a maioria das violações era pessoalmente relatada. A senadora Dianne Feinstein, presidente do Comitê de Inteligência do Senado e amiga leal da NSA, disse que o LOVEINT só acontecia uma vez por ano.

Ainda assim, a história foi um presente para o Twitter. Em algumas horas, a *hashtag* "#NSApickuplines" (frases de paquera da NSA) se espalhou. Jay Rosen, sábio da mídia da New York University, abriu com: "Você está livre na sexta-feira. Gostaria de jantar?"

@sickjew ensaiou: "Você vem sempre aqui."

@Adonish_P continuou no mesmo viés, com: "Eu sei exatamente onde você esteve, durante toda minha vida."

Talvez, a piada mais criativa tenha vindo de @benwizner, que usou os hábitos de coleta em grande escala da NSA. Disse, no Twitter: "A NSA entra no bar e diz, 'Me dê todos os seus drinques. Preciso decidir qual deles vou pedir'."

Para o general Alexander isso foi um tanto humilhante. Em seus oito anos como encarregado da maior agência de espionagem do mundo, tinha adquirido mais poder do que qualquer chefe de espionagem jamais tivera. Seu império incluía três domínios poderosos: a NSA, o Central Security Service e o US Cyber Command – estabelecido pelo Departamento de Defesa, em 2009, para liderar os empenhos cibernéticos da nação. Oficialmente, era conhecido pelo acrônimo DirNSA. Seus subordinados arranjaram outros nomes: Imperador Alexander ou Alexander, o Geek.

À primeira vista, Alexander parece um nerd. É miúdo, tem a língua ligeiramente presa e parece preocupado com detalhes hipertécnicos. Mas é um polido operador político, e seu sucesso é baseado em fofocas bem-direcionadas. Antes de qualquer pessoa ouvir falar de Snowden, Alexander costumava levar congressistas influentes para um tour recreativo pela NSA. Mostrava-lhes seu centro de comando em Fort Meade, uma réplica da ponte da nave espacial *Enterprise.* Aqueles que o conhecem dizem que possuía um grande conhecimento da História e de seu papel dentro dela. É um lugar onde Grandes Homens realizaram Grandes Feitos contra o Mal.

No entanto, se Alexander e sua equipe de liderança esperavam apoio da Casa Branca, em tempos de necessidade, eles se decepcionaram profundamente. Em seu discurso de agosto, Obama chegou, sim, a fazer homenagem aos "homens e mulheres da nossa comunidade de inteligência". Descreveu-os como "patriotas" que amam seu país e seus valores. Mas não houve visita presidencial a Fort Meade, nem demonstrações de solidariedade diante das câmeras.

Ficou a cargo da NSA defender suas próprias atividades de vigilância e alegar que os programas controversos de varreduras, executados pela agência, eram de fato legais. E ela o fez diante de um antagonismo crescente por parte do público. (Um vídeo no YouTube que apresenta Alexander já teve mais de 16 mil "dislikes".) Depois de Snowden, a postura em relação à comunidade de espionagem vem mudando, pela primeira vez, desde o 11 de Setembro. Numa pesquisa de julho, feita pelo *Washington Post*/ABC, ficou demonstrado que 39 por cento acreditavam que era mais importante preservar a privacidade do que investigar o terrorismo; em 2002, esse número era apenas de 18 por cento.

Com a questão da vigilância agora tão obviamente nociva, a administração Obama fez algo em que eles são bons: ficou em cima do muro. Dentro do Palácio do Quebra-Cabeça, havia incredulidade misturada com impertinência. A agência, uma instituição de olhar introspectivo, estava acostumada a fazer tudo a seu modo. Altos funcionários em exercício não podiam se manifestar. Contudo, ex--empregados da NSA não faziam segredo quanto ao fato de sentirem que a Casa Branca os havia empurrado para debaixo do ônibus.

"Não houve qualquer apoio à agência, por parte do presidente, ou dos funcionários de alto escalão de sua equipe, e isso não passou despercebido, tanto por altos funcionários quanto pelo restante do pessoal, em Fort", disse Joel Brenner, ex-inspetor-geral da NSA, nas páginas do *Foreign Policy*, ao se referir à visão em Fort Meade. A revista citou ex-oficiais da inteligência que disseram que o moral interno da NSA estava baixo. O exame minucioso que se seguiu ao vazamento de Snowden, misturado aos cortes de orçamento, significou que os espiões estavam "sofrendo", disse um deles.

Uma foto oficial da Casa Branca capturou esse afastamento entre a administração e a agência. Em novembro, Obama e o vice-presidente Biden se reuniram com líderes militares sêniores. O encontro ocorreu na sala de reuniões da Casa Branca. Obama estava sentado no meio, de frente para a câmera, com a mão direita erguida para expressar um ponto de vista. Na ponta da mesa oval, do outro lado, estava o solitário general Alexander, emoldurado por duas pinturas. O presidente e o chefe da NSA talvez até tivessem papeado durante o jantar. Mas, se o fizeram, nenhuma foto foi liberada.

Em grande parte, é a própria NSA que leva a culpa por essa ausência de cunho político. As primeiras reações de Alexander quanto ao vazamento de Snowden foram ineptas. Ele inicialmente alegou que os controversos programas de coleta maciça de dados, realizados pela NSA, impediram um número impressionante de tramas terroristas: 54 – sugerindo que isso aconteceu dentro dos EUA.

Chris Igles, vice de Alexander, posteriormente admitiu que somente cerca de uma dúzia dessas tramas tinha algo a ver com o continente americano. Depois ele disse que apenas uma delas talvez tenha sido resultado da vigilância em massa dos americanos. (Ele também foi ambíguo quanto a serem "tramas" verdadeiras; algumas citações não foram nada além de transações financeiras.)

No entanto, o que mais prejudicou o caso da NSA em Capitol Hill não veio de Alexander, mas de Clapper, o chefe-geral das agências de espionagem. Clapper havia dado uma resposta falsa a Ron Wyden, numa audiência no Senado, realizada em março. Ao ser questionado se a NSA coletava "algum tipo de dado dos milhões, ou centenas de milhões de americanos", ele deu uma resposta enfática e sem reservas: "Não, senhor. Deliberadamente, não."

Essa resposta voltou para assombrá-lo. Mentir para o Congresso se tornaria algo sério. Depois das revelações de Snowden, Clapper procurou refinar sua resposta, descrevendo-a como "a resposta com menos inverdade" possível para uma audiência pública. Mas não deu certo: o escritório de Wyden lhe dera, logo em seguida, um prazo de 24 horas após a pergunta para corrigir o registro. Clapper mudou seu relato para dizer que simplesmente havia se esquecido das coletas de registros telefônicos domésticos. Esse testemunho errôneo foi a centelha para começarem as solicitações para que ele fosse demitido ou se demitisse. Clapper pediu desculpas publicamente ao Senado – não a Wyden, especificamente – depois que sua mentira se espalhou.

Ainda assim, havia apoiadores leais que defenderam a NSA com fervor. Um foi Feinstein, encarregada da supervisão da agência. No dia em que Snowden revelou sua identidade como responsável pelo vazamento, a sua resposta foi inflexível. "Não o vejo como um informante. Acho que isso é um ato de traição", disse. "Ele violou um juramento. Transgrediu a lei." Feinstein negou que a coleta de registros telefônicos e comunicações via internet representassem qualquer tipo de vigilância – dizendo que a NSA meramente colhera o tipo de informação encontrada em uma conta telefônica.

No entanto, depois da notícia dando conta de que a agência havia invadido o celular pessoal de Merkel, Feinstein mudou totalmente de opinião. Pediu uma "revisão total" de todos os programas de inteligência e reclamou que o Comitê de Inteligência do Senado não havia sido "satisfatoriamente informado". Espionar nações amistosas e primeiros-ministros não estava em pauta. Segundo ela: "Em relação à NSA coletar informações sobre líderes de aliados americanos – incluindo a França, Espanha, México e Alemanha –, deixe-me afirmar, inequivocamente: sou totalmente contra."

A posição de Feinstein era confusa tanto para os que apoiavam a NSA quanto para seus críticos. Por um lado, pareceu focar em uma atividade que sempre fez parte da missão-chave da agência: a coleta de sinais estrangeiros de espionagem. Por outro, permaneceu defendendo seus programas de coleta em massa, exatamente os mesmos que levaram Snowden a delatar o esquema. Era bastante estranho.

Apesar dessa oscilação, a lealdade de Feinstein à agência nunca esteve seriamente em questão. No outono de 2013, ela propôs um projeto de lei para "reformar" a NSA, uma de várias iniciativas legislativas. A dela foi, de longe, a mais solidária à agência. O projeto sugeria limitar mudanças, enquanto basicamente mantinha o *status quo* e, em alguns casos, até ampliava seus poderes já imensos.

Isso não ficou imediatamente aparente. Em 31 de outubro, uma dúzia de repórteres se reuniu do lado de fora de uma sessão, a portas fechadas, do seleto Comitê de Inteligência do Senado, no segundo andar do prédio Hart Senate. A suspeita era de que Feinstein entregaria um acerto de contas – mas a senadora havia demonstrado um ar de malícia, dias antes, quando criticou a NSA por mirar líderes aliados. Ninguém tinha visto o texto secreto de seu projeto.

Meia hora após o início da sessão, a equipe de assessoria de imprensa de Feinstein anunciou que o projeto, FISA Improvement Act, havia sido aprovado com 11 votos contra 4. Ampliava a "transparência dos programas críticos de inteligência" e proibia a "coleta maciça de dados". No entanto, em minutos, essa notícia foi elucidada. Em uma análise mais atenta, no fim das contas, o projeto cessava a coleta maciça de conteúdo, algo que a NSA nunca fizera. A nota de imprensa era enganosa. A realidade era que a proposta de Feinstein se resumia a uma defesa, até uma expansão dos poderes de vigilância da NSA.

Ela codificava especificamente que a NSA poderia peneirar comunicações estrangeiras telefônicas e via e-mail dos americanos. Ao falar posteriormente, Feinstein não se mostrou arrependida. Ela disse que a ameaça de ataques terroristas nunca havia sido tão grande. E acrescentou: "Acho que há um enorme mal-entendido quanto a esse programa de banco de dados da NSA e sobre quanto ele é vital para proteger esse país."

No entanto, outros senadores surgiram com propostas mais duras para controlar a agência. Um deles foi Jim Sensenbrenner, presidente do Comitê Judiciário da Câmara. Sensenbrenner, autor primordial do Patriot Act, que elaborou para assegurar que os espiões americanos pudessem lutar contra o terrorismo no mundo pós-11 de Setembro. Agora ele dizia que as administrações Bush e Obama haviam interpretado mal sua legislação – usando-a para espionar americanos inocentes. Foi um momento clássico de dr. Frankenstein, quando o cientista percebe que sua criação não era tão bela quanto desejara, mas um monstro fora de controle.

Como meio de corrigí-la, Sensenbrenner apresentou um "USA Freedom Act". O ato, proposto com o senador Patrick Leahy, conjetura grandes reformas. Dentre elas, o fim dos programas de coleta maciça e um novo "advogado especial" que pudesse representar liberdades civis e confrontar as solicitações secretas do governo, na corte da FISA. Essencialmente, Sensenbrenner propôs a volta do modelo de espionagem direcionada. Ele afirmou: "Profissionais da inteligência devem buscar pistas factíveis – não ficar revirando montanhas de nossos dados particulares."

Enquanto isso, os senadores Wyden e Udall, dois críticos à NSA em épocas anteriores a Snowden, apresentaram sua própria proposta de legislação para deter a espionagem não autorizada de americanos. Wyden sugeriu que o Senado deveria ter poder para confirmar o novo diretor da NSA.

À moda do Kremlin, a Casa Branca deixara claro que favorecia uma liquidação no alto escalão. Alexander confirmou sua partida da NSA em março de 2014. (O *Wall Street Journal*, citando um alto funcionário americano, disse que Alexander oferecera sua demissão em junho. A Casa Branca recusou.) Outros oficiais sussurravam que seria uma boa ideia se Clapper também saísse, simultaneamente. Teoricamente, Clapper deveria conduzir a revisão da inteligência do governo. Na prática, era um defunto ambulante, fatalmente prejudicado pela falsa alegação diante do Congresso.

A NSA utilizou cada oportunidade para lembrar os americanos sobre o 11 de Setembro e sobre o seu papel de manter os cidadãos em segurança. Os críticos da NSA frisaram que Angela Merkel não era exatamente a Al-Qaeda. Em uma entrevista para a revista *Der Spiegel*, o senador John McCain evocou uma "faxina por atacado", na comunidade de inteligência americana, começando pelo topo. Ao ser indagado por que os espiões americanos haviam grampeado a chanceler Merkel, deu uma resposta concisa: "Fizeram porque puderam fazer."

Eram novas perspectivas, mas até 2014 parecia que a maior parte dos programas expostos por Snowden ainda prosseguia. A Casa Branca tinha prometido transparência, mas não parecia disposta a desligar a vigilância em massa e seu equivalente ao panóptico de Bentham.

Segundo o *New York Times*, Obama havia relutantemente concluído que não existia uma alternativa funcional à coleta maciça de metadados, incluindo os de americanos. A administração deu pistas de que talvez reduzisse o número de anos de armazenamento dessas informações – passando de cinco para três. Mas isso não chegava a ser uma concessão.

Snowden conseguira alcançar o debate que sempre quisera, e até mais. Mas, em termos de reforma legislativa, era cedo demais para dizer se uma mudança expressiva viria a acontecer.

Enquanto isso, a hostilidade da administração em relação ao informante não diminuiu. Obama e o secretário de Estado, John Kerry, demonstraram não haver qualquer recuo em sua postura em relação ao homem que Kerry mencionava como um "traidor de seu país". Perdão presidencial? Jamais. As acusações de espionagem contra ele permaneciam. Tratava-se de comunicação desautorizada de propriedade do governo e comunicação deliberada de informação sigilosa a uma pessoa não autorizada.

Caso regressasse de Moscou, enfrentaria trinta anos de cadeia. Acusações adicionais poderiam ser feitas. A pena de morte também está disponível, numa das sessões do Ato. Apesar de mudar o curso da História política através de suas revelações extraordinárias, não se sabe quanto tempo pode levar para que Snowden veja seu lar novamente.

14

Atire no mensageiro

Sala de custódia, aeroporto de Heathrow, Londres
Domingo, 18 de agosto de 2013

"Por favor, não fazer nenhuma referência à atividade de espionagem. É vital que MIRANDA não saiba a razão de sua parada no aeroporto."

MENSAGEM DO MI5, SERVIÇO DE SEGURANÇA BRITÂNICO

Era manhã de domingo no campo inglês e dois homens de meia--idade estavam enchendo um bote inflável. Um deles tinha 59 anos. Era Alan Rusbridger, editor do *Guardian*. A revista *New Yorker* o descreveu assim: "Ele usa óculos quadrados de armação preta e tem volumosos cabelos escuros que se espalham por sua cabeça e sobre suas orelhas. Poderia se passar por um bibliotecário." O companheiro de Rusbridger era seu amigo Henry Porter. Porter, 60 anos, escreve para a revista *Vanity Fair* e para o jornal *The Observer*; é autor de thrillers e faz campanha pelas liberdades civis.

Os dois jornalistas estavam realizando um sonho infantil um pouco excêntrico – remar até Avon, em Warwickshire, saboreando a vista tranquila do rio. Partiram de Stratford-on-Avon, lar do bardo William Shakespeare. Esperavam ver galinhas-d'água, patos e talvez até mesmo uns ratos-do-campo. Essa viagem poderia ter saído diretamente das páginas de *Scoop* (Furo), um delicioso romance sobre a imprensa inglesa escrito pela satirista Evelyn Waugh.

O protagonista de *Scoop* era o jornalista William Boot, que possuía uma coluna sobre natureza. "Com suas patas leves sobre o solo pantanoso, lá vai o curioso rato-do-campo" era uma de suas frases mais memoráveis. Quando Boot é enviado para cobrir uma guerra na distante África, leva consigo um bote inflável. (Boot foi levemente inspirado em Bill Deedes, lendário editor do *Daily Telegraph*, que em 1935 foi cobrir a guerra na Abissínia levando um quarto de tonelada de bagagem).

O passeio de bote do fim de semana para Rusbridger tinha como objetivo uma pausa nas extenuantes exigências da profissão de editor. Não durou muito. Ainda na margem do rio, ele atendeu seu celular. No aeroporto de Heathrow, a polícia havia detido o brasileiro David Miranda, 28 anos, parceiro de Glenn Greenwald! Eles o estavam segurando com base no procedimento número 7 da Lei de Terrorismo do Reino Unido! Haviam confiscado sua mochila!

A lei antiterrorismo, aprovada em 2000, destinava-se a assassinos. Foi projetada para permitir que a polícia detivesse possíveis jihadistas ou membros do IRA que estivessem planejando atentados, assim que entrassem em território britânico. É uma peça de legislação draconiana: não há necessidade de "causa provável" ou suspeita específica. A justificativa dessa detenção é grave: avaliar se alguém pode estar envolvido na "comissão, instigação ou preparação de atos de terrorismo".

Miranda não era terrorista. As autoridades britânicas sabiam disso perfeitamente. Ele era o companheiro de um jornalista. Na verdade, suspeitavam de que estivesse carregando cópias de arquivos da NSA e do GCHQ vazados por Edward Snowden, já que Greenwald estivera envolvido na pesquisa e na publicação do material. Sua finalidade primordial, conforme viriam a admitir mais tarde, era simplesmente se apossar dos arquivos e descobrir o quanto Greenwald sabia.

Em 11 de agosto, Miranda havia partido de seu lar no Rio de Janeiro para Berlim, voando através de Heathrow. Passou vários dias na capital alemã ao lado de Laura Poitras, colega de Greenwald. Discutiram projetos de filmes e fizeram passeios turísticos. Ele passou algumas noites em um hotel. Agora estava voando de volta para casa, mais uma vez com passagem pelo Reino Unido. Norte-americanos e britânicos o mantinham sob vigilância – possivelmente feita pelos mesmos espiões que haviam grampeado o telefone de Angela Merkel.

Os arquivos fortemente criptografados de Snowden que Miranda estava transportando formavam a base dos numerosos artigos de

Greenwald e Poitras para o *Guardian* e outras publicações internacionais, incluindo o jornal francês *Le Monde*, a revista alemã *Der Spiegel* e os jornais norte-americanos *Washington Post* e *Times*. Um dos arquivos era um índice, compilado por um software especializado, dos 58 mil documentos do GCHQ sob posse de Greenwald. Havia também mais material criptografado. A senha para o índice estava anotada e guardada na sua carteira.

Rusbridger não sabia nada sobre os detalhes da jornada de Miranda. Greenwald tinha reservado o voo do companheiro por meio de seu escritório em Nova York, como parte do constante fluxo de pesquisa que o *Guardian* estava financiando. Era um dos perigos de trabalhar com freelancers: o jornal pagava as contas, mas nem sempre dava as ordens.

Em momentos de crise, Rusbridger irradia calma. Ken Auletta, da revista *New Yorker*, chama-o de "sereno". Escrevendo o seu perfil relata que a aparência bem-educada de Rusbridger é enganandora; por baixo ele é de aço. Uma de suas tarefas como editor é se colocar de maneira calma em meio a problemas multidimensionais.

A história de Snowden era certamente uma dessas. Em seu iPad, Rusbridger carregava um diagrama que se alastrava como uma teia de aranha, conectando diversas questões legais e editoriais em torno desse tema. E as questões físicas – relativas à necessidade de manter o material seguro. Havia vários atores em diferentes jurisdições; alianças arriscadas entre a grande imprensa e a mídia independente. Aparentemente, as agências de espionagem agora estavam grampeando ativamente os colaboradores do *Guardian*. Isso tornava a comunicação difícil.

Durante seus dezoito anos como editor do *Guardian*, Rusbridger tinha publicado várias grandes histórias. Havia presidido a transformação do jornal que passou de uma publicação britânica de nicho com inclinação à esquerda a uma marca digital global. Em 2009, o *Guardian* havia revelado a desenfreada operação de grampos telefônicos do império jornalístico de Rupert Murdoch, o que provocou o fechamento do tabloide *News of the World*, seguida de uma série dramática de prisões. Em 2010, Rusbridger publicou os documentos pioneiros do WikiLeaks. Mas a história de Snowden era a maior de todas.

O problema imediato do editor era como ajudar Miranda. A polícia o mantinha sob custódia no aeroporto de Heathrow desde 8h05. Sob a Lei de Terrorismo, poderiam mantê-lo detido por até nove horas. Rusbridger telefonou para Gill Phillips, chefe do departamento jurídico do *Guardian*. Ela estava em um vilarejo em Wiltshire, muito longe de Heathrow. Phillips ligou para o Bindmans, proeminente escritório de advocacia especializado em liberdades civis. Um de seus advogados, Gavin Kendall, correu para o aeroporto.

Nesse meio-tempo, Rusbridger e Porter passaram quatro horas remando ao longo de Avon. Seguiram rio abaixo, de Stratford até Bidford, vilarejo onde diziam que William Shakespeare tinha desabado sob uma macieira após uma competição de quem bebia mais. O editor guardou seu celular em um saco impermeável; de vez em quando o retirava do plástico para obter atualizações.

Miranda descreveu seu calvário como "intimidatório, estressante e profundamente assustador". A polícia exigiu os passaportes de todos os passageiros que saíam do avião da British Airways; quando chegaram a Miranda, levaram-no em silêncio para a sala de custódia. Lá, disseram que estava sendo examinado no âmbito da legislação antiterrorismo. "Isso me deixou com muito medo", contou. "Quando ouvi 'terrorismo' fiquei realmente chocado e disse a eles que não tinha nada a ver com isso."

Os dois policiais responsáveis pela averiguação disseram que se ele não respondesse às suas perguntas seria preso. Vasculharam sua mochila. Tomaram seus pertences – um laptop Samsung, fotos pessoais e DVDs. Também tomaram dois pen-drives altamente criptografados e um disco rígido.

Miranda queria ligar para o companheiro, na condição de seu advogado. A polícia se recusou, alegando que Greenwald não possuía registro de advogado no país. Ofereceram-lhe que ligasse para um defensor público de plantão, o que Miranda recusou, desconfiando de uma pessoa desconhecida. Não tinha intérprete. Em determinado momento a polícia entrou em contato com Greenwald no Brasil – acordaram-no às 6h30 no Rio, 10h30 no horário britânico – e disseram-lhe que Miranda estava sendo mantido sob custódia como terrorista. "Fiquei profundamente angustiado, chocado e preocupado com ele", disse Greenwald.

Os dois policiais não perguntaram praticamente nada sobre o terrorismo. Não questionaram se ele fazia parte de algum grupo. Miranda disse que as perguntas que lhe foram feitas "pareciam aleatórias e sem foco [...] Eles me passaram a impressão de que só estavam me interrogando para ter tempo de examinar o material".

Documentos obtidos nos subsequentes procedimentos legais do MI5, o serviço de segurança britânico, explicam essa falta de curiosidade. Vários dias antes, o MI5 e a NSA haviam decidido que Miranda seria parado no aeroporto de Heathrow e seus documentos apreendidos. Sabiam que ele certamente estaria carregando os dados – seja por meio de interceptações ou de um informante – e estavam desesperados para descobrir o quanto Snowden tinha vazado. Para os espiões, era uma oportunidade extraordinária. Mas pareciam apreensivos, querendo evitar que Miranda e seus amigos percebessem que tinham sido traídos.

Em 15 de agosto – três dias antes da interceptação –, o MI5 entrou em contato com o comando antiterrorista da Polícia Metropolitana, SO15. A agência solicitou ao detetive superintendente, James Stokley, que Miranda fosse detido e preencheu o que é conhecido como "formulário de circulação por portos" (PCS) com o pedido oficial. Em um campo que pedia ao autor para confirmar em que possível ato de terrorismo estaria envolvido, o MI5 preencheu: "Não se aplica."

Infelizmente, graças ao procedimento 7 da Lei de Terrorismo a polícia tinha poder de busca e apreensão de bagagens de passageiros sem a necessidade de apresentar qualquer justificativa. Apesar de ser uma cláusula controversa, constantemente alvo de reclamações de abuso, o procedimento 7 possui certas exigências técnicas. Só pode ser usado para avaliar se alguém está envolvido em "atos de terrorismo".

A polícia apontou o problema. O MI5 preencheu novamente o PCS. Duas vezes. Em sua versão final, o MI5 afirmava: "Inteligência indica que MIRANDA é suscetível a estar envolvido em atividades de espionagem que têm o potencial de agir contra os interesses da segurança nacional do Reino Unido [...] Avaliamos que MIRANDA está sabidamente carregando material cuja divulgação colocaria em risco a vida das pessoas. Somado a isso, essa divulgação, ou ameaça de divulgação, está destinada a influenciar um governo e tem a finalidade de promover uma causa política ou ideológica. Isso, portanto, cai na definição de terrorismo e, como tal, pedimos que o assunto seja examinado sob o procedimento 7."

Era um relato absurdo, no qual, basicamente, se reproduzia, palavra a palavra, a definição de terrorismo segundo o texto da lei. Mas, claro, seus autores sabiam que não era intenção de Miranda pôr em risco a vida de ninguém, muito menos alcançar algum "objetivo ideológico". A definição legal tinha em mente dirigir-se a um fanático que ameaçasse explodir um avião.

O MI5 explicava os motivos de sua ansiedade: "Por favor, não fazer nenhuma referência à atividade de espionagem. É vital que MIRANDA não saiba a razão de sua parada no aeroporto. Ficaremos muito gratos se essa parada puder ser feita de modo que pareça tão rotineira quanto possível e que não demonstre ter sido feita a pedido do Serviço de Segurança."

O uso do procedimento 7 contra alguém que reconhecidamente não era terrorista representava um flagrante abuso – e um precedente alarmante no qual um governo comparava jornalismo com terrorismo. Essa foi a primeira vez que o controverso trecho da lei antiterror foi usado contra um jornalista em posse de material de uma fonte. Somando isso à destruição forçada do computador do *Guardian* em 20 de julho, o que se via era um assustador ataque à liberdade de imprensa.

Durante suas tratativas com o *Guardian* durante o verão, em nenhum momento Downing Street sugeriu que o jornal estivesse envolvido com terrorismo. "Se houvesse risco real de um crime relacionado ao terrorismo, era de se esperar a rápida aplicação de uma liminar judicial", disse Rusbridger. Sob a lei britânica de Evidência Policial e Criminal de 1984, material jornalístico goza de proteção. O MI5 deveria ter solicitado a um juiz a aprovação da detenção de Miranda. Em vez disso, os procedimentos judiciais foram contornados com o uso das leis antiterror. Miranda foi liberado sem acusações às 17 horas, e encorajado a embarcar em um voo de volta ao Rio de Janeiro – sem seus pertences. Seu advogado só conseguiu vê-lo uma hora antes do término das nove horas do prazo de detenção. (Apenas uma em cada duas mil pessoas paradas sob o procedimento 7 permanecem detidas por mais de seis horas. Miranda foi uma delas.) A notícia de sua detenção desencadeou uma tempestade internacional. O governo brasileiro expressou "grande preocupação". Declararam que o uso do procedimento 7 neste caso era "injustificável".

De volta ao Rio, Greenwald recebeu no aeroporto um Miranda exausto, com câmeras da imprensa acompanhando tudo. Greenwald descreveu a provação de seu parceiro como uma "tentativa frustrada de intimidação [...] Esta é obviamente uma profunda escalada dos ataques deles [EUA e Reino Unido] contra o processo de averiguação de notícias e o jornalismo", escreveu. Acrescentou, emocionado, em termos que talvez fossem um pouco exagerados: "Mesmo a máfia possui regras éticas contra se dirigir aos familiares de pessoas que os ameaçam."

A alegação de que Greenwald e companhia estavam levantando uma "causa política ou ideológica" nos mesmos moldes da Al-Qaeda fez com que defensores das liberdades civis expressassem sua indignação. Se isso fosse verdade, era uma alarmante ameaça à democracia, declarou o grupo Liberty. Em Bruxelas, houve espanto. O Conselho, que policia os direitos humanos, escreveu uma carta à ministra do Interior, Theresa May. Pediam que May explicasse como o tratamento de Miranda poderia ser compatível com o artigo 10 da Convenção Europeia de Direitos Humanos, que garante a liberdade de expressão.

Um comentário forte veio do lorde Falconer, ministro do Trabalho que tinha ajudado a introduzir a Lei de Terrorismo. "O Estado tem excedido as suas competências neste caso", disse ele. "Tenho muita certeza de que isto não se aplica [à lei antiterror], seja em seus termos ou no seu espírito, ao sr. Miranda."

May, no entanto, não se desculpou. Assim como Oliver Robbins, o vice-conselheiro de segurança nacional que havia forçado o *Guardian* a destruir seus próprios laptops. Advogados representando Miranda contestaram sua detenção na Suprema Corte. Em um depoimento judicial inflamado, Robbins disse que as divulgações de Snowden tinham ferido a segurança nacional. Ele não forneceu nenhuma prova, mas acusou Greenwald de "prática muito deficiente de segurança da informação".

A ironia era ter sido o GCHQ britânico a perder o controle de informações confidenciais, e não o *Guardian*. Robbins não fez nenhuma menção ao disfuncional acordo de partilha de inteligência do Reino Unido com a NSA, que significava que milhares de oficiais norte-americanos – além de terceirizados temporários – podiam ler arquivos ultrassecretos do GCHQ.

Dois dias após a detenção de Miranda, Rusbridger se pronunciou pela primeira vez sobre o que tinha acontecido nos porões do *Guardian* – o trabalho quente e sujo de incinerar discos rígidos. O jornalista Simon Jenkins descreveu o episódio como "o mais bizarro ato de censura estatal da era da internet"; os dois técnicos do GCHQ que supervisionaram a destruição se pareciam com "queimadores de livros enviados pela inquisição espanhola".

Onde quer que fosse, o editor do *Guardian* carregava consigo um pequeno pedaço de computador destruído no bolso interno do paletó, como um peregrino medieval levaria um amuleto sagrado. "É uma espécie de artefato, um símbolo do papel do Estado versus o do jornalista", disse ele.

As revelações de Rusbridger e o absurdo do caso Miranda tiveram um efeito galvanizador sobre os políticos britânicos. Era como se um choque elétrico finalmente tivesse agitado um corpo que antes estivera em um estado de confortável letargia. Desde que o *Guar-*

dian publicou seu primeiro artigo sobre a NSA, em 5 de junho, a história tinha acendido um debate em todo o mundo. Na Alemanha, houve tumulto; nos EUA, o Congresso estava revendo seu papel de supervisão; no Reino Unido... torpor. A maioria dos membros do Parlamento e jornais simplesmente ignoraram. Meia dúzia de conservadores rebateram a notícia para longe com a expressão "espião de espiões". Downing Street disse: não há nada para ser visto aqui.

Por que esse silêncio? Havia uma explicação imediata. Quando as revelações de Snowden começaram, o vice-marechal reformado Andrew Vallance, secretário da organização responsável por emitir DA *notices* (notificações informais de conselhos de defesa), fez circular secretamente pela BBC e pelos jornais uma carta, datada de 7 de junho de 2013, recomendando-lhes que ficassem atentos a questões de segurança nacional. Ele emitiu a notificação em nome do GCHQ.

Sua carta "privada e confidencial" dizia: "Tem havido uma série de artigos recentes em conexão com algumas das maneiras com que os serviços de inteligência do Reino Unido obtêm informações de fontes estrangeiras [...] Os serviços de inteligência temem que um novo desenrolar desse mesmo tema possa começar a colocar em risco a segurança nacional e, possivelmente, pessoas do Reino Unido."

As DA *notices*, um refugo enferrujado da Guerra Fria, supostamente deveriam ser conselhos voluntários com o objetivo de salvaguardar organizações de mídia nacionais da publicação inadvertida de informações militares confidenciais. Na prática, as notificações serviam como uma boa maneira de encerrar, ou pelo menos abafar, o debate público, podendo conter uma pitada de ameaça caso fossem contrariadas. Com isso, os veículos que noticiaram quaisquer das revelações de Snowden inicialmente o fizeram de forma velada, particularmente a BBC, que é financiada pelo Estado. A DA *notice* ajudou a manter baixa a temperatura do debate público britânico.

Havia ainda razões culturais. O Reino Unido não enfrentou durante o século XX o mesmo pesadelo totalitário que a Alemanha ou os países ocupados por nazistas ou soviéticos. Os britânicos subestimam sua liberdade. A última revolução tinha ocorrido em 1688 e não contava muito, já que nem sequer houve derramamento de sangue. Além disso, na cultura popular britânica os espiões eram sempre os mocinhos: o fantasioso James Bond de Ian Fleming, ou os dedicados profissionais da série *Spooks*, da BBC.

Jonathan Freedland, do *Guardian*, observa que o Reino Unido "tem uma concepção de poder fundamentalmente diferente de, digamos, os Estados Unidos". Eles não possuem uma Declaração de Direitos ou uma Constituição escrita, nem a ideia norte-americana da soberania de "nós, o povo". Em vez disso, o sistema britânico ainda carrega a "marca de suas origens na monarquia", com um poder que emana de cima para baixo. Britânicos permanecem como súditos em vez de cidadãos. Daí sua falta de reação ante uma intromissão do governo.

"Não é a velha pretensão de estoicismo que você está vendo, mas um dar de ombros resignado e um hábito de deferência tão profundamente arraigado que dificilmente seria notado", argumenta Freedland.

Em *Admirável Mundo Novo*, romance distópico de Aldous Huxley, os cidadãos se contentam em mastigar *soma*, uma droga que confere felicidade e esquecimento. Fora alguns intelectuais problemáticos – espécimes alfa como Bernhard Marx –, os habitantes da Londres do futuro de Huxley se contentam em jogar golfe de obstáculos, praticar sexo promíscuo ou assistir a filmes sensoriais. O verão de 2013 no Reino Unido se parecia um pouco com este livro para aqueles que escreviam sobre as revelações de Snowden.

No entanto, conforme surgiam mais detalhes alarmantes da captura de dados em massa pelo GCHQ, alguns começaram a se mexer e abrir os olhos. Começaram a se perguntar se o sistema que supostamente supervisionava as agências de espionagem do Reino Unido necessitaria de reforma. Ele não estava funcionando. Chris Huhne, ex-secretário do Estado para Assuntos Internos, revelou que o gabinete do primeiro-ministro não tinha sido informado sobre o TEMPORA, que havia sido testado em 2008 e totalmente implementado em 2011. Huhne participara do Conselho de Segurança Nacional. Mas tanto ele quanto os outros membros estavam no escuro. Quem, então, havia autorizado o programa?

Aparentemente, as agências de espionagem não haviam informado a nenhum político, exceto o ministro das Relações Exteriores, William Hague, sobre seus novos e agressivos poderes. Eles efetivamente ludibriaram uma comissão parlamentar que estava ocupada examinando as contas de dados de comunicações do governo. Foi a secretaria de Assuntos Internos quem fez a proposta. Um projeto de lei permitiria que a polícia, os serviços de segurança e outras agências nacionais obtivessem acesso a todos os metadados de e-mails britânicos em uma escala maciça. E as empresas teriam que manter seus dados disponíveis para coleta por até doze meses. O projeto de lei caiu na primavera de 2013 após uma revolta de Nick Clegg, líder liberal-democrata e parceiro de coalizão de David Cameron.

A disputa política sobre o projeto de lei – apelidado de licença dos bisbilhoteiros – foi revelada em grande parte uma fraude. Secretamente, o GCHQ já vinha praticando uma versão do que ele previa. A agência manteve-se calada. Um memorando conjunto do MI5, MI6 e GCHQ não fazia menção à coleta de dados em massa. Os legisladores sentiram-se enganados.

"Acho que o projeto teria sido considerado altamente relevante", disse o conservador lorde Blencathra – conhecido como David Maclean quando era membro do Parlamento. Acrescentou: "Algumas pessoas foram muito econômicas em seu compromisso com a verdade."

Com poucas exceções, a oposição do Partido Trabalhista foi surpreendentemente silenciosa sobre o assunto. O líder trabalhista Ed Miliband não disse nada substancial. Eles estavam no governo quando o GCHQ testou o TEMPORA. David Miliband, irmão de Ed, foi ministro das Relações Exteriores entre junho de 2007 e maio de 2010, durante os governos de Tony Blair e Gordon Brown. Segundo documentos, David Miliband assinou certificados secretos, em 2009, dando cobertura legal ao GCHQ para a pirataria em massa de dados de cabo de fibra ótica.

Outro cão de guarda que falhou em latir, ou, ao menos, rosnar, foi o Comitê de Segurança e Inteligência da Câmara dos Comuns (ISC), órgão parlamentar que supervisiona as três agências de espionagem do Reino Unido. Seu líder, sir Malcom Rifkind, não tinha ouvido falar do nome TEMPORA antes das revelações de Snowden – embora afirme que sabia dos vastos poderes de vigilância do GCHQ. Ele também desdenhou das revelações sobre os grampos nos cabos de fibra ótica, afirmando que esta era uma prática recorrente desde a Segunda Guerra Mundial.

Rifkind personifica o problema do ISC: é uma criatura dócil a serviço do Executivo e não dos interesses públicos. Rifkind é um ex-secretário de Relações Exteriores e ex-ministro da Defesa do Partido Conservador. Quando estava no governo, recebia resumos da MI6, a agência que agora deveria fiscalizar. O primeiro-ministro escolhia a dedo os membros do ISC, vetando qualquer pessoa suscetível a causar problemas. Nas palavras de Huhne: "Todos os membros do Parlamento são membros pagos da comunidade de segurança."

Visto de fora, o ISC parecia fraco, muito próximo ao governo, e relutante em fritar "securocratas" britânicos. Tem uma pequena equipe de funcionários em tempo parcial e apenas nove membros de vários partidos. Essa falta de influência levanta a dúvida sobre como eles podem fornecer supervisão digna de confiança. (As três agências têm um orçamento de dois bilhões de libras e mais de dez mil funcionários ao todo.) Rifkind deu de ombros para os questionamentos. Disse que o ISC obteve novos poderes no início de 2013, se reporta ao Parlamento e agora pode forçar a comunidade de inteligência a fornecer seu material. Seu orçamento também subiu de 700 mil libras para 1,3 milhão de libras, segundo ele.

Indiscutivelmente, a maior fraqueza do ISC é que seus membros não estão... bem, ficando mais jovens. A maioria está no crepúsculo de suas carreiras políticas. Como Dianne Feinstein, presidente do

Comitê de Inteligência do Senado aos 80 anos. Rifkind também não é exatamente um jovem antenado da era da internet. Como supostos reguladores, podem realmente decifrar documentos altamente técnicos e complexos? Rusbridger cita o exemplo de um membro bem antigo do alto escalão do governo britânico que havia seguido as histórias sobre Snowden apenas a distância e cujas principais experiências com inteligência pareciam ser da década de 1970. "O problema com os membros do Parlamento", este político sênior admitiu, "é que a maioria de nós realmente não entende a internet".

Nos arquivos de Snowden, figuras do GCHQ gabam-se das flexíveis leis de vigilância britânicas e seu comparativamente fraco regime regulamentatório – um "ponto positivo a ser vendido" para os americanos. (As outras duas vantagens, de acordo com um documento ultrassecreto de 2013 do GCHQ, são a "geografia" da Grã-Bretanha e "parcerias" do Reino Unido.) O regime jurídico do Reino Unido não é apenas aberto a uma interpretação elástica. Ele foi elaborado em uma época analógica, bem antes da explosão em tecnologia e *Big Data*.

Segundo a desatualizada Lei de Regulação de Poderes Investigatórios (RIPA), o único controle legal que pode ser exercido sobre o que o GCHQ faz com o seu vasto conjunto de dados roubados é um certificado secreto, assinado pelo ministro das Relações Exteriores em exercício. Ele lista as categorias sob as quais o GCHQ pode executar pesquisas em seu próprio banco de dados. O acesso da NSA aos dados britânicos, no entanto, só parece ser limitado por um "acordo de cavalheiros". E, como todos sabem, espiões não são cavalheiros.

No ano de 2000, quando a RIPA foi promulgada, a grande transformação das telecomunicações globais passava pela implementação da rede submarina de cabos de fibra ótica que começava a ser feita. Mas nenhum civil comum poderia prever que os regulamentos obscuros da RIPA permitiriam que o GCHQ se intrometesse na internet cada vez mais agitada. *Buffering* de dados, a retenção momentânea dos dados que fluíam pelas torrentes globais de comunicações, não era possível até 2008-9. A ideia de "recolher todos os sinais o tempo todo" parecia sem sentido. A comunicação on-line e as mídias sociais ainda estavam emergindo. Conforme a tecnologia avançava, a lei britânica de espionagem permanecia silenciosa – e permissiva.

Ken Macdonald, ex-diretor de processos públicos, disse que essas "transformações ofuscantes" tornaram a RIPA e as demais legislações de inteligência "antimodernas".

No entanto, no que tange a comunidade de inteligência, nenhuma alteração seria bem-vinda. David Cameron, William Hague e outros ministros do governo afirmaram – um tanto infantilmente – que o Reino Unido possuía o melhor regime de supervisão no mundo. Eles insistiram que não havia nada a ser debatido. A única coisa a ser discutida era o comportamento traiçoeiro do *Guardian*, que tinha ajudado o inimigo – nenhum exemplo concreto foi dado.

Uma figura importante do governo chamou Snowden de "cabeça de merda". Dame Stella Rimington, ex-chefe do MI5, rotulou ele e Julian Assange de "idiotas egoístas". (Dame Stella estava em um festival literário, promovendo sua nova carreira como escritora de livros de espionagem.) Snowden não havia agido por motivos patrióticos. Era um narcisista, um traidor e muito provavelmente um agente chinês, oficiais bufavam. Uma crítica mais sutil, expressa por um neoconservador, era que Snowden tinha agido por um sentimento de "autoafirmação característica aos jovens do novo milênio".

Em outubro de 2013, Andrew Parker, novo chefe do MI5, usou sua primeira aparição pública para repreender os meios de comunicação pela publicação dos vazamentos de Snowden. Não chegou a mencionar o *Guardian* nominalmente, mas disse que as revelações tinham fornecido "vantagem aos terroristas [...] Estamos diante de uma ameaça internacional e o GCHQ é responsável por muitas das pistas de inteligência das quais dependemos. Provoca enormes danos tornar público o alcance e os limites das técnicas do GCHQ", afirmou. Outra fonte descontente afirmou que "nossos alvos estão sumindo". Ele argumentava: "Se você fala abertamente sobre as suas capacidades de SIGINT, você não tem quaisquer capacidades de SIGINT."

Será que essas reivindicações faziam sentido?

Ninguém refutava que o Reino Unido e os EUA tinham muitos inimigos – os terroristas, as nações hostis, o crime organizado, as potências nucleares com propósitos escusos e os hackers estrangeiros com a intenção de roubar segredos e fazer baderna. Nem ninguém se opunha à perseguição de alvos individuais; afinal, essa era a incumbência das agências de espionagem. A questão era essa estratégia de vigilância, a interceptação das comunicações de bilhões de civis não específicos que Snowden havia exposto.

Para o governo, as reclamações eram sempre genéricas. Os danos aos indivíduos eram impossíveis de provar ou refutar, pois não havia qualquer evidência.

O escritor John Lanchester – que passou uma semana vasculhando os arquivos secretos do GCHQ – pôs em dúvida se a publicação de informações sobre os amplos poderes de vigilância realmente teria ajudado a Al-Qaeda. Observou que o complexo de Osama bin Laden em Abbottabad nem sequer tinha uma linha telefônica funcionando, muito menos e-mails, computadores ou telefones celulares. Os vilões claramente já sabiam há algum tempo que as comunicações eletrônicas poderiam ser interceptadas. Como escreve Lanchester, a falta de pegada eletrônica de Bin Laden era capciosa: um sinal para os espiões de que havia algo errado por trás daquilo.

Nigel Inkster, o ex-subchefe do MI6, chegou a uma conclusão similar. “Sinto que as pessoas mais interessadas nas atividades da NSA e do GCHQ não descobriram nada que já não soubessem ou pudessem ter inferido”, disse.

Mas, para os jornais de direita do Reino Unido, as alegações das agências de segurança eram fato sagrado. E uma oportunidade de atingir o *Guardian*, um jornal profundamente impopular no meio jornalístico depois das suas revelações no caso das escutas telefônicas. O escândalo havia trazido a real perspectiva de uma regulação da indústria jornalística por parte do Estado, algo a que o *Sun*, o *Daily Mail* e o *Telegraph* se opunham ferozmente. Todos ignoraram os vazamentos de Snowden. Com boa vontade, podia-se argumentar que era difícil para os jornais rivais cobrirem a história sem acesso aos documentos.

Na esteira do discurso de Parker, o *Daily Mail* encabeçou um ataque patriótico furioso ao *Guardian*, chamando-o de "o jornal que ajuda os inimigos do Reino Unido". O *Mail* dizia que o jornal era culpado de "irresponsabilidade letal". Jornalistas eram incapazes de decidir questões sobre segurança nacional, levantando a dúvida quanto ao que o *Mail* teria feito se tivesse se apoderado dos arquivos de Snowden. De todo modo, era uma curiosa abnegação do jornalismo por um periódico que, em outros contextos, afirmava vigorosamente os princípios de independência e liberdade de imprensa.

O resto do mundo, no entanto, teve uma visão diferente. Em torno de vinte respeitados editores de uma série de títulos internacionais defenderam o *Guardian*, bem como o papel da imprensa de informar ao público e manter o olhar atento sobre aqueles no poder. Alguns – em particular *New York Times*, *Washington Post*, *Der Spiegel* – fizeram suas próprias coberturas dos vazamentos de Snowden. Outros – como *Haaretz*, *Hindu Times*, *El País* – não o fizeram. Mas todos reconheceram que as divulgações estimulavam um debate legítimo sobre o papel das organizações de espionagem e dos "perímetros adequadas para espionagem", como Jill Abramson, do *Times* londrino, explicou.

Para os alemães, havia ecos do "caso *Spiegel*", de 1963, quando o lendário editor da revista, Rudolf Augstein, foi preso por publicar vazamentos de defesa. Havia sido um importante teste para a democracia no pós-guerra da Alemanha Ocidental: Augstein acabou libertado, e Franz Josef Strauss, ministro da Defesa da Baviera, que ordenara sua prisão, entregou o cargo. A destruição de laptops do *Guardian* virou notícia de primeira página em toda a Alemanha.

Siddhartha Varadarajan, o editor do *Hindu Times*, observou, entretanto, que os detalhes do vasculhamento de informações expostos pelos jornais não estavam "nem mesmo remotamente relacionados com a luta contra o terrorismo". Ele escreveu: "Osama bin Laden não precisou das revelações de Edward Snowden sobre o PRISM para perceber que os EUA estavam ouvindo cada segundo das comunicações eletrônicas; ele já havia rompido com o mundo da telefonia e usava entregadores. Mas milhões de pessoas nos EUA, Reino Unido, Brasil, Índia e em outros países, incluindo os líderes nacionais, empresas de energia e outros que estão sendo espionados por razões básicas não estavam cientes do fato de que sua privacidade estava sendo comprometida."

Nada disso parecia sensibilizar Downing Street. Em vez disso, o primeiro-ministro escolheu matar o mensageiro. Deixou escapar sugestões sinistras das queixas que poderiam se seguir caso o *Guardian* continuasse com a publicação. Em um discurso em Bruxelas, Cameron disse que não podia se dar ao luxo de enxergar o trabalho dos serviços de inteligência como um "conto de fadas" – uma escolha perigosa de palavras para um homem sério. Cameron se esquivou de perguntas embaraçosas sobre o envolvimento do Reino Unido na escuta telefônica de Angela Merkel.

O, até então pouco conhecido, membro do Parlamento conservador, Julian Smith, sugeriu que o jornal tinha comprometido a identidade dos agentes britânicos (não tinha) e "era culpado de comportamento potencialmente traiçoeiro". As alegações de Smith teriam mais credibilidade não fosse por uma gafe de sua parte. Ele organizou uma visita da equipe de Menwith Hill, a instalação supersecreta da NSA em North Yorkshire, seu reduto eleitoral, ao Parlamento. Ao término da visita, Smith, deputado pelo distrito eleitoral de Skipton and Ripon, posou com a equipe de inteligência no lado de fora do edifício em estilo gótico. Smith colocou a foto em seu site. A identidade dos funcionários da NSA e do GCHQ estava lá para todos verem. Smith disse que eles tinham concordado com a foto.

A estratégia britânica era falar com dureza sobre segurança, ignorando as revelações mais constrangedoras de que o GCHQ espionava amigos e aliados. Em novembro, o caso respingou das salas das comissões parlamentares e desceu ao longo do Tamisa até atingir os portais neogóticos da Corte Real de Justiça. A sala 20 da corte, ao lado do café, foi palco de uma revisão judicial de dois dias. Uma garoa fina caía sobre Londres. Dentro do tribunal, advogados com suas antiquadas perucas folheavam seus arquivos. Um QC – conselheiro da rainha, categoria de jurista cuja função é orientar a monarca – tinha um livro intitulado *Guia Blackstone à legislação antiterrorismo*; uma bandeira britânica acima de um edifício balaustrado adornava sua capa.

Os advogados de Miranda estavam contestando o uso do procedimento 7 para detê-lo meses antes. Uma coalizão de dez organizações de mídia e liberdade de expressão apoiava Miranda. O brasileiro era o reclamante; o Departamento de Estado britânico e os policiais, os réus. Três juízes, liderados pelo Lord Justice John Laws, estavam acompanhando o processo judicial.

O QC, Matthew Ryder, expôs os fatos: Miranda estava a caminho entre Berlim e o Rio quando a polícia antiterrorismo o deteve no aeroporto de Heathrow. Estava carregando material jornalístico. Artigos com base nesse material tinham revelado o até então desconhecido programa de vigilância em massa dos governos britânico e norte-americano, e tinha começado um "debate internacional". As autoridades haviam desrespeitado o direito de Miranda à liberdade de expressão. Suas ações haviam sido desproporcionais, movidas por princípios errados e incompatíveis com a legislação antiterrorismo.

Os três juízes, no entanto, não pareciam impressionados com o raciocínio de Ryder. O Lord Justice Laws o interrompeu repetidas vezes. Suas intervenções bem-educadas mostravam uma inteligência cintilante. Mas ficou claro que não entendia muita coisa de internet. Os três juízes estavam com seus 60 e tantos anos. O advogado de Miranda mencionou o programa PRISM da NSA, e Laws interveio: "Isso significa que eles [os serviços de segurança] não conseguem ler os e-mails de terroristas!"

Laws também tinha uma visão sombria do jornalismo investigativo. "Eu realmente não sei o que se entende pelo termo 'jornalista responsável'", argumentou em certo ponto. "Ele não torna um jornalista onisciente em matéria de segurança [...] Na verdade é apenas retórica."

Os outros juízes, representantes do poder estabelecido, revelaram nutrir pouca empatia por Snowden e sua situação. "Deve haver um *quid pro quo* para que Snowden esteja na Rússia. É um raciocínio óbvio", Mister Justice Ouseley se intrometeu.

"Por que a Rússia permitiu que Snowden ficasse lá? Snowden está na Rússia com material criptografado. Será que não passa pela mente de Snowden que os russos podem estar querendo decifrá-lo?", questionou o juiz Openshaw.

Parecia uma tremenda batalha convencer os juízes do ponto-chave por trás do caso. Greenwald deu uma declaração dizendo: "O aspecto mais sério e problemático da resposta dos réus a essa queixa criminal é a equiparação da publicação de artigos baseados em material de segurança nacional com atos de terrorismo."

As autoridades pareciam não estar nem aí. O Ministério do Interior disse que agiu pelo interesse da segurança nacional. Eles queriam saber "onde o sr. Miranda se encaixava na ampla rede de Edward Snowden". Os jornalistas envolvidos não foram motivados pelo interesse público, mas sim pela "imposição de uma causa política ou ideológica".

No dia seguinte ao fim da revisão – com Laws e companhia se retirando por algum tempo para reconsiderar o seu julgamento –, a ação voltou para Westminster e para a sala do Comitê do Parlamento. *007: Operação Skyfall*, o filme de James Bond lançado em 2012, apresenta M – chefe do MI6, interpretada por Judi Dench – depondo em um inquérito público. Um grupo de deputados do ISC direciona perguntas hostis a ela. (Estão consternados porque o MI6 perdeu um disco rígido contendo nomes de agentes secretos...)

M/Dench vai sendo cada vez mais queimada publicamente. O vilão do filme é um ex-oficial renegado do MI6, Raoul Silva, interpretado por Javier Bardem, com brilho psicótico. Bardem/Silva irrompe na sala, vestido como um policial. Ele abre fogo. Felizmente, James Bond (Daniel Craig) chega para resgatar sua chefe. O presidente da ISC, Gareth Mallory (o ator britânico Ralph Fiennes), mostra-se útil sob pressão. Atira em vários bandidos.

A primeira audiência pública do ISC da vida real, em 7 de novembro de 2013, foi bem mais calma. Sentados ao redor de uma mesa em forma de ferradura estavam sir Malcom Rifkind, nove membros do Parlamento e nobres. Não havia nenhum vilão dos filmes de James Bond. Em vez disso, um funcionário abriu a porta para as testemunhas estelares do comitê. Os três chefes do MI5, MI6 e GCHQ – Andrew Parker, sir John Sawers e sir Iain Lobban – sentaram na mesma fileira. Atrás deles havia outros funcionários do primeiro escalão do governo (e um imenso guarda-costas, sem dúvida armado com uma caneta explosiva).

Anteriormente, as reuniões do ISC com os chefes dos serviços secretos britânicos haviam sido realizadas a portas fechadas. Esta foi televisionada ao vivo – ou quase ao vivo. Houve um atraso de 2 minutos sobre o sinal TV para a improvável hipótese de alguém deixar escapar um segredo. Abrindo a sessão de 90 minutos, sir Malcolm saudou a audiência pública como um "passo significativo na transparência de nossas agências de inteligência". Deixou de mencionar que os chefes já tinham secretamente recebido as perguntas com antecedência. Inevitavelmente, jornalistas seguiram com as mesmas manchetes batidas: os espiões estavam saindo das sombras!

Quem esperava que Lobban e companhia pudessem lançar luz sobre as revelações de Snowden deve ter se desapontado. Em termos gerais, os chefes dos serviços defenderam sua missão – legalidade, adequação, metas e métodos. Por grande parte da sessão, parecia que Snowden não existia. Perguntados sobre como um "técnico júnior" tinha conseguido acesso a segredos do GCHQ, Parker disse que as agências britânicas tinham "medidas de segurança estritas".

Rifkind perguntou: "Podemos supor que vocês estão tendo discussões com seus colegas norte-americanos sobre as centenas de milhares de pessoas que parecem ter as suas informações acessadas?"

Parker respondeu: "Nós três estamos envolvidos nessas discussões."

Se alguém tinha sido demitido por conta do fiasco do GCHQ, nunca descobriremos. Também não houve qualquer explicação de como a NSA permitiu que o maior vazamento da História da inteligência Ocidental tivesse acontecido.

Rifkind fez outra pergunta. Era o equivalente a um jogador de vôlei levantando a bola para uma cortada do seu parceiro. "Por que você acha que é necessário recolher informação da maior parte da população a fim de nos proteger de uma minoria de potenciais malfeitores?"

Lobban respondeu com sua analogia predileta – a do palheiro. Disse: "Nós não gastamos nosso tempo ouvindo as chamadas telefônicas ou lendo e-mails da imensa maioria." Em vez disso, o GCHQ estava envolvido em um "trabalho de detetive". É necessário o acesso a "um enorme palheiro" – as comunicações na internet – a fim de "encontrar as agulhas". O chefe do GCHQ forneceu a defesa de sua equipe. Eles eram, nas suas palavras, patrióticos e motivados a encontrar terroristas e criminosos graves.

"Se fossem obrigados a ficar bisbilhotando, eu não teria a força de trabalho que bastasse. Não caberia no prédio", disse Lobban.

Haveria da parte do GCHQ um gradual, mas inexorável, obscurecimento do conhecimento de suas metas, Lobban acrescentou. Ao longo dos cinco meses anteriores, potenciais terroristas tinham conversado quase que diariamente sobre como adaptar os seus métodos de comunicação, disse. (É claro, portanto, que o GCHQ ainda podia escutá-los.)

Coube a Sawers, o M da vida real, o ataque aos vilões daquele momento: a mídia global. Em uma performance confiante e suave, Sawers disse que as revelações de Snowden tinham sido "muito prejudiciais [...] Colocaram as nossas operações em risco. Está claro que nossos adversários estão esfregando as mãos de contentamento. A Al-Qaeda está comemorando". Ele não forneceu detalhes.

Alguns membros do ISC pressionam delicadamente os três chefes. Lorde Butler, o ex-secretário de gabinete do primeiro-ministro, perguntou se era factível que a legislação aprovada em 2000 estivesse "apta para o servir ao mundo moderno", uma vez que a tecnologia havia "se desenvolvido enormemente" nesse meio-tempo. Sawers e Lobban disseram estar preparados para aceitar mudanças em seu quadro jurídico, mas que caberia aos políticos propô-las.

No geral, o tom da audiência foi cordial.

Um visitante de outro país teria ficado chocado com o que a comissão não inquiriu. Questões graves levantadas pelos documentos de Snowden mal foram mencionadas, e se esquivaram de qualquer questionamento sério sobre a vigilância em massa, as liberdades civis e a privacidade. Não houve perguntas sobre o papel do GCHQ no hackeamento do tráfego de dados entre servidores próprios do Google no Reino Unido. Não falaram nada sobre escutas telefônicas ou a espionagem da chanceler Merkel e de outros líderes mundiais de nações amigáveis. Nada foi dito também sobre a parceria com empresas de telecomunicações que ofereceram ajuda "muito além" do que eram obrigadas a fazer.

Na semana anterior, sir Tim Berners-Lee – o homem que inventou a internet – descreveu os esforços secretos do Reino Unido e dos Estados Unidos para desmerecer a criptografia como algo "terrível e insensato". Ninguém perguntou sobre isso também.

Coube a Rusbridger apontar o óbvio aos críticos. Snowden – felizmente – tinha confiado seus arquivos a jornalistas. Eles haviam trabalhado conscientemente (consultando governos e agências), revelando apenas uma pequena parte do que ele tinha vazado. Foi a mídia que, paradoxalmente, havia salvo as agências de inteligência de uma catástrofe muito maior.

Se governos, autoridades e chefes de espionagem queriam bater nos jornais, estavam no seu direito. Mas deviam levar em conta que o próximo informante poderia vazar informações sem a mediação de jornalistas profissionais. Ele ou ela poderá simplesmente despejar tudo na web, sem censura, para todo o mundo. "Tenha cuidado com o que deseja", o editor avisou.

Houve um último episódio nesse caso. No início de dezembro de 2013, o assunto voltou à pauta do Parlamento. O seleto Comitê de Assuntos Internos – presidido por Keith Vaz, membro do Parlamento pelo partido Trabalhista – convocou Rusbridger para se explicar. Era um pedido estranho em si: em democracias maduras, editores de jornais não costumam ter de prestar contas perante legisladores sobre as decisões editoriais que tomam; esse era, afinal, um dos princípio da liberdade de imprensa.

No entanto, Vaz, de repente, surge com a seguinte pergunta para Rusbridger: "Você ama este país?" A intenção do presidente do comitê pode ter sido ajudar, e não ser hostil. Mas a pergunta ressoava ecos de um Macartismo inconfundível. Rusbridger respondeu afirmativamente, dizendo que estava "um pouco surpreso com esta pergunta", e acrescentou: "Mas sim, somos patriotas e uma das coisas nas quais somos patriotas é quanto à natureza da democracia, a natureza de uma imprensa livre."

O editor prestou calmamente um relato dos processos jornalísticos do *Guardian* ao longo dos últimos seis meses – a maneira responsável como os arquivos do Snowden foram trabalhados, suas mais de cem interações com o governo, bem como a enorme dimensão do interesse público que motivou a publicação. Entretanto, os deputados conservadores do comitê possuíam uma agenda raivosa: queriam botar Rusbridger na cadeia.

A linha mais bizarra de questionamento veio do conservador Michael Ellis. Como parte de sua cobertura, o *Guardian* informou que o GCHQ mantinha uma parceria com a Stonewall, organização de direitos dos gays, informação que está em seu site. Evidentemente furioso, Ellis acusou Rusbridger de difundir material roubado, revelando a "orientação sexual" das pessoas que trabalham no GCHQ.

"Não estou entendendo aonde quer chegar, senhor Ellis. Há membros gays no GCHQ. Isso é uma surpresa?", disse Rusbridger. Ellis respondeu: "Isso não é brincadeira, senhor Rusbridger." Espumando de raiva, acusou o jornal de revelar ainda mais segredos ao relatar que o pessoal do GCHQ tinha visitado a Disney de Paris com suas famílias.

Essas contribuições dos inimigos políticos do *Guardian* podem ter sido selvagens e nem um pouco bobas. Mas a investigação criminal britânica sobre o caso Snowden era real o suficiente. Em declarações à mesma comissão, Cressida Dick, comissária-assistente da Scotland Yard, confirmou que os detetives estavam investigando se "algumas pessoas" teriam infringido a lei. Especificamente a seção 58-A da Lei de Terrorismo. Esta dizia que era uma ofensa comunicar qualquer informação sobre o pessoal de inteligência "suscetível de ser usada por terroristas". Não apenas informações secretas, mas absolutamente tudo: fotos, endereços, até mesmo o nome de seu gato. "Precisamos estabelecer se eles [essas "algumas pessoas"] fizeram isso ou não. Isso envolve uma enorme quantidade de material a ser revisado", disse Dick.

Os jornalistas que publicaram as revelações de Snowden tinham se envolvido na história mais emocionante de suas carreiras. Era um assunto de interesse público. Agora, ao que parece, haviam se tornado suspeitos.

Epílogo: Exílio

Em algum lugar próximo a Moscou 2014-?

"Até na Sibéria existe felicidade."
ANTON CHEKHOV, *No Exílio*

Durante nove semanas, Edward Snowden ficou praticamente invisível. Surgiu uma foto estranha, de um jovem empurrando um carrinho por uma rua de Moscou. (Certamente falsa, não? O homem não se parecia nada com ele!) Outra imagem que vazou parecia mais convincente. Mostrava Snowden em um barco turístico, navegando pelo rio Moscou. É verão. Ele está de barba, usando um boné. A distância, uma ponte e as cúpulas douradas da catedral de Cristo Salvador, explodidas por Stalin e reconstruídas por Yeltsin. Fora do enquadramento da foto, estão os muros altos do Kremlin.

Esses vazamentos para a mídia russa foram destinados a dar a impressão de que Snowden estava levando uma vida "normal". Dadas as suas circunstâncias, isso parecia um pouco improvável. Dicas apontavam a direção oposta. A agência de notícias que tirou a foto de Snowden, Lifenews.ru, é conhecida por suas ligações com as agências de segurança da Rússia. Enquanto isso, o advogado de Snowden, Anatoly Kucherena, disse que seu cliente estava se adaptando, aprendendo russo e conseguira um novo emprego em uma grande empresa de internet. Mas VKontakte – o equivalente russo do Facebook – e outras companhias negaram o fato.

Foi em outubro que Snowden ressurgiu, definitivamente. Quatro americanos viajaram até Moscou para encontrá-lo. Todos eram colegas delatores que haviam passado suas carreiras profissionais na segurança nacional e na espionagem. Eram eles: Thomas Drake, ex-executivo da NSA, cujo caso Snowden havia acompanhado; Ray McGovern, que um dia foi analista da CIA; Jesselyn Radack, que trabalhou no Departamento de Justiça; e Coleen Rowley, ex-FBI.

Foi uma viagem incomum. Antes de partirem de Washington, os quatro contrataram um advogado, para o caso de terem problemas ao regressarem aos EUA. Também deixaram para trás os seus aparelhos eletrônicos. Conforme Radack frisou, os EUA talvez localizassem geograficamente o seu paradeiro a partir de telefones celulares ou laptops, descobrindo consequentemente o esconderijo de Snowden. As autoridades poderiam vasculhar e confiscar seus dispositivos quando eles voltassem.

Em Moscou, os quatro foram levados por uma van de vidro preto até um local secreto. Lá estava Snowden. O WikiLeaks publicou um vídeo. As telas pintadas a óleo, o lustre e o tom pastel sugeriam um hotel mais prestigiado, os quais existem de sobra em Moscou. No entanto, provavelmente, isso seria uma casa de hóspedes do governo. Os americanos o encontraram bem, tranquilo, de bom humor e – como posteriormente McGovern mencionou – em paz consigo mesmo e com sua decisão de se manifestar. Snowden brincou sinistramente, dizendo que não poderia ter sido um espião russo: ele disse que a Rússia dava tratamento muito melhor a seus espiões do que deixá-los presos na sala de trânsito do aeroporto Sheremetyevo por mais de um mês.

O grupo o presenteou com o Prêmio Sam Adams por Integridade na Inteligência. Eles também deram um recado: que em contraste com a acidez oficial dos EUA, muitos americanos em seu país o apoiavam afetuosamente, incluindo membros da comunidade de inteligência. Segundo Radack, Snowden – brilhante e humilde, conforme palavras dela – estava preocupado, não consigo mesmo, mas com o que poderia acontecer com Greenwald, Poitras e a jovem ativista do WikiLeaks, Sarah Harrison, que estiveram ao seu lado desde Hong Kong.

Snowden vinha acompanhando os acontecimentos. Ao longo do jantar, explicou por que tinha feito o que fez. O relacionamento entre os governantes e os governados nos EUA vinha se tornando "cada vez mais conflitante com o que se espera de um povo livre e democrático", disse aos convidados. Ele comparou seu destino, por dizer a verdade – exílio e aviltamento –, com o de Clapper, que não recebeu qualquer punição.

E voltou ao tema principal: que os programas de vigilância em massa da NSA que expôs "não nos deixam seguros". Em suas palavras, "eles ferem nossa economia. Ferem nosso país. Limitam nossa capacidade de falar, pensar e viver, de sermos criativos, termos relacionamentos, nos associarmos livremente [...] Há uma grande distância entre programas legais, espionagem legítima, legítimo cumprimento da lei, com alvos definidos, baseados em suspeita sensata e individual, com ações autorizadas, e um tipo de vigilância de varredura em massa, que coloca populações inteiras sob os olhos que veem tudo, até quando não é necessário".

Seu pai, Lon Snowden, voou até Moscou na mesma época. Eles tiveram um encontro particular.

Três semanas depois, Snowden teve outro visitante público. Dessa vez foi Hans-Christian Ströbele, um membro ambientalista extravagante do Parlamento alemão e advogado radical, agora com 74 anos. O caso do grampo de Merkel tinha sacudido a classe política na Alemanha. Ströbele fez um convite para que Snowden testemunhasse diante do Comitê Parlamentar de Bundestag, que investigava a espionagem americana. Ströbele sentou-se com Snowden e Harrison; houve uma discussão, momentos de riso e uma foto em grupo.

Snowden deu a Ströbele uma carta datilografada para ser entregue a *Frau* Merkel e ao Parlamento alemão. Na carta, dizia que sentiu "um dever moral de agir" após "testemunhar violações sistemáticas da lei exercidas pelo meu governo". Como resultado de relatar essas apreensões, tinha enfrentado uma "campanha severa de perseguição". Também escreveu que "meu ato de expressão política", como ele o retratou, levara a uma reação encorajadora ao redor do mundo, incluindo "muitas leis novas" e um conhecimento crescente para a sociedade.

Na visão de Snowden, a campanha da Casa Branca para incriminar seu comportamento e acumular acusações de crimes era uma injustiça. Ele estava preparado para dizer isso diante do Congresso americano – se eles o deixassem. "Falar a verdade não é crime."

Um parágrafo chamou a atenção. Embora não dissesse explicitamente, parecia que Snowden esperava deixar a Rússia em algum momento no futuro. Ele termina: "Eu torço para lhe falar em seu país, quando a situação se resolver, e agradeço por seu empenho em sustentar as leis internacionais que nos protegem."

"Com meus melhores votos,

"Edward Snowden"

Dias depois, Harrison se despediu de Snowden e voou para Berlim. Ela havia ficado com ele em Moscou por quatro meses. Seguindo conselhos legais, ela rescusou voltar ao Reino Unido. A capital alemã e, particularmente, o leste da cidade, agora era um núcleo crescente de exilados de Snowden: Poitras, o jornalista Jacob Appelbaum e Harrison. Para alguém com um senso de História, isso era irônico. A terra da Stasi havia se tornado uma ilha da liberdade da mídia.

Por outro lado, Greenwald anunciou sua demissão do *Guardian*, para ingressar em um novo empreendimento da mídia, apoiado pelo bilionário do eBay, Pierre Omidyar.

Quais eram as perspectivas de Snowden em sair de Moscou para uma nova vida, no Oeste Europeu? Políticos com tendência esquerdista, intelectuais e escritores pediram ao governo alemão para lhe conceder asilo. Houve até uma campanha para rebatizar uma rua em Berlim, ao lado da embaixada americana, de "Snowden Strasse". (Um artista ergueu uma nova placa de rua e postou o vídeo no Facebook.) Mas o relacionamento estratégico entre a Alemanha e os EUA era mais importante do que o destino de um indivíduo, ao menos na provável visão de Merkel, agora chanceler pela terceira vez.

EPÍLOGO

Portanto, Snowden permaneceu em Moscou. O advogado Kucherena gentilmente lembrou ao mundo que, se ele tentasse partir, perderia seu status de asilado. Ele era um convidado da Federação Russa, gostando ou não. E, de certa forma, seu "prisioneiro". Ninguém sabe bem quanto tempo esse exílio pode durar. Meses? Anos? Décadas?

Agradecimentos

O autor gostaria de agradecer a:

Spencer Ackerman, Richard Adams, James Ball, Douglas Birch, Jane Birch, David Blishen, Julian Borger, Rory Carroll, Sarah Churchwell, Kate Connolly, Nick Davies, Lindsay Davies, Martin Dewhirst, Miriam Elder, Peter Finn, Sheila Fitzsimons, Nora FitzGerald, Kemlin Furley, Janine Gibson, Glenn Greenwald, Laura Hassan, Bernhard Haubold, Henning Hoff, Nick Hopkins, Paul Johnson, Jeff Larson, David Leigh, Paul Lewis, Ewen MacAskill, Justin McCurry, Stuart Millar, Sara Montgomery, Richard Norton-Taylor, Philip Oltermann, Anna Pallai, Gill Phillips, Laura Poitras, Mark Rice-Oxley, Alan Rusbridger, Phoebe Taplin e Jon Watts.

QUER SABER MAIS SOBRE A LEYA?

Fique por dentro de nossos títulos, autores e lançamentos.

Curta a página da LeYa no Facebook, faça seu cadastro na aba *mailing* e tenha acesso a conteúdo exclusivo de nossos livros, capítulos antecipados, promoções e sorteios.

A LeYa está presente também no Twitter e Google +

www.leya.com.br

facebook.com/leyabrasil

@leyabrasil

google.com/+LeYaBrasilSãoPaulo

Este livro foi composto em
Original Garamond BT
e impresso para a LeYa
em fevereiro de 2014